中国城市规划学会乡村规划与建设学术委员会
上海同济城市规划设计研究院中国乡村规划与建设研究中心

学术成果

美丽乡村创建

——2015美丽乡村创建论坛报告暨长三角高等院校规划方案竞赛成果集

同济大学
农业部美丽乡村建设办公室　　主编
江苏省海门市人民政府

中国建筑工业出版社

图书在版编目（CIP）数据

美丽乡村创建 2015美丽乡村创建论坛报告暨长三角高等院校规划方案竞赛成果集/同济大学，农业部美丽乡村建设办公室，江苏省海门市人民政府主编．—北京：中国建筑工业出版社，2017.8
ISBN 978-7-112-20542-4

Ⅰ.①美… Ⅱ.①同…②农…③江… Ⅲ.①农村-社会主义建设-调查报告-江苏 Ⅳ.① F327.53

中国版本图书馆CIP数据核字（2017）第189872号

责任编辑：杨　虹　尤凯曦
责任校对：焦　乐　李美娜

美丽乡村创建
——2015美丽乡村创建论坛报告暨长三角高等院校规划方案竞赛成果集
同济大学　农业部美丽乡村建设办公室　江苏省海门市人民政府　主编
中国城市规划学会乡村规划与建设学术委员会
上海同济城市规划设计研究院中国乡村规划与建设研究中心　　学术成果
*
中国建筑工业出版社出版、发行（北京海淀三里河路9号）
各地新华书店、建筑书店经销
北京嘉泰利德公司制版
北京利丰雅高长城印刷有限公司印刷
*
开本：880×1230毫米　1/16　印张：13 3/4　字数：357千字
2017年9月第一版　2017年9月第一次印刷
定价：**95.00元**
ISBN 978-7-112-20542-4
　　　（30708）

版权所有　翻印必究
如有印装质量问题，可寄本社退换
（邮政编码　100037）

编委会

主编：彭震伟　张尚武　魏玉栋　张　伟
　　　徐秋华　俞　军　栾　峰

编委（拼音首字母排序）：
　　　杜　琴　关贤军　栾　峰　彭震伟
　　　王　帆　魏玉栋　徐秋华　杨　辰
　　　俞　军　张尚武　张　伟　邹海燕

图文编辑：
　　　邹海燕　奚　慧　杨　犇　金倩慧
　　　吕　浩　薛皓颖　叶人可

序 言

美丽乡村是美丽中国的重要基础。积极推进美丽乡村创建工作，已经是从中央到地方政府部门以及越来越多的高校、企业和社会组织共同推进的一项探索性工作。

同济大学、农业部美丽乡村建设办公室、海门市人民政府联合策划了江苏省海永镇"美丽乡村"创建规划竞赛，并在同济大学成功举办美丽乡村创建论坛。此次大赛圆满成功，汇聚了大批来自长三角、台湾地区及内陆其他地区高校和组织的各类人才的目光，得到更多有识之士的支持，将海永镇美丽乡村创建工作推向了一个新的历史阶段。

此次海永镇美丽乡村创建规划竞赛，旨在积极探索因地制宜的美丽乡村创建的新思路和新模式，同时也为更多高等院校城乡规划专业培养高级人才提供真实平台和实践条件，为美丽乡村创建工作注入更多高校和社会团体的新生力量。

论坛有幸邀请了国内规划、农业、生态、管理等不同领域的专家学者，以及参加本次规划方案竞赛的南京大学、中央美术学院、东南大学、安徽建筑大学、上海大学、浙江工业大学、苏州大学、同济大学等高校代表共同与会，共同探讨美丽乡村创建议题。

各高校由教师带队，以城乡规划专业的本科生和研究生为主体组建了11支队伍，结合暑期实践开展现场调研并分别编制和提交规划方案。以规划竞赛的研究性和探讨性为基础，为确保评审的公平性，由参赛高校各推荐一位教师代表，并由组委会另行邀请三位非参赛高校的资深专家以及地方专家，共同组成评审专家组，评选优秀作品。衷心感谢参与评审的各位专家教授：南京大学黄春晓副教授、东南大学陶岸君副教授、安徽建筑大学叶小群教授、上海大学林磊副教授、浙江工业大学陈玉娟教授、苏州大学雷诚副教授、同济大学张尚武教授、浙江大学王竹教授、上海浦东新区规划协会会长朱若霖教授、上海市浦东新区规划设计研究院陈卫杰副院长。

我国是农业大国，更是乡村大国，乡村永远是中国大地上的主导景观，美丽乡村更是广袤国土上点缀的一颗颗璀璨明珠。美丽乡村——海永，以其特殊的地理优势和丰富的环境资源成为这些明珠中的一颗。8所高校学子历时近4个月在海永镇用心调研与规划，拿出11份优秀方案。本书现将其汇编成册出版发行，意在抛砖引玉，希望能为从事美丽乡村规划建设的领导、工作人员、学生和其他相关人士提供参考并引起人们对美丽乡村的关注。希望诸位读者翻阅本书后，能有所感悟。美丽乡村创建工作绝不是口号式的，任重而道远。

徐秋华（海永镇党委书记）执笔

目录 Contents

代前言

美丽乡村创建论坛开幕致辞 // 7
农业部美丽乡村建设办公室魏玉栋主任致辞 // 8
海门市人民政府张伟副市长致辞 // 11
同济大学副校长吴志强教授致辞 // 12
同济大学建筑与城市规划学院党委书记彭震伟教授致辞 // 13

第一部分：学术报告

李笑光：关于农业产业发展规划的几点思考 // 16
张文山：美丽乡村品牌工程策划与行销设计 // 23
赵民：韩国、日本乡村发展考察——城乡关系、困境和政策应对及对我国的启示 // 30
张乐天：乡村社会文化的转型与再生 // 44
王竹：乡建——经营与永居 // 47
丁奇：基于城乡等值理念的实用性村庄规划方法探索 // 60
康洪莉：农业美，乡村才美 // 70
陈瑶：返乡创客是这个时代的先行者 // 75
林善浪：新常态，新农村 // 81
党小勇：集聚设计力量，推动美丽乡村建设 // 86
杨飏：创意，让农村更有价值 // 92

第二部分：海门市海永镇"美丽乡村"创建规划方案竞赛

海门市海永镇"美丽乡村"创建规划方案竞赛任务书 // 98
竞赛组织及评审方式简介 // 100
竞赛成果点评（王竹）// 101
参赛作品 // 104

第三部分：海门市海永镇调研报告

海永镇简介 // 150
励行崇明——花香海永学术考察 // 151
海永镇永北村调研报告 // 152
海永镇沙南村调研报告 // 168
海永镇东西场大队调研报告 // 190

后记 // 219

张尚武教授主持开幕仪式

美丽乡村创建论坛开幕致辞

　　由农业部美丽乡村建设办公室、江苏省海门市人民政府、同济大学联合举办，同济大学建筑与城市规划学院和经济与管理学院、上海同济城市规划设计研究院和江苏省海永镇共同承办，江苏省美丽中国（空间）建筑设计产业园协办的"美丽乡村创建论坛"于 2015 年 11 月 13 日上午在同济大学建筑与城市规划学院钟庭报告厅开幕。同济大学建筑与城市规划学院副院长、中国城市规划学会乡村规划与建设学术委员会主任委员张尚武教授主持了开幕式。来自农业部美丽乡村建设办公室、海门市人民政府、同济大学校方和建筑与城市规划学院的相关领导分别致辞。

魏玉栋主任致辞

农业部美丽乡村建设办公室魏玉栋主任致辞

尊敬的各位领导、各位专家、各位朋友，大家上午好！

大家知道也感受到了美丽乡村这个词现在非常热，非常火。我们农业部做这件事情发端于十八大报告，因为里面有两个词：一个是生态文明，一个就是美丽中国。当这个十八大建议稿在2012年下半年到农业部之后，这两个词让我们部领导眼前一亮。中央提出建设美丽中国，农业部做什么？领导立马就想到美丽乡村这件事情。2013年2月21日农业部办公厅在全国开展了创建活动的意见，以这个为起点我们正式启动了美丽乡村创建工作。这是我国第一次在全国范围内推动美丽乡村建设，也是2005年我们提出社会主义新农村之后第一次把它推进到新的阶段。

美丽乡村这件事情可以说非常的重要，我们部里面也非常重视，相继成立了几个相关的组织管理架构，尤其是成立了美丽乡村创建工作领导小组，由我们部长担任组长，相关业务司局长作为成员，成立了美丽乡村办公室。同时我们在政策上、项目上、资金上也做了倾斜性支持，领导说农业部所有的政策能够向美丽乡村倾斜的都要向美丽乡村倾斜。同时我们也在思考，怎样在目前大的中央团队中可以拿出更多的资金来支持美丽乡村的创建，这是在政策项目上。在科技支撑上我们强调全国农业科技创新部门要围绕美丽乡村进行相关的科技研发，同时思考对现有的一些技术怎样进行集成，怎样进行简化，一定要做好美丽乡村科技服务。

在试点创建上，农业部在2013年的年底确认公布了1100个国家级试点乡村，到2015年年底这1100个试点就要结束，我们也在思考需要进行一个总结。做得比较好的，我们会发放"美丽乡村国家示范村"的牌子，我们也在想明年是不是要开展示范创建。我们发现有很多的问题，就一个村而言可能会难解决，但是就一个县域范围内有一些问题就相对容易解决。当然我们做了一系列的工作，我曾经跟领导报告的时候说我们做了这么多工作，如果说到成果可以归纳为一句话，就是我们把这件事情给哄起来了，让美丽乡村在全国成为一个热词，成为全国各个方面关注的焦点。

这是一个非常好的局面，但是也存在一些问题，主要有几个方面。

第一，理念的问题。什么是美丽乡村？美丽乡村建设内容是什么？怎样去建设美丽乡村？就是这些基本问题的回答，实际上决定了我们美丽乡村建设最终的效果。我在各地调研的时候发现了很多的现象，这些现象真的是值得商讨的。譬如，在北方有的省就提出全省美丽乡村搞徽派建筑，在北方大面积推广徽派建筑会是一个怎样的景象？

调研时一个书记就跟我说，我们非常重视美丽乡村这件事情，我们好不容易筹集了多少钱，买了多少设备，然后就建成了。我说美丽首先是一种感觉，古人说羊大为美，不是羊大就很美。我个人理解我们的祖先在饿着肚子到山上打猎，转了很多山头，一个猎物都没有打到，这个时候突然出现一只又肥又大的羊，心里立马就产生一种感受，就是一种美。美丽乡村首先一是种感觉，每一个人对美的感觉会不一样，这很自然也很正常。但是具体到美丽乡村这个概念，它的美丽应该就是一个特定的含义。

我们在做美丽乡村工作之初，一直想给美丽乡村下定义，我们也专门成立了一个所谓的专家队伍专门来研究这件事情，结果最后给出的答案我一看根本没有把美丽乡村的美给概括出来。所以我们一开始就把这个事情放弃了，而是通过一个农业部美丽乡村创建目标体系解决什么是美丽乡村的问题。好在后来我参与了《美丽乡村建设国家标准》（以下简称《标准》）的起草，这个起草过程当中形成了一个美丽乡村的定义。这个定义并不是限制，而是引导。大家如果有兴趣可以把《标准》调出来看一下。在《标准》的一开始就给出了美丽乡村的定义，而且可以跟大家说，这个美丽乡村就是由我最后修改确认的，我修改完了之后通过领导的审查，一个字都没有改。这就是一个理念的问题。

第二个问题是投入的问题。我们知道美丽乡村建设没有钱不行，建设的起端要靠资金来保障，后续的发展要靠产业来支撑。所以说美丽乡村必须要有物质基础。我们提出美丽乡村建设，我们有四个美。第一个就是产业美。美丽乡村一定要有产业，没有产业一切都是空的。所以说我们特别重视这一块。在美丽乡村建设的投入里面，大体可以分为三块。第一块就是政府的投入。这一块我认为是非常重要的启动资金，没有这一块的钱事情就干不起来，但是这一块启动资金不是包含一切的。今天有台湾大学的专家过来，其实我专门去台湾做过农村再生社区的调研，那里的资金使用就给我们很大的启示。财政这一部分资金是引导资金，是一个启动资金，是一块杠杆资金。它的投入把环境、基础设施做好了以后，自然而然就把其他的资金、资源给撬动起来，让大家一块来做美丽乡村的建设。第二块就是农民手头可以用于美丽乡村建设的资金，这一块我认为是一个必要的补充，就是美丽乡村建设怎样可以让老百姓积极地参与进来。这件事情非常的重要，关系到美丽乡村成败问题。台湾也提出一个社区要建设美丽乡村社区，就必须全民动起来，我很赞同这样的理念。第三块就是社会上的资金。在这个月的19号、20号这两天，我们在成都要举办"中国美丽乡村论坛"，在论坛上我们会发出一个倡议书，就是让部分大的企业资本进入美丽乡村，需要有一个正确的引导。

关于投入这一块，我还有一个观点。现在中央财政可以说并不缺钱，我们的外汇储备曾经达到4万亿，虽然这几个月在跌，但是最新的数据是3.65万亿。这么多的钱我们去干什么了？一方面花了1.05亿来买美国国债，另外一部分开了银行。但是不敢拿钱往美丽乡村来投，一方面是意识的问题，另一方面是观念的问题。有位知名专家说，"一提到国内的投入就是三大块，第一房地产、第二制造业、第三基础设施"。大家想想这几块与美丽乡村有多大的关系？到目前为止我们的中央财政里面没有美丽乡村的专项，我们有很多的钱去干其他的。所以就这件事情我们一直在呼吁，我们也一直在争取、努力，从过年到现在，我们委办以农业部的名义对国务院提了几个政策建议，就是想专门在这一块能够争取资金。这是关于投入的问题。

最后，就是关于规划的问题。我是特别重视规划的，因为我看到在很多地方村里已经非常富裕了，老百姓都非常富裕了，但是整个村庄建设就是一个大垃圾厂，这是因为缺少规划，没有规划意识。所以，我们在美丽乡村建设之初提出的《美丽乡村建设四项原则》中，第三点就是规划先行。美丽乡村建设先有规划再有建设，规划的钱由政府来买单，由村庄、农民去主导。

很开心我们可以与同济大学、海门市政府以及有关方面一起举办本次规划设计大赛和本次论坛，因为我们感觉这件事情非常有意义，我们还是希望能够继续得到大家对美丽乡村的支持。感谢大家！

代前言

张伟副市长致辞

海门市人民政府张伟副市长致辞

尊敬的各位领导、各位专家、女士们、先生们，大家上午好！

今天很高兴我们相聚在同济大学。说实在上高中的时候还是挺希望考进同济大学的。但是1979年考取学校也就是小中专，没有机会到同济大学。今天到本次论坛，首先请允许我代表海门市人民政府对各位领导、各位专家来参加美丽乡村的论坛表示衷心的感谢！

海门市就是大海之门，我们有一句话叫靠江靠海靠上海，上峰上江上海人，横批是海上海人，也可以说是海上海门。上海有浦东、浦西，没有浦北，以后浦北可能就是海门。海门市与上海隔江相望，我们就在江的北面。我们还有一个美丽的小镇叫海永镇，在崇明岛上。所以海门市跟上海是无缝对接的，有陆地的土壤接在一起。

我们叫海门，可想而知有海岸线。我们有黄海岸线21公里，我们有长江岸线50多公里。海门市很自豪，最近几年经济也发展得很好，一个重要的指标就是全国经济百强市我们排名第22位，江苏第8。我们没有遗憾的地方，我们的城市建设和上海差不多，我们的城市没有乡村的味道，我们的城市没有打造成田园都市，也没有把我们的江、海、河水的概念做到城市里面去。通过今天的论坛，为我们进一步建设美丽乡村指明了方向。

一个没有创意的地方不可能打造成一个美丽的地方。还有崇明岛上一轮有花香的概念，把花的理念融入进去，所有的点都围绕这个做文章。资源有限，创意无限，想别人想不到的，做别人做不到的，做能够落地的东西。我认为我们的美丽乡村从这个角度来讲，搞得要有特色，像北方搞徽派建设，海门市有海派建设。通过今天的论坛，也让我们海门市的美丽乡村迈上新的步伐，也欢迎各位领导、各位专家都来海门市。

我现在分管农业，也分管旅游，最大的好处我可以带你们去农家乐，欢迎大家来尝尝我们的大肥羊。谢谢大家！

吴志强副校长致辞

同济大学副校长吴志强教授致辞

尊敬的各位来宾，大家好！

首先代表同济大学对各位领导来到同济大学表示衷心的欢迎。

这个学科从20世纪50年代的时候就开始了。我们的第一本书叫《城乡规划》，从来就没有把乡村落下过。第一本在我们学院博物馆里面，可以看到老先生们写城市规划都是写城乡规划，而且都是手写的。看这些老先生们的手稿就一直在想，城市和农村就像人的呼吸。今天我们在海门市这里可以呼一口气，而不仅仅是一直往里面吸。城乡就是呼吸，呼吸是不可分离的，这是人类的基本生活。过去一直把城乡剥离这是有问题，这不是从一个系统看问题，只是看单方面。从这个角度来说我们城乡是不能分离的。人类在某一种生活状态太久了会有问题，应该是相互之间穿插的，这是整体人类生活的平衡，是不可缺少的平衡。很开心我们有八大院校一块来讨论，这对我们学科的发展特别重要，是在为我们下一代的学生建立一个完整的人类生活状态的整体观。

对于同济大学，我们特别支持这一块，不仅仅是老先生们，我们这一代包括现在在座的各位专家都投入了大量的精力。没有美丽的中国农村就不可能有美丽的中国城市，没有中国美丽城市和美丽乡村就不可能有一个美丽中国，这两者不可分离。

我自己有幸在过去的四年时间走了九个省的农村，去看了各式各样的城镇发展模式，自己也整理了七种不同的转型模式。农村的问题很早就引起我们的注意，农村好不好涉及农村的千家万户，也牵扯到现在城市里的千家万户。我们大多是农民的后代，千千万万的家庭都是和农村挂在一起的。从这一点来说我们更应该注重农村，注重农民的幸福，这才是规划重要的本意所在。

最后我代表同济大学表态，我们不仅仅是城市规划的殿堂，也是农村规划的殿堂。我们这个创建论坛要一届一届办下去，希望有更多的地方像海门市一样，全国有各式各样的"大羊"可以推荐，当全国都有"羊"的时候，我们的美丽乡村就起来了。

谢谢大家！

代前言

彭震伟书记致辞

同济大学建筑与城市规划学院党委书记彭震伟教授致辞

尊敬的各位来宾、兄弟院校的老师们、同学们，大家早上好！

首先祝贺美丽乡村创建论坛顺利召开。

我国从前些年的新农村建设到现在的美丽乡村创建，各方面都对乡村的发展、规划和建设给予了高度重视，也有了很多举措。国家的多个部委都在关心我国的农村发展。国家农业部在推动美丽乡村的创建工作，住房和城乡建设部从2013年开始提出了美丽宜居村庄的遴选工作，国家发改委也从新型城镇化角度提出了新农村建设和城乡统筹发展。所有这些都提醒我们，乡村对我国的社会经济发展很重要。这次我们参加乡村规划实践的这些高校，都是随着国家从城市规划到城乡规划的转变而转型的。我国在很长一段时间内，只关注了城市的发展。2008年我国《城乡规划法》确立以后，我们开始关注乡村和城乡统筹。城乡规划不是简单的城市规划加乡村规划，而是城乡地域整合后的规划，这是一个不可分的整体。

我们举办本次论坛，同时作为美丽乡村创建的系列活动之一，组织了乡村规划竞赛。这个规划竞赛的案例是用来探讨如何做好美丽乡村的创建，如何在城乡规划的教学、研究和实践中能够真正扎根于乡村来关注乡村的发展，在这方面有很大量的工作要做。今天在座的来自兄弟院校的很多老师在乡村规划的教学、研究上都有很多很好的实践，值得我们学习，如来自我国台湾地区高校的教授们在台湾开展的乡建实践、浙江大学王竹教授在浙江乡村的实践等。我们需要进一步思考，什么样的乡村才叫美丽？我想，答案是很清楚的，那就是它应该是综合的，并不仅仅是视觉景观上的漂亮。任何一个地方的建筑都有各自的地方特色，更重要的是它必须能够可持续发展，要宜居。宜居就需要有支撑这个地方发展的产业，要有这个地方的特色环境，不仅要有自然环境、生态环境，还需要有人居的环境。

另外，全国各个部委在推进乡村发展和建设时，一定不是一个单一的标准。我们可以举很多长三角、珠三角这些经济发达地区的成功案例说明这些地方的乡村非常美丽、宜居。但这不一定适合西北、西南或其他地区，不一定具有可示范性、可操作性。所以，美丽宜居乡村的发展模式要适合不同地区的风土、经济、社会、生态、文化等方面的特点。我想，今天我们来自各个不同地区的高校，在全国美丽乡村建设和城乡规划的教学、研究和实践中都应当承担自己的责任和发挥应有的作用。

再次祝贺美丽乡村创建论坛的顺利召开，预祝论坛取得圆满成功，也期待着能够看到更多、更好的美丽乡村建设的教学、研究和实践成果。谢谢大家！

美丽乡村创建
——2015美丽乡村创建论坛报告暨长三角高等院校规划方案竞赛成果集

第一部分：学术报告

李笑光：关于农业产业发展规划的几点思考 // 16
张文山：美丽乡村品牌工程策划与行销设计 // 23
赵民：韩国、日本乡村发展考察——城乡关系、困境和政策应对及对我国的启示 // 30
张乐天：乡村社会文化的转型与再生 // 44
王竹：乡建——经营与永居 // 47
丁奇：基于城乡等值理念的实用性村庄规划方法探索 // 60
康洪莉：农业美，乡村才美 // 70
陈瑶：返乡创客是这个时代的先行者 // 75
林善浪：新常态，新农村 // 81
党小勇：集聚设计力量，推动美丽乡村建设 // 86
杨飔：创意，让农村更有价值 // 92

李笑光
农业部规划设计研究院常务副总工
本文为李笑光先生在由农业部美丽乡村建设办公室、同济大学、海门市人民政府联合举办,由同济大学建筑与城市规划学院和经济与管理学院、上海同济城市规划设计研究院和江苏省海永镇共同承办,由江苏省美丽中国(空间)建筑设计产业园协办的"美丽乡村创建论坛"上所做的特邀报告。

李笑光先生做特邀报告

关于农业产业发展规划的几点思考

各位老师、同学,上午好!

首先非常感动,我们这么多知名学府的设计专家、教授能为美丽乡村建设进行规划,我想在党和政府的领导下,通过我们大家的努力,一定会把目前一些还比较散乱的村庄建设成美丽乡村。同时也非常感谢主办单位的邀请,能来参加这么一个有意义的会议并进行交流。

关于美丽乡村的建设,各位专家都是行家,我在这方面做的少些,所以我仅就与美丽乡村经济发展有关的农业产业发展规划方面提一些建设性的建议,仅供参考。时间的关系我尽量简短,大致有九个方面的内容。

一、美丽乡村建设需要有产业的支撑。

我们知道从某一方面讲,无论是精神文明建设还是物质文明建设,都离不开经济能力的支撑。前面几位领导、教授都已经讲过这些问题了。我们开一个玩笑,就是以现代文明社会自居的西方,由于金融危机的影响,经济大幅下滑,最近几年也发生不少有失文明的现象。虽然是个案,但是也从另外一个方面说明经济基础对文明的支撑作用。因此美丽乡村的建设和发展也离不开产业的支撑,对于大多数乡村来说,更离不开农业产业的支撑和发展。当然,到底怎么才算美丽,的确还得好好研究。

二、目前农业产业发展规划存在的问题。

农业产业发展规划中好的方面我们就不说了,主要谈一些问题。目前,社会上的确还有不少的规划,想得很大很远,特别是产业规划,恨不得编一个规划就能一劳永逸地解决所有问题。结果往往是不仅一个重大问题也没能解决,规划还变成了一个只能看的本子。

例如,有的地区编制农产品加工项目,既没有深入的市场调查和预测,也没有搞清楚市场的竞争程度;有的地区编制观光农业旅游规划,项目编了一大堆,这些项目都是很花钱的，但是却没有去想怎样才可以去赚钱，它的利用点在哪里，利润怎样获取。如果这样的项目实施很麻烦，不光是赔钱，而且还会背上沉重的包袱。可以说这样的例子比比皆是。

再有，我们许多规划在总目标当中规划了很多产值，可是具体规划内容当中却既没有主要农产品产出，也没有产能指标，不知产值是怎么来的。实际上产能相对来讲在没有自然灾害情况下是比较稳定的，而产出则会随着价格的变化而变化，产值也只是个预期目标。

之所以我们现在很多规划最后变成一个只能"看"的规划，其原因之一就是编了一大堆项目，一规划就是几十亿、上百亿的投资，不符合实际，事实上根本就没有经济能力来完成。因此在群众中曾经流转这样的话，"规划规划，写写画画，墙上挂挂"等。话虽然有些偏激，但也提醒我们再这么做下去肯定是有问题了。随着改革的不断深入，特别是在"三严三实"重要思想指导下，规划更要坚持"谋事要实"。

此外，我国正在推行建设现代农业，我们需要提醒的是"现代农业"不等于"豪华农业"，不是设备和设施的简单堆积，赔钱赚吆喝更不是现代农业应有的特征。因此，现代农业应该是一个"优化"的农业，应该是从生产经营机制到农业生产设施装备，以及农业从业者素质、信息化需求和综合效益等多方面的考虑，是一个综合优化的结果。

三、编制农业产业发展规划首先要做好发展研究。

我们可以理解农业产业发展规划是一项全面的、较长期的农业计划和发展部署，是根据国家或某一地区在一定时期内国民经济发展的需要，充分考虑市场与现有生产基础以及自然、经济、技术条件和进一步利用改造提升的潜力与可能性，来拟定的一个具有一定时期的、有科学根据的农业发展设想、努力目标和主要任务以及投资安排和实施措施等。

因此，农业发展规划要以未来发展需求为导向，以提高"三率"、农民增收为目标，以建设现代农业和坚持可持续发展为准则进行科学规划。特别是对"四化同步"、国家粮食安全、农产品质量安全、生态保护等主要问题，进行科学分析、系统规划。规划不能仅仅堆出一堆的东西，规划要有依据，要有数据支撑，不能凭想象或者是大概，还要力避"大话"、"空话"和"套话"。

规划应该在实地调查基础上，结合当地及省、市、县和国家统计年鉴等有关数据和资料，并应用SWOT等分析方法对当地资源、气候条件、农业生产传统和经验以及现有农业产业发展情况等进行优势和劣势分析，特别是要找出制约农业发展的"瓶颈"和可能改变不利因素的措施。根据周边市场和国际、国内大市场需求和自身资源优势或比较优势，来分析判断规划未来农业发展的方向、发展重点等，为规划发展思路、发展重点和产业布局提供科学决策的依据。

也就是说，规划思路的提出是在深入调查分析的基础上，遵循可持续发展的原则，运用规划的相关理论，找出规划发展的抓手。也就是根据发展需求和发展原则，明确提出农业发展的总体思路和战略性主导产业，加强发展原有的优势产业。但是由于市场趋势变化或发展的需求，原有优势产业有时不一定成为发展的战略性主导产业。不要忘记需要保持发展一般性产业，通过提出促进发展的系列措施和重点项目，通过系统的规划来实现发展的目标。

需要指出的是，规划思路的提出一要符合发展的趋势，二要符合发展的实际，不能靠一个规划包打天下。特别是不能过分注重于形式和渲染，要有内涵，要有自身的特色。但可在规划宣传的表达方式上进行创新，特别是利用现代科技手段，包括多媒体和遥感技术等来宣传和表达规划的理念，强化规划方案的视觉效果。

下面我们看一些案例，根据比较优势规划特色产业的案例。这是我们2005年搞新农村建设的时候在四川省某县一个村里，他们找我们做一个规划。这个村非常穷，虽然区位很好，就在去九寨沟的路上，但只有一条街，两侧的房子就在公路边上，下面是江河，上面是一个山坡，种了一些杂果。这是河谷地带，我们看他们种的李子品质很差，基本上没有粮田。由于前不着村后不着店，搞了一点农家乐游客也不去，所以当地人很着急。

我们去了以后也感到很头疼，就从优势挖掘角度来想。在规划碰到困难的时候就问他们有什么好东西吗？他们说枇杷非常甜，成熟季节比成都差了二十天将近一个月，成都的枇杷卖光了，我们还没有下来，大家又想吃了，那么我们这个枇杷就有市场了，像反季节蔬菜一样。再就是它和别的水果不一样，它是有药物功效的，所以大家都喜欢，特别是老年人。我们就根据这个气候的优势决定在这个沟里面规划一个枇杷特色产业。由于反季节的关系，枇杷价格会高一些，所以会形成很好的产业。这一点提醒我们从比较优势里面挖掘。只要用心研究，气候也是一种优势。这个案例提醒了我们，我们搞规划的时候首先要进行发展的研究，农业产业规划改变了发展的面貌，这一点对我们美丽乡村也有一点借鉴。

此外，农业的发展也离不开品牌的打造，因此在发展思路上也要提出品牌的谋划和培育措施。品牌也要有一定的集中度，一个地方的农业或一类农产品，如果品牌太多、太杂，品牌也就仅仅成了一

图1　案例：四川省某县某村通过挖掘比较优势谋划特色枇杷产业发展

个"名号",形不成品牌效应,品牌也就失去了意义。如果在一个县里的一条街上都是茶叶品牌,我很难判断哪一种茶叶好。另外,我们讲了"品牌＝特色＋品质＋规模＋标志＋宣传＋时间",因此品牌打造还需要规划一整套打造品牌的措施,扎扎实实进行培育。

四、规划目标的确定既要先进又要符合实际。

根据发展思路和需求分析提出产业发展的具体规模和要努力实现的目标,例如各产业发展的规模、产能、产值、质量、基础设施建设、农业机械化水平、粮种推广率、新技术应用、生产效率、生态效益和促进农民增收指标等。

由于我国地域辽阔、气候差异大,农产品种类多,我国有56个民族13亿人口,农业发展模式不可能是一个统一的模式和标准,因此要根据规划区域的具体情况,实事求是地进行规划,并尽可能地规划出具有当地特色的发展思路、发展重点和目标。同时在编制农业发展规划目标和支撑实现目标的建设内容时,一定要坚持在可持续发展的原则下,着重体现提高土地产出率、资源利用率、劳动生产率和促进农民增收,并从发展现代农业角度来考虑可持续发展和促进"三率"的提高和农民增收。

农业不同于其他行业,农业规划大多数是在原有的基础上进行规划,因此当发展思路确定以后,除规划的新项目之外,其他建设内容都应以重点解决当前薄弱环节或是整合构建产业链以及如何建设现代农业为目标来进行规划。

规划的发展思路不仅要精准,规划建设的内容和目标更要符合发展实际。特别是规划目标的确定,既要体现先进性,又要注重符合实际,不能好高骛远。那么我讲了半天,什么样的目标算是先进和合理的呢?就是目标的制定不仅要具有先进性,而且必须是通过努力又能够实现的,才算是先进、合理。打个比方,我们伸手拿一个东西,你一定要跳起来才可以拿到,这个目标才是先进合理的。如果跳起来都拿不到,这个目标基本上就是没有意义的。

五、产业间的规划布局要合理衔接。

当规划的思路、目标和战略性主导产业、优势产业以及一般性保留产业确定后,就可进行产业的空间布局规划,并通过战略性主导产业和优势产业及重点项目实施,实现规划的目标。

在规划布局上,要强调根据规划区域的资源条件、区块大小和道路条件等因素进行综合考虑,合理地利用土地,并结合土地流转情况,明确规划各个产业的规模和布局。特别要注意产业间的合理衔接,例如种植业和养殖业的合理布局与衔接,加工业与物流业的合理布局与衔接等。之前去韩国发现每一块地都衔接得很合理。现在加工业和物流业在我国已经引起高度重视。规划要结合农业的生态功能和休闲功能进行系统规划,这涉及美丽乡村。

特别需要指出的是,在规划开始就要考虑生产单元的组织结构、规模和发展趋势,并进行科学布局,为实现未来先进的经营模式奠定基础。同时,对于保留的一般性产业,虽然可能我们没有列入规划建设的重点,但是也要进行合理的规划布局和一定程度的建设。

同时还需要对提出的战略性主导产业和优势产业以及需要保持的一般性产业分别进行详细规划和描述,并列出各产业规划的规模、建设的主要内容、技术措施、科技应用和预期产能。

农业发展规划涉及的主要产业有种业、种植业(包括设施农业)、畜牧业、渔业、林果业、农产品加工业、物流业、休闲观光农业、社会化服务体系(包括农机化、信息化、农业金融、科技支撑等),还要特别注重农业生态环境保护、资源综合利用和循环利用等产业。

各产业建设内容、规模和目标（包括产能和预计产值等）的规划要根据规划区资源情况、市场需求预测和当地经济能力等相关因素结合起来通盘考虑。

在规划布局中，还特别要注重种、养业等产业与农产品加工业和物流业的配套规划，逐步构建产业链并向全产业链方向发展。当然，产业链的构建应建立在价值链的基础上，并结合价值链来构建科学的产业链，不然就不会有效果。

此外，在规划空间布局上，人们有时为了强化规划思路的特色，经常采用一些概括性语言来形容空间布局的模式，如"一带一路"、"一轴两带"、"一轴三纵"、"三二一工程"，并在规划报告当中适当搭配一幅或几幅有关规划思路与空间布局的插图，这些都是很好的概括性表达方式，但是不能硬凑。

六、规划要认真做好重点项目的谋划。

我们知道一个规划想得再好、写得再好，特别是农业产业规划，如果没有合适的项目支撑，这个规划基本上也是空谈。在农业规划实践中，经常会听到这样的描述：发展需思路，思路出规划，规划出项目，项目出产品，产品出效益。所以说项目是非常重要的，由此可以看出项目对规划的支撑作用，同时项目也是实现规划目标的重要抓手。因此，我们在编制规划时一定要做好项目的谋划，特别是重点项目谋划，资金要用在刀刃上。

但是项目的谋划是一件非常复杂的事情，绝不能草率行事，更不能靠拍脑袋，一定要做好诸如资源、市场、技术、经济和投资等方面的调研和分析，并根据自身优势和市场需求与容量做出符合发展实际的判断，然后选择出合适的项目。

例如在拉萨进行一个新农村建设示范产业规划时，我们根据规划提出的发展思路和重点项目找到拉萨相关企业一一进行对接调查，包括需求、规模以及质量要求等，做到胸中有数，这样我们提出规划思路和重点项目才有底气。所以在汇报时我们就可以讲为什么发展这些产业和重点项目，包括拉萨市这些农产品加工企业的产能规模有多大，市场情况是怎样的。我们发现西藏的品牌能力，有些产品已经远销到港澳或者是国外等，价格很高。市场和西藏的品牌已经打开，而恰恰最迫切的就是农产品加工原料的供应问题，因此一拍即合，这样规划实施就有了保证。

另外，重点项目的选择要体现出对农业发展的支撑作用，特别是加工业重点项目，一定要体现龙头拉动的作用。下面，我们再来看一个依靠重点项目由"穷"变"富"的典型案例。这是北京一个叫八十亩地村的地方。在2000年的时候还非常穷，这个村里面姑娘都嫁到外面去，剩下都是光棍，后来光棍也跑出去打工了。八十亩地村的好地都盖了房子，只有两千亩的河滩地，什么都不能种。书记一直研究怎样发展，北京市也很着急。他们到处找，我们的科技很有力量，最后找到了一位教授，说这个地稍微改造一下做什么都行。2000年的时候北京还没有酒庄，我们就搞酒庄了，酒庄不需要太大的面积。后来从法国引进小型化设备，把土地改造完了之后按照这个酒庄的模式打造加工酿酒和旅游项目。通过两年奋斗，一下子这个村就一年产值达到九千万，后来还在旁边山头开发其他的果汁。通过这个案例可以看出，一个是通过科技力量，一个是通过专家的支持想到好的项目。当然，北京酒庄很多，刚搞出来的时候市面上没有卖，后来通过项目谋划，找专家咨询，最后让一个非常穷的村庄改变了面貌，由穷变富。这个案例说明我们在搞产业规划的时候，重点项目如果选对了，就很成功。

还有就是重点项目的选择，要特别注意区域的均衡性。现在很多产业你也上我也上，不管区域均衡性，常常会出现有些项目刚一建成就发现进入了一个竞争很激烈的泥潭，由于进入得比较晚，最后

图 2 案例：北京"八十亩地村"利用 2000 亩河滩地改造发展高品质酒庄

不得不败下阵来。因此，重点项目的选择要慎之又慎，如果项目选择不当，项目一旦上马就可能造成财力、物力、人力和时间上的巨大损失。时间也是一样，机会成本，特别是加工项目投入比较大，不像种植业、养殖业好一点。

七、规划编制还要特别注重规划实施计划的编制。

目前，我们看到的许多规划中很少有编制规划实施计划的。一个规划会包括许多方面的建设内容和投资，特别是一些较大的、综合性的规划，不可能不分计划地、一股脑地实施。事实上，我们现在许多规划变成只能"看"的规划，很大原因就是由于规划的资金投入很大却无法落实，加上项目的规划又没有体现出轻重缓急和先后次序，对项目相互之间的关系也没有进行分析，没有给出一个渐进建设和发展的思路，导致实施者面对着一大堆项目和对于当地来讲属于大量的投入资金而无从下手，最后只能束之高阁。

因此，要按照"整体规划、分步实施"原则，根据轻重缓急和建设次序以及资金投入的能力，按照年度或分期、分批地制定出规划实施与建设的计划，以利于扎扎实实地一步一步地实施。

还有就是通过编制规划实施计划，来反观规划合理性，看看规划的到底合理不合理，这一点很重要。现在许多规划之所以最后变成只能"看"的规划，原因就是往往编了一大堆项目，一规划就是几十亿、上百亿，事实上根本没有能力来全面完成。

当然，这多是委托方的原因造成的。但随着改革的逐步深入，再做这样的规划，恐怕就维持不了多久了。就算是委托方还想做这样的规划，如果我们能做一个合适的实施计划，那么排在前面的重点项目就很可能实施，那也是一个了不起的贡献。

八、规划的编制还应进行规划前景分析。

规划的目的就是为了发展和实现更大的综合效益，因此发展规划的编制一定要对规划实施后所能产生的效果进行分析和预测。规划的预期效益可通过经济效益、社会效益和生态效益来反映。在此基础上，对规划实施后可能产生的总体效果描述出一个大概轮廓，结合附图勾画出一个发展蓝图，那将是非常完美的，也是规划的一个创新。

九、农业产业发展规划展望。

我们知道，目前我国正在探索更加科学的、合理的、创新的规划模式，如已经提出了"多规合一"，还有提出"五规合一"、"三规合一"的。大意就是"全域统筹、城乡一体、多规合一"，来统筹解决发展的问题。

当然目前还处于探索阶段。但是"变"是肯定，只是时间问题。但是不管怎么变，都应该是一个从"统"到"分"，再从"分"到"合"的过程。因此农业发展的规划总得有人做，更何况农业这条"红线"还得保证。加上农业的特殊性，产业发展的事情还需要专门进行考虑，只是今后怎么协调和怎么"合"的问题。

今后规划的用途可能会首先发生改变，现在多数只能"看"的规划，可能就会转变为"干"的规划。过去"虚"的，今后就会变成比较"实"的，自然，今后规划的难度也会大大增加。

另外，农业也要尽早考虑"互联网+"，农业也要融入e时代。目前，我已经看到有一些精品农产品种植加工户通过网络电商和快递在经营自己的农产品。在西藏的时候他们就在互联网上卖茶叶，还有菊花，类似于这样的网上销售，一些有文化的年轻人归乡做得很多。一头往大的发展，一头往小的发展，这对很多新鲜事物的发展有好处。

由于时间关系，仅谈几点体会，谢谢各位专家、教授！

（文字为速记整理稿，未经作者审定。报告整理人：杨犇、奚慧）

第一部分：学术报告

张文山
台湾云林科技大学数字媒体设计系助理教授
本文为张文山教授在由农业部美丽乡村建设办公室、同济大学、海门市人民政府联合举办，由同济大学建筑与城市规划学院和经济与管理学院、上海同济城市规划设计研究院和江苏省海永镇共同承办，由江苏省美丽中国（空间）建筑设计产业园协办的"美丽乡村创建论坛"上所做的特邀报告。

张文山教授做特邀报告

美丽乡村品牌工程策划与行销设计

各位领导、各位专家学者，在座的来宾、同学们大家好。我是张文山，来自台湾云林科技大学。刚才李笑光先生提出了几个宝贵意见，包括农业的产业化、品牌化以及科技的导入等，我非常认同，而且我接下来要分享的基本上是从这三个角度切入。

我简单地介绍一下我的专业，各位可以看到我主要是做智慧农推设计的。智慧在于从农村传统智慧到科技智慧，包含了智慧生活一直到生态旅游。中间是我的核心技术，包含了咨询设计、云端网络、鼓掌感触和概念谋划等。可能我跟各位分享的角度不一样，我们在做美丽乡镇创建的时候，可以有其他的议题来探讨和分享，而不是说我们只是在做乡镇的基础建设，从这个角度我有几点可以和各位做些说明。

我2001年从台北市移居到云林县，那个时候就成立了智慧生活设计研究中心。我一直在探讨一件事情，大学的体制如何进入乡镇？大学是一个很充沛的资源，但进入乡镇是有门槛的，因为大部分的教授在学术研究上已经花了很多时间，有没有机会做实践这是我在想的事情。我觉得一定要到乡镇才有机会，所以就跑到乡镇去。这十多年来我非常愉快，原因是乡镇给我的活力，因此我带着我的研究团队进入到台湾各个乡镇。接下来分享的就是这几年来我们怎样进入乡镇，我们怎样去思考农业的未来。我用照片跟各位说明，你看我都是笑的，在这个环境我非常愉快，一直到现在我都认为我是一个拥有得天独厚好资源的学者，也是拥有得天独厚好资源的实践者。2012年初至今，我们用三年的时间陪伴这个小镇文创，有些朋友知道小镇文创的盛名。

美丽乡村的活化不能仰赖经验法则。因为各个乡镇经验不一样，没有办法做套接或者是复制，你只能去吸收和转化。所以经验法则是让各位可以去到其他的乡村里面，通过经验萃取转化知识套路，把农业文创、宗教文创、观光文创和智慧生活转换为产业。

美丽乡村创建
——2015美丽乡村创建论坛报告暨长三角高等院校规划方案竞赛成果集

图1 带领大学体制的i-Lab研究团队进入台湾各乡镇，陪伴农乡发展共好模式

每一个乡村的经营不能只依赖硬建设，我更相信硬建设后面应该从品牌开始，通过乡镇特色萃取转化为品牌套路，在脉络当中可以找到品牌策略包含这个故事行销。这件事情可以从产品的价格开始，一直到最后所谓的价值。价格和价值是两个不同的思维策略，我认为现在的新形态农业乡村应该谈的是价值，而不是一直谈价格。另外，农业乡村里面有很多农力，可是新形态乡村当中不能谈人力，我们要谈的是人才。从价格走向价值，从人力走向人才，休闲农业才能被提升。

由价格转换成价值，人力转换成人才更需要用品牌策略找到我们行销乡镇的语言，这个语言不是深奥的而是可以打动人心的语言，甚至是直接深入人心，让大家知道乡镇的特色，尤其是一乡一特色的概念。正因为这样我们走进了海永，以海永美丽乡村概念去做品牌定位。从今年的1月开始直到现在，我们有一些成绩，我也想利用本次机会和各位分享我们的想法。

在台湾有一个乡镇，我们用良田美池的概念来做品牌规划，这是在2005年做的一个案例。之所以不和各位讲这个乡镇的名称，因为乡镇是有行政区划的，可是如果有了品牌之后，大家会认同这个品牌，可以把产业这一部分快速拉上来，包括可以做购物、小农创投、品牌销售和服务升级等，后来我们通过"互联网+"形成销售网。各位可以看到这些农村产品不需要去说是哪一个农地种的，我们给它一个品牌，就是农业乡镇品牌。我们在思考的是乡镇需不需要品牌？乡镇需不需要用一个共同品牌来扶持我们的所有农户？如果是的话应该怎么做？

我们也认为乡镇的品牌不完全只是农特产品，乡镇的品牌可以是把农乡工艺、传统记忆结构进行转化。我们做了一个比较大胆的尝试，也是就在几年前，现在在杭州这边也成功落地了。我们做"手竹知青"品牌，从手创达人开始，在当地做一些手创工作，就是讲他们的故事，最后用这个故事去找当地的原物材料，也就是竹子。所以这是两地共同的过程。乡镇与乡镇之间两岸结合，在两年前开始落地，台湾竹山跟余杭乡镇用一个品牌创造。如果两岸有机会用共同品牌来创造，是一加一大于二的概念，最重要的部分是可以变成手创商机。

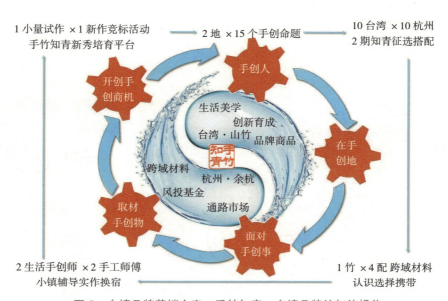

图2　乡镇品牌营销个案：手竹知青，乡镇品牌的加值操作

我们当初也做了一件事情，我们把台湾几个有特色的乡镇用一乡一特色的概念做一个个乡镇的品牌，用观光局的光点计划把它串联。刚才讲的是两岸乡镇共同形成一个品牌概念，这个概念是在台湾的六个乡镇用品牌来做串联，形成休闲旅游流程，甚至是体验的内容。在座各位有机会到台湾，可能我们就可以让各位去踩踏这些乡镇，每一个乡镇就是一个品牌，每一个品牌后面就是一个特色，每一个特色都是当地商业行为。

复兴，原乡好果小园聚落（原乡果工作假期会社）

南澳，自然好田小农聚落（自然田工作假期会社）

埔里，山水好纸工艺聚落（山水纸师学苑）

鹿谷，冻顶好茶农艺聚落（冻顶茶师学苑）

小琉球，箱网好鱼小岛聚落（海洋牧场实习假期会社）

美浓，客家好艺设计聚落（客家创艺定做见学坊）

图3　乡镇品牌效应：以台湾部分观光点区划为例

这是另外一个案例。各位可以看到这不仅是"互联网+"概念,我们把所有乡镇理念的从业者,包括民宿、旅行社等做一个大的结构,变成双向甚至是多向的结合。让所谓的产业可以通过不同的产业结构去做连接。这是我们在2008年执行的,那个时候还没有"互联网+"的概念,可是那个时候云端平台开始出现了,我们把乡镇用一个聚落的概念呈现,所以这个案例乡镇在中间,我们称作聚落,于是我们用整个云端的概念,也就是"互联网+"的概念把它聚合起来,形成一个比较完整的系统和商业体系。

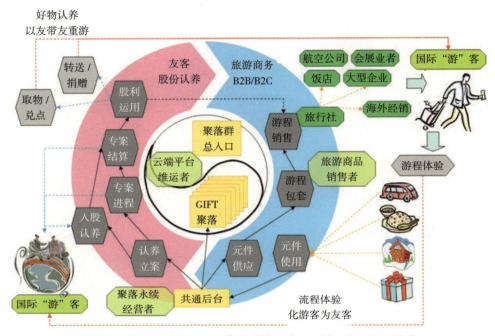

图4　乡镇品牌效应:发展集客伙伴网络、支援平台和商业模式

我们还在做一个分进合击的乡镇品牌合作架构。这是我们辅导的六个乡镇,每一个乡镇有一个品牌,我们用聚落与经营方式提供经营资源,提供产销合作,提供商务支援。如果你们认为农业乡镇有办法自己一个单位做到这么多,我觉得一定是空想。如果要让农业乡镇有机会产业化,我们需要提供他们没有办法做到的,透过政府部门相关的扶持跟其他从业者策略的结盟才有机会发展。乡镇要变成产业化并不是单一的农业方面内容的产业化,而是提升整体的产业,所以需要将相关的企业、酒店、航空、旅行社等一起整合,这样乡镇的结构才有机会产业化,不可能一个乡镇只用他的农业产品就可以产业化。

我提到的这个概念在世界各地都有实践,这十年来如雨后春笋不断蓬勃发展。例如首尔有一个首尔品牌设计,越南政府也有一个茶叶国家品牌(CHEVIET)。这些品牌不只涉及乡镇结构,已经覆盖到国家的农业产业结构。另外,印尼政府推动建立地方特色品牌行销工具,加拿大的贸易促进办公室协助发展中国家创建品牌出口至加拿大市场,包括他们提出五个工艺品、纺织品、农耕产品等集体品牌。台湾农粮管理部门用品牌策略的方式去推动农产品著名产地名称保护。举这个例子:我们台中有一个产稻米的地方,我们将这个农产品产地保护变成品牌,贴上标签就是荣耀,是政府认证的"池上米",这些农民只耕作,其他事情政府担当。这些可以为各位提供一个想象的空间。农业乡镇并不是一个农

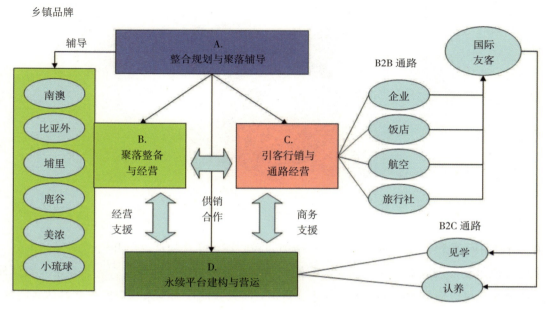

图 5　分进合击的乡镇品牌合作架构

业体系可以做得到的。如果说农业乡镇这一个品牌体系要怎么做，应该是政府部门拉住一个端口，各方提供资源，产业要共同来整合。

回顾国际相关品牌的操作和我国台湾几个乡镇品牌的操作，文创的品牌软实力不但是地方行销的绝佳工具，更成为所在地改造的积极能量。另外，浙江余杭品牌也在做乡镇全覆盖，我所了解到的信息是余杭 21 个乡镇街道实现品牌工作指导站，全区品牌经济规模达到五百亿。这些可以提供给各位参考。

另外，乡镇难道只能谈所谓在地产物的营销吗？我提出另外一个未来趋势的假设，我们认为乡镇的经营是一种知识产权，可以变成商业模式做营销。我们来到海永，我们把海永镇当作我们的第一个基地，昨天也很荣幸，海永镇的领导让我担当海永镇顾问。我们要做的就是把海永镇乡镇品牌知识化，希望这个知识可以在未来加值之后，让其他乡镇来这里取经，并不是做复制，而是经验传承之后做转化。我们认为一个乡镇并不是一级、二级和三级产业的发展，更主要是观光体验。同时乡镇可以成为一个学习的乡镇，政府可以进行认证，有产业支持后形成商业价值。我们也认为，在海永镇这个地方很有机会形成国内第一个新形态乡镇发展产业链。因为产业链的结构必须靠大家的扶持，所以很希望提供给外地人学习的机会，也希望在海永镇形成乡镇经营的学习基地。刚才我听到同济大学在这里挂牌实习基地，我们很希望有机会与同济大学一起努力，将海永镇建成国内第一个美丽乡村乡镇经营基地。

接下来我介绍一下我们现在的进度。既然我们想要把海永镇编织成美丽乡村学习基地，各位可以看得到，我们给海永镇一个品牌的 LOGO。这是一个逗号，这是一个气旋，它并不代表我自己，而是所有的有关部门、产业界、农户都是气圈引导者，引导出来的就是海永镇未来的形象，就是这个逗号精神。这个逗号精神还在酝酿，正要开始去以品牌规划的方式扩散。最后就是聚焦，这是现在进行式。这是一个共融的机制，而不是靠一个农户就可以有办法处理出来的产业结构。也因为这样，海永镇逗号精神在我们规划里面会是长江口亮点，也有无限的可能，但是他是逗号的接续，他没有句号，希望

图6　海永美丽乡村品牌设想——逗号精神

他未来有一个无限可能性。所以说海永镇逗号精神，我们规划品牌就从这里开始。

未来它应该是新形态农业文化生活圈，我们认为海永镇最宝贵的地方在于人，在于人所延伸出来的文化。这个文化可以形成大家来海永镇的重要价值。所以我们认为海永镇里面的共好体系应该发展，所以有三大环境，友善的农村、农业的文创一直到形成一个文化生活圈。也希望海永镇并不是不断地在做所谓的破坏性建设，我们希望从改善开始，最后进行活化，包括了生态自然保护，也包括了永续，海永镇生态圈有产业有结构，这个结构是从农村生活、农村产销、农村休闲一直到农村文创。

我们提供了四个品牌策略：海永生活、海永专卖、海永休闲、海永文创。海永生活代表我们未来可以以本地人文特色和生活理念形成知识理念，如果有海永生活品牌策划，代表着未来海永镇产品有著名产地名称和行销资格；如果有休闲战略，地方景观特色和体验休闲活动的发展和行销就形成策略。如果海永镇有一个文创品牌战略，地方特色工艺产品的转型和产业化将更加有机会。我们在进行所谓的品牌包装，例如丝瓜晒干了之后变成丝瓜布，大家都会在厨房用，但是我们变成扇子就有价值。在海永镇乡镇里面一定有很多类似这样的东西，我们怎样把它变成文创概念，最后形成产值化价值概念。这有机会，我们正在做。

当然也包含所有的操作，也包含了在台湾云林县耕耘十年形成的经验结果，这是未来可以想象得到的，海永镇会有很多新的特色出来。在这里我们希望海永镇未来会有一个点睛品牌的设计竞赛，所以说海永镇点睛未来就会形成品牌战略。结合自媒体与官方网络媒体一起为海永点睛。我们也希望海永镇有一个"互联网+"的概念，所以很多文宣和活动会在网络出现。

另外还提出一个想法，虽然是两年后或者是三年后实现，我们认为农业升级跟工业4.0发展，这是第一次以农业4.0提出来，因为这个在其他地方没有提出来。我们认为在海永镇有机会形成国内农业4.0的基地。农业4.0是什么？海永镇有一个特色，我一进来就注意到并且很关注——海永镇这里是WIFI全乡覆盖。全乡覆盖后是什么？是问号？我可以说是逗号。所以海永镇第二期，是两年后推广，我们想推动"互联网+"、"大数据+"、"物联网+"、"社群网+"的美丽乡村智慧生活圈。一个简单农业土壤感测器都可以提供很多多样数据，或者休闲的时候可以通过这些打卡机制形成流程的消费者，他的行为的分析等。所以各位可以看到这个结构，第一期是在做这件事情，后两年我们希望做外围。我们认为在整个海永镇WIFI全乡覆盖大数据运营策略就是我们利用大数据科技，怎样把它形成一种可被预测行为分析的内容，建立一个全部都是视觉化的平台。

在台湾做一个雏形，而且整个科技概念要形成开放、互助、共享、协作的概念。大数据的资料并不仅公共部门拥有，因为它是公共资源。它可以提供相关产业的策略思考、经营思考，相关旅行业可以提供活动策略，以及农户的产量、产值以及什么时候出产。未来在海永镇会形成一个所谓的WebGIS的概念，有空间资讯、时间资讯、知识资讯，我们的分析图面会提供给有关部门以及小农，只要有手机都可以看到。

就今天的分享，我提出了一些看法。海永镇是什么样的海永镇？难道就是休闲农村，或者是休闲农业的海永镇？如果不是，它被我们定义成休闲的海永镇之外还是知识的海永镇，也是智慧的海永镇，当然也是海峡两岸的海永镇。我们从这个部分汲取经验，在两岸交流方面希望透过交流而形成的经验可以贡献的更多，我们希望海永镇是很多人在做事情，很多人在做知识分享，很多人愉悦地在这个地方生活着，并不是星期六、星期天在这里吃农家菜，而是有很多快乐的东西在这个地方。

谢谢各位！

（文字为速记整理稿，未经作者审定。报告整理人：杨犇、奚慧）

赵民教授在"美丽乡村创建论坛"做报告

赵民
同济大学建筑与城市规划学院教授
本文为赵民教授在由农业部美丽乡村建设办公室、同济大学、海门市人民政府联合举办，由同济大学建筑与城市规划学院和经济与管理学院、上海同济城市规划设计研究院和江苏省海永镇共同承办，由江苏省美丽中国（空间）建筑设计产业园协办的"美丽乡村创建论坛"上所做的特邀报告。

韩国、日本乡村发展考察
——城乡关系、困境和政策应对及对我国的启示

各位好！

我并不是韩日问题专家，也不是农村规划专家，只不过这几年关注了农村的问题，有了些许体会。

我们做研究的往往希望有国际比较，借鉴国际经验。总体而言，欧美的规模化大农业以及他们的农村发展与我们的情形差异很大；我个人的认知是美国和加拿大等有现代农业，但其实没有传统农村。与我们相近的是东亚的国家，例如韩国、日本以及我国台湾地区等，他们有小农经济传统，有农耕文化和生活的底蕴。这些地方过去与我们的情况相似，现在工业化高度发达，城镇化水平也很高，同时农村也出现了很多问题。他们的农村发展状况很值得我们研究。

我与张立、栾峰、张冠增等老师一起在做一项关于东亚地区农村发展的课题。今天基于对韩国、日本的考察给大家做一些介绍。分四个方面：首先是讲城乡关系和城镇化历史演进，然后分别介绍一下韩国和日本的农村发展，最后分享一些感悟。

一、城乡关系及城镇化的历史演进

乡村发展，包括美丽乡村建设等，都不是孤立的，而是在历史长河中的某一个阶段需要做的事情。研究城乡关系，需要考察城镇化的历史演进。很多年前我和我的一位硕士生做过关于城镇化发展与经济发展的关联性研究。通过对一百多个国家的数据做统计分析，可以得出经济发展与城镇发展的大趋势。随着经济增长，人均GDP的提升，城镇化水平会逐步提升，农村人口则相应减少。初期阶段这两者高度相关，然后会经历离散和收敛的阶段；到了发展水平很高的阶段，城镇化水平与经济发展程度在统计上不再相关，亦即城镇化水平不再是经济和社会发展程度的标识。在发展的不同阶段，城乡关系的特征和内涵很不同。

在初始阶段，整个国家的经济发展水平很低，可谓是落后贫穷的传统农业社会。

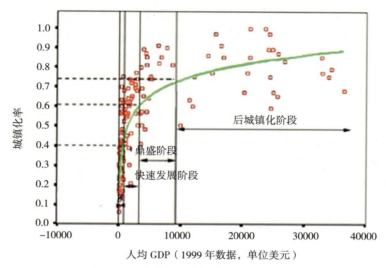

图 1　城镇化发展和经济发展的关联性①

那时的城镇化水平只有 10%~15%（1949 年我国的城镇化水平约为 11%，改革开放前不到 18%）。为了打破积贫积弱的状态，我们需要发展工业。即便要搞现代农业也没有资本，所以只能先搞工业。工业发展需要城镇载体，城镇化水平也就相应提高。这个阶段无暇顾及农村，反而是通过工农产品的价格"剪刀差"剥夺农村资源。工业化开始起步和发展，这个阶段城镇化水平处在 15%~30%，部分农村地区引入加工业而致富，但是很大部分农村地区却积贫积弱。

工业的发展也带动了第三产业的发展，城镇变得繁荣起来；这是个发展的积聚阶段，城镇化水平从 30% 上升至 50% 左右。在这个阶段，第二、三产业的大发展需要大量廉价劳动力，由此农村人口大幅度流出，导致的结果是传统农村社区趋于解体，农村物质环境日益破败。这就是我们目前的状况，前些年更加明显。这个阶段的后期，工业反哺农业和城乡统筹发展的呼声日益强烈，最终变成一个严肃的政治命题。相关的政策不断出台，对农村的投入逐步加大；新农村建设开始被提上议事日程，试点和示范项目遍地开花。

随着二、三产业的进一步发展和城镇建设水平的不断提升，进一步吸引了人口流入，农业人口继续大幅减少。这个阶段的城镇化水平跨越了 50%，一些发达地区的常住人口城镇化率已经高达 70%。这一阶段公共财力比较强，政策取向上进一步扶农，城乡社会保障和公共服务差距缩小；城乡统筹和新农村建设被放到了更高的位置。"美丽乡村"建设其实就是在这个阶段的经济社会发展和政治诉求的大背景下启动的。

当城镇化水平到了 70% 以后，国民经济已经进入高度发展的阶段。这个阶段的农村人口、农业人口占比会变得极小，城市型经济和城市人口占主导地位；这个阶段的城乡社会保障、城乡公共服务、城乡要素市场等都有必要、也有可能实现一体化。国家对农村、农业的补贴力度也会变得很大；但国家的总支出比例不一定很高，因为农村人口比例很低，但是对于农村来讲，这部分收入有可能占很大比重。

---

① 资料来源：赵民、张颖（2008）Min Zhao, Ying Zhang. Development and urbanization: a revisit of Chenery‐Syrquin's patterns of development. Ann Reg Sci. DOI 10.1007/s00168–008–0240–0. 3. Springe 2008.

在最近展开的课题中（课题组成员陈晨、徐素、方辰昊、吴梦迪等），我们发现日本非农与农民收入比为0.86~0.97（2000年），韩国为1.74（2012年），我国台湾是1.40（2005年）。而农村居民的非农收入占总收入之比，日本为86%（2005年），韩国为60%（2005年），我国台湾为77%（2004年）。其发展模式，或是基于农业加工业，或是基于农业加工业、再加农村旅游业。在专业与兼业户数方面，日本的专业农户不足11%，而兼业农户占84%（2004年）；韩国的兼业农户约达40%（2011年）；我国台湾则与日本相似。也就是说在实现了工业化和城市化以后的新时期，农村发展和农民的生产活动实际上是兼业化的；农民不仅仅靠种地为生，农产品的加工，乡村旅游加上文创等，使得同样的产品可以产生更高的附加值。

另外，这个阶段的城乡一体化境界，包括公共服务和社会保障的城乡一体化等，政府公共财政的支持必不可少，可以说政府干预在乡村发展中占据了重要地位。其中直接及间接补贴并行，能够有效提升农民的转移性收入，利于缩小城乡居民收入差别。政府支持占农村收入的比例，日本达到58%，韩国达到63%。政府和社会不光是不希望农村品过多，或完全依赖进口，更是不愿意看到望农村继续衰退、甚至彻底消失。但政府对农村和农村品的补贴代价是很大的；即便是进口来的更便宜，但还是需要保护好一部分农业及维系农耕文化的基因传承。

二、韩国农村现状及新村运动

下面简要介绍一下韩国的"新村运动"和农村现状。

韩国1970年代初期的城镇化人口为41%，到了1993年达到77%，现在应该超过了90%。韩国在经济和城镇化发展较低的起点就开始了"新村运动"，通过改善农业生产设施、改善人居生活环境来提升农民的福利和农村的吸引力。其特点是村村整治，农民就地现代化；但在城镇化程度不高、农村和农业比例很大的情况下，政府和社会的负担很重，加之资金分散，新村运动的总体水平偏低。其后，新村运动转变了方式，以"农村支援"为方针，即由"官主导、民参与"，改为"民主导、官支援"。在运作上则是"高层次统筹，小单位运作"；不再是全国性改造运动，而是以市、郡为单位，以村为单位小规模运作；也不再分散支援，而是更全面地统筹和运作。

2005年以后更多是由农村提出申请，政府部门加以筛选，然后再提供支持，以这样的自下而上的申请和自上而下的经济支援和技术支援来施行援助。2005年~2015年间实施的支援项目共有1430个，分为四个实施阶段（预备、进入、发展、自立），分阶段确定目标及资源投入量，支援金额约人民币280~2250万元，实施年限5年。

韩国新村运动名声很大，据说曾积极向接受韩国经援的东南亚和非洲国家输出他们的经验。我们对韩国的新村运动项目很好奇，专门做了考察。一方面，如果光是看韩国的农村现状，无论曾搞了多少年新村运动，花了多少钱，农村仍然处在严重衰退状态；尤其是农村人口大幅减少和极其高龄化，与我国的一些乡村状况差不多甚至更严重。

另一方面，政府在对农村大幅投入和多方支持；这个力度很大，且一直在做。政府层面的常设负责机构为"韩国农渔村地区综合开发支援协会"，隶属于韩国中央政府的农林水产食品部，由原分属不同政府主管部门的水利协会、土地开发协会和农田开发协会等于2000年合并而成，负责大城市地区以外的农村发展推进工作，其宗旨是"更好地、有效率地利用农村资源，给农村更多的价值和经济能力"。该协会在全国各地有93个分会，6个社团，雇员达5300多人，年度预算约为9000亿韩元（约合人民币50亿元）。

其中，针对农村的农产品和地区开发支援工作设有农渔村开发支援团。该团与韩国农业部门联系紧密，与韩国中央政府的区域开发政策部直接对接，负责中央政策的实施，并可提出调整政策的建议。

我们访问了这个支援协会下面一个地区分会——大田分会，在大田市。他们给我们做了介绍，我们也提了很多问题。他们认为当下制约韩国农村发展的关键问题就是人口减少、高龄化，而另一面就是缺乏就业岗位，工作机会少。

图2　访问"韩国农渔村地区综合开发支援协会——大田分会"

同时，他们提到目前也正在出现一些新的积极态势。一是，在农村人口减少的同时，老龄化趋势下降（什么原因不清楚，也许是高龄的去世了，而下面人口基数比较大）。二是，"归农"、"归村"潮流已经初现端倪。"归农"就是指外出人口回流，或者城市人口迁移到农村从事农业劳动。城市的人可以到农村，按照法律有生产能力的人可以买耕地，城里的白领可以到农村置业和务农（反观我国目前仅是单向流动）。"归村"就是城市的人到农村去居住，包括城里的老人回农村养老。人们思想在转变，过去对农村的理解仅仅是粮食生产基地，现在更多地理解为农村是生活、就业和休闲空间；对支援农村的定位在于保全农村，而不仅仅是为了粮食等生产。

在协会的支持下，每一个村都建有一个公共服务点，搞接待、培训以及作为文化娱乐场所，服务点设有公益性岗位，由政府出钱。韩国的"村"与日本的"村"不一样，韩国的村很小，就几十个人到一两百人。日本的村与我国农村的"行政村"也不一样，日本的村是一级行政机构，市、町、村是平级政区，由此看来日本的"村"相当于我们的"乡"。

韩国农村人口大量外流后，在老龄化和少子化的状况下，原先建设的一些基础设施就闲置下来。我们看过一所设在村里的学校，大概十几年前就关闭了，原来有几百个学生，后来就剩下十几个。经过家长投票同意后并到了其他学校，这个校址就空置下来，但学校的产权仍属于地方政府的教育部门。这个村提出的建设计划是"诗和歌的家园"，所以要求从政府手里把校产拿过来，改建为文化中心。该村接待我们的人是归农的知识分子，为专业养牛户，同时善于搞文宣，所以协助村民发起了诗和歌的创作。在我们访问时，农民给我们演唱了自己创作的歌。听起来很悲情、怀旧和伤感，似与现实的农村发展和农业生产没有什么关系。

图3 支援项目——村庄的公共服务点　　　　　图4 农村一所已经关闭的学校

在韩国农村还可以看到一些老房子，这可能在任何国家都会有。我们考察的是另一个列入援助计划的村，显得比较破败。其倡议是搞一个生产和文创主题——向日葵，以这个主题向政府申请资助。包括把地开垦出来种植向日葵，可以榨油，并藉以搞观光和摄影创作等。我们问能不能赚钱，他们坦率地说他们产的葵花油预计要比进口的高几倍。由此看来，这仅是一项主题倡议，可能难以有什么经济价值。

图5 农村旧宅

图6 衰退中的村庄　　　　　图7 村庄振兴主题——"向日葵"

韩国也搞诸如"新农村建设"那样的评选，釜山大学的李教授给我们介绍了若干案例。第一个是提高农村创收的案例。该村落原本就有绿色大米的种植，以这个为基础，量产"锅巴"产品，实现了创收。第二个是有效利用村庄资源的案例。为了利用滨水景观资源，在水位线以上复建了一条老路，这条路吸引了许多喜欢徒步旅行的游客（类似于济州岛的徒步旅行道路）。第三个案例是开发庆典和观光活动的案例。该案例村庄只有25户居民，可谓是深山老林里面的小村子。因有一条小溪水穿过，村里就利用这条溪开创一个"冰上庆典"活动，吸引游客来参加。第四个案例是发动全民参与的案例。该村种植一种山野菜，韩国人特别爱饮食。该案例就是对山野菜加以很好地开发利用。第五个案例是以艺术创作为引领的案例。因有10户艺术家在该村归农或居住，就产生了如何发挥艺术家资源的作用问题。第六个是废弃学校改造的案例。一些村子的自然景观很好，但是随着农村人口大幅减少，一些乡村学校被废弃。这个案例是把废弃的学校作为生态体验学校来打造。第七个案例是基于文化交流的案例。包括建立多个俱乐部，如交际舞、乐器等俱乐部，加强村民间的文化交流；现在比较活跃的俱乐部有9~10个。这些都是挑选出来的，是已经获得一定成功的案例。我们访问了其中的一些案例村庄。看上去花了不少钱，但总体而言并不令人振奋。

韩国新村运动启动很早，一方面国家的经济和城市化高度发展，另一方面农村问题日益突出，农村的凋零程度令人震惊。政府和社会各界都认识到农村有其不可替代的价值。多年来，韩国政府以及有关机构在农村问题上倾注了大量的财力、物力和人力，试图激发农村活力，使农村走上健康发展之路。调研发现，韩国的农村建设已经从最早的新村运动发展到如今的农村支援，通过自上而下的经济援助和技术支援与自下而上的申请和施行互动，达到全面激发的目的。在农村支援上不仅有着较为健全的体制和机制，有着可观的资金投入，同时也注重传授农村发展的理念和运作技术。

中韩两国政府都有着振兴农村的强烈意愿，但是韩国在操作上与我国有着较大不同。韩国更注重调动村庄积极性，包括引导农村竞争性地申请项目支持，继而政府机构再加以筛选和施以支援。亦即由民主导，由村里提出实施的项目，政府部门批准后先培训，然后对实施提供支持；如果做得好再追加经费，项目成功以后还会继续跟踪维护。总之，并不是下面对政策的单纯的执行。

韩国农村建设改造确实已经取得了一定的成效。但是，即便是较成功的案例也难以看出逆转人口流失和彻底改变衰退的可能性。现有的村庄应该还会维持下去；由于政府的买单，农村基本公共服务和社会福利将继续得到保障，但是要振兴和回到过去人丁兴旺且社会结构健全的状况应是不可能了。可能这就是现代化的一种代价。我们要谋划在先，看看能不能找出保全乡村社会主体地位的工业化、现代化之路，从而实现更为健康的城乡一体化之路。

三、日本农村现状及振兴策略

下面谈谈对日本农村的考察。

感觉日本农村的总体状况比韩国要好很多。这似乎并不是经济发展阶段的问题，而是与地方文化传统有关。日本在20世纪60年代初的城市化程度是63%，2001年是86%，目前在90%以上。据有关数据，从1945~1970年，村庄数量减少到原来数量的8%，也就是说曾有过大规模的撤并，此后又有大幅减少。对此可能会误读，实际上这与行政建制的调整有关。日本的村、町、市是同一级行政区，若是村并入市，仅是政区合并，自然村落并没有消失。对于"一村一品"，我们过去也有误区，其实

图8 九州的农村景象

图9 稻田及田野风貌

日本的村往往是很大的地域。

日本目前在提所谓的"六次产业",就是"一产+二产+三产"。农业现代化和农地规模化也都在推进,取得了成效。耕地的集中,很大程度上亦是不改变产权的流动,即通过租赁方式向大农户集中。农村产业多元化和农村休闲化的趋势也很明显。

我们看了不少地方,从2014年对九州的多个地区的考察,再到2015年对本岛北部和北海道的访问,看到的乡村基本都是井井有条。到处可见到精细耕作的水稻田;农宅大都处在良好状况,风格也较统一。我们问本地人士是否搞过农村建设运动,是不是对建筑式样和材料等有一定要求;没有得到清晰解答,但应该是有引导的,可能更深层次的是一种文化的接受。

农宅往往是与自己的农地结合在一起的,自然村落呈大分散、小集中状态,好像没有什么村庄建设控制。农民在自己的土地上建自己的住宅,经了解,并没有对建筑面积的控制;但是如果是申请贷款建房,则对面积是有限定要求的。对农村建设的体制和机制等我们还没有完全搞清楚。

在九州的乡间,我们看到一些老人在整理一个农村社区场所,包括清除杂草和修剪树枝等。问下来,这些老人属于国东县的"长寿者协会",这是一个非政府的志愿组织。据说协会每年组织老人搞3~4次这样的公益活动。协会成员最小的70岁,最大的93岁。

图10 九州国东县"长寿者协会"的公益活动

在国东县郊外的森林保护区,我们还看到了来自城乡的志愿者修复林地的工作情景。这是一片需要恢复的树林,但杂草的生长力强,阻碍了树木的生长。因此,志愿者每年都来锄草,以帮助新种植的树木生长。活动的组织很细致,不但提供技术培训和提供午餐等,还为来参加活动的家庭提供孩子游戏的场地,甚至于帮助照看小孩。来自城市和乡村的志愿者通过这样的参与增进环境意识和集体互助精神。

图11 九州国东郊外的森林保护区的志愿者

图12 朝日町生态博物馆——梯田

尽管农村人口老龄化严重，但基本上看不到抛荒，耕地基本为水稻田，有的自己家里种，也有一些是集中起来大户在种。甚至把农耕方式作为遗产，朝日町有一个所谓"生态博物馆"就包括了梯田。这个梯田远不及我国云南哈尼梯田或贵州的梯田，但这确实是一种文化景观，应该开发利用。

总之，日本的农业还在运转。据说农村的道路和基础设施都是政府投资的。我们一直试图搞明白，农村人口这么老化了，怎么还能运转？工业化程度这么高，城镇化程度这么高，农村并没有放弃，这是事实，对乡村景观的维护、修复也很重视。包括老的草屋顶，作为乡村遗产建筑来保护，这种工艺可能要失传了，修建价格非常高昂。

图13 九州农村的保护建筑（草屋顶）

图14 镇区周边的稻田

因人口减少等原因，日本的基层政区也有过很多撤并。如位于九州的佐伯市是2004年由多个市、町、村合并而成；合并之后，市政府仍然保留了在原市町村的政府管理服务职能，我们访问了佐伯市下设的浦江振兴局（位于原浦江町）。当地的官员给我们做了介绍，我们也提了很多问题，并中午请我们吃工作餐。提供服务的都是本地老太太，约七八十岁。她们说年轻人现在都不在了，我们还得努力。

图15 访问佐伯市下设的浦江振兴局——座谈　　图16 访问佐伯市下设的浦江振兴局——工作餐后答谢

几年前曾看过陈锡文的一个报告，提到日本农村人口平均年龄为65岁；又过了几年，现在应该更为高龄了。日本大分大学的佐藤教授带我们去他姐夫家里，他姐姐已经去世了，有三个子女，儿子在城市工作，女儿在附近的城镇工作。他已经77岁高龄了，还在种地；家里有1.2公顷土地，仅少部分租给人家种。我们问他以后怎么办？他说或许儿子将来年纪大了还是要回来的。

图17 访问农户

图18 山形县饭丰町农村民宿访问后告别

农村空巢老人现象很严重，很希望城里人来乡下居住和体验。我们访问了山形县饭丰町农村民宿。当地政府部门为参与民宿的家庭搞了些培训，并协助发布信息。我们访问了一家，临近各家的主人也都过来参与交谈。

我们还看了山沟里面的一个小村落，这是一个保护传统手工艺的村落，都是搞陶艺的。访客很少，经济效益可能也不会很好。村庄看上去很大，实际就是十户人家。制陶仍在用传统的水力夯陶土，可谓是一种文化景观，这也是一个振兴的策略。

图 19　山沟里的陶艺村

还有一些乡村的小镇，显然是经过维修的，路面是新铺过的。希望通过原样恢复，使得历史小镇能发挥传承历史文化的作用，并能开发旅游。应该是花了不少钱，政府要投入。但是我们去访问的时候看不到多少人。中国游客都去大城市，其实一些小镇更加有味道，更加有典型的日本传统。

图 20　九州的一个传统小镇

农村振兴的手段还有很多，譬如北海道美瑛町的"四季彩之丘"观光农园，就是通过大片种植薰衣草等花卉美化，形成图案化的大地景观。游客很多，据称到北海道旅游的国人都给拉过去了，实际也是有东西可看。有拖拉机牵引的游览车，也可以租卡丁车。我们去的时候并不是最好的季节，很多田地都已经收割掉了，但仍是很壮观、很漂亮。美瑛町还发起成立了最美乡村协会，已经有了国际影响。

在北海道余市町我们还参观了采摘果园。果园里有多个品种的大樱桃等果树，果园已经传承了几代，果品以往出口较多，现在销到大城市，同时也接受游客参观，自己采摘，不同价格的门票可以带走不同量的采摘果品。这个项目也很成功，总之是动了很多脑筋。

图21 北海道美瑛町的"四季彩之丘"观光农园

在城市郊区保留的农田被作为"城市农园",或是有期限租赁给市民耕种,或是发挥教育功能。有些农园被小学和幼儿园所认领,在播种的时候、生长的时候和采收的时候,可以组织小朋友来参与,从而学到农业知识。

图22 北海道余市町的观光、采摘果园

图23 横滨市郊的都市农园——教育功能

在日本北海道考察时获知,当地有民间组织专门从事"市民归农"的技术培训和服务工作。已经有较成功的市民归农案例。例如,我们所考察的木原先生葡萄农园,位于北海道人口规模不断萎缩的余市町,是以家庭为单元所进行的小范围农业创业活动。木原先生出生在北海道,在札幌读完大学以后,与其他很多青年人一样离开了北海道,成为了东京市的白领一族。在大城市工作多年后,因为向往田园生活,便举家迁居至余市做"新农民"。时至今日他与夫人已在此创业四年。他们在从事农业的同时,也为来此访问的游客提供简易的住宿服务。

第一部分：学术报告

图24 北海道的"市民归农"案例——农宅

图25 北海道的"市民归农"案例——果园

给我们做介绍的一位女士在这里有一个工作站，作为非政府组织，在这里积极推进农村的振兴。主要是辅助新来的归农人，或者是帮助当地的务农户。

农村高度老龄化，所以政府在农村也建设了养老设施。我们看了北海道一个农村老人住区。这是一个统一建设的联排式房屋，符合一定条件的农村老人家庭可以申请入住。因冬天很冷，住宅间有内部连廊；设有餐厅和管理中心，有志愿者在那里服务。老人每天早上按铃报平安；如果有哪一户没有报，服务人员就会上门查看。该地区有一个政府投资建设的锅炉房，燃料为本地的林木碎屑，为老人住区等供暖。

四、若干感悟及对我国的启示

在韩国和日本看了、听了这么多，有一些感悟。同济规划院的微信公众号曾发表过我的若干见解，今天进一步阐释。

我们的政策目标总是追求区域平衡发展，但看来区域差异有其必然性。在考察日本九州、本岛中部和西北部以及北海道时，可发现日本区域间的现代文明程度以及公共管理差异很小，但是经济密度和人口密度反差很大。前者公共服务水平离不开公共政策干预，如中央政府财政预算或转移支付等，从而全国城乡居民都可以享受公平的国民待遇。在此情形下，人口流失还在继续；总体而言农村都在流失人口，但是北海道以及北

图26 北海道下川町农村老龄人口住区

图27 北海道下川町供热站

部地区流失得更多。北海道开发了100多年，至今人口仍然很少。据说现在只有五六百万人，其中相当部分集中在首府札幌。我们考察过北海道地区的农村，都是人口稀少，并且还在持续减少，老龄化也很严重。也有城市居民归乡的，但仅是个案。

考虑到日本国土比较小，人口密度比较高，经济高度发展，地区间公共服务没有大的差别，政府和民间为区域间平衡发展投入很大的财力，做出了种种努力。但即便如此，北部地区、传统农业地区的衰退趋势仍是难以逆转。看来这是现代社会的一种规律性趋势。

韩国、日本与中国相似，都有着农耕传统，家族式、小规模的农田持有和农业生产方式根深蒂固；在工业化、现代化的进程中，传统农村和农业仍在延续。东方小规模农业的特征仍很明显，农村以分散持有农田和经营为主流，农户保持相对较大的数量，但农村人口持续减少。

与之形成反差的是北美、澳洲及部分欧洲地区，其工业化、农业现代化、城市化结合在一起，形成一种不同于东方国家的发展模式。我个人倾向于接受这个看法，就是这些国家有现代农业，但没有传统农村。如果说这些国家有没有农村也不准确；或是说也有一点农村，但是与城镇已经没有本质差别。

现代都市生活和工作对农村年轻人有着极大的吸引力，因而农村年轻人大都离村进城，即便是日本这样的社会亦是如此。其后果不但是农村人口持续减少，更是老龄化不断加剧，农村人口平均年龄达到65岁以上，农村社会的整体衰退情形很严重。

韩国和日本政府及非政府组织投入了巨大的财力和精力，在农村施行了种种振兴计划，对于维持农村运转和农业生产，发挥了很大的作用。有较多成功案例，但整体而言，农村人口减少及老龄化的趋势并没有实质性改变。

在一定程度上，韩国、日本农村的今天就是中国农村的明天，所以对我国农村的现实和发展态势要有清醒的认识。城市和工业应该要反哺农村和农业，农村的振兴势在必行，但就韩日的经验而言，这并不意味着农村人口减少和相对老龄化能够被逆转。这值得我们深思。如何在工业化、城镇化及农村人口大幅减少的大趋势下，使农村社会结构保持相对均衡、使乡村功能及农业生产可持续发展，这是我们面临的巨大挑战和紧迫课题。

农业现代化、农村社区重构以及农村复兴或振兴，实际上是与务农人口大幅减少、村庄不断撤并等条件联系在一起的。新农村建设及"美丽乡村"需要有一个合理的基础，如果面对的是空心村，为何还要去美化？首先还是要解决资源合理配置的问题，在城镇化率不断提升、农村人口不断减少的大背景下，农村的人居空间要实现精明收缩。农村住区的适当归并、农村社区公共服务设施配置的优化调整，与新农村建设非但没有矛盾，而且恰恰是相互促进的。如果资源不能优化配置，人走了资源退不出，那么人也不会彻底走；如果多为老人、小孩留守，家园也难以建好。

所以，农村发展策略和规划要有新思路；要积极研究农村三权（农地承包权、宅基地使用权、集体经济分享权）的退出机制。根据韩国和日本的经验，在高度城市化和现代化的条件下，城乡资源要双向流动，农民可以进城，城里人也可以归农和归村。例如，海门农村房子看似比人多，房子建得很好，但往往利用低效甚至空置。人进城了，房产怎样能退出，是拆了，还是合理流转？所以就需要制度创新。对新农村建设在政策上要给予必要支持，但更重要的是要顺应发展规律并在制度设计上率先突破。

当然我国的地区差异很大，很多地方的农村人口可能还留在农村。很多地区还会保持小规模农耕生产方式，传统农耕和居住文明还将长期延续。对于这样的地区也需要因势利导推进规模化生产和经营。在日本有个农协（JA），是一个很大的农村服务网络，组织供销和方方面面的运作。农民自己也有联合起来搞公司化运作的，我们也看到一批营销地方特产、联合发展民宿、打造多彩田野、重整历史小镇等成功发展的振兴策略和运作实践。总之，作为制度层面的规划，要适应发展的现实约束和新诉求，以新的思路来推进农村振兴。

我的报告就到这里，谢谢大家！

张乐天
复旦大学社会发展与公共政策学院副院长
复旦大学社会发展与公共政策学院社会文化人类学研究中心主任
本文为张乐天教授在由农业部美丽乡村建设办公室、同济大学、海门市人民政府联合举办，由同济大学建筑与城市规划学院和经济与管理学院、上海同济城市规划设计研究院和江苏省海永镇共同承办，由江苏省美丽中国（空间）建筑设计产业园协办的"美丽乡村创建论坛"上所做的报告。

张乐天教授做报告

乡村社会文化的转型与再生

大家好！

我比你们都早来，坐在椅子上，看着同济大学的校门感慨万千，20世纪50年代的秋天，我第一次踏进同济大学。今天到这里来作报告，真是逝者如斯。很感谢经管学院请我，让我有机会到同济大学——我的母校。我是同济大学的校友，参加过好几次报告会，也参加过城规学院的答辩，所以确实很高兴能够和大家一起来这分享。我有一个特别的研究领域，全世界都知道我是做人民公社的。我们来说一说今天的话题，叫"乡村社会文化的转型与再生"。

我们国家的农村，如果与欧美特别是与英国那边的乡村相比的话有一个很大的特点，就是住址继承制。我们国家的农村缺少内生的创造动力，缺少来自于内部让农村改革与发展的空间。近现代以来，我们农村的所有变迁，好的也罢，坏的也罢都和外部的冲击相关，都是受到来自于外部的冲击因素对农村的干预。

最著名的也是给农村造成最大影响的一个干预，是中华人民共和国成立以后的土地改革、土地改革以后的农业集体化以及人民公社化。这一场运动让中国农村的演化超越了历史学家所谓的村落循环，有可能让农村走上一条不同的道路。但是截至人民公社体制解体之前，我们国家的农村演化始终在传统的轨道上前行。我说的传统轨道指的是传统的落后的农业，自给自足的、半自给自足的、互惠的而不是市场化的方式，另外还包括熟人关系等。一直截至人民公社解体，中国的农村是这样一种生存状态。

改革开放给农村一种新的冲击，即市场化的冲击，让农村有了一种新的发展态势，这就是市场的进入和工商业的进入。但是我们注意到，这是对中国农村真正大的冲击，某种意义上说对中国农村而言是生死攸关的，这个东西如果处理不好农村就死掉了。差不多21世纪前后，或者说甚至今天，我们中国的村落面临着有史以来空前的、前所未有的大冲击，来自于城市化、全球化以及"互联网+"等。

这些冲击对农村的影响大概体现在三个方面：

首先，自20世纪90年代开始，农村出现了一个现象，这个现象就是前所未有的人口流动。人口流动的现象在今天和明天还会继续下去，而且其力度可能发生质的变化，比如，户口的变化等，未来几年会继续深刻影响到农村。因为按照我们国家现在制定的到2020年的人口社会发展规划当中，这几年里差不多有1亿农村人口变为城市人口。前两天在贵州听了一个中央部委委员的报告，中央实际的想法是超过1个亿的人在这5年里面转移到城市里。国家计生委有一个人口流动司司长在电视上说，未来5~10年中国有2.2亿的农村人口人会变成真正的城市户口，这个对农村来讲是巨大的冲击。

和人口流动相关的一个事情，就是中央制定了到2020年的7000万贫困人口的脱贫计划。这个脱贫计划里面，7000万人都有精确计算，3000万人依靠产业转移，1000万人依靠异地就业，1000万人离开原村落，1000万人离开不适合生存的土地，另外1000万人为给予老年人保障。这种方案会冲击未来中国农村的生存状态。

第二个是市场经济带来的冲击。市场经济的冲击在改革开放初期就被明显地感受到，乡镇企业的大发展，后来像浙江地区的乡镇企业到了20世纪90年代中后期变成了私营企业等。这一系列的过程如此深刻地改变了农村。我老家是在浙江海宁，进入海宁就感受到国家正在经历一件事，就是农村的城市化。市场经济让农村的整个形态发生着很大的变化，特别是在沿海地区。

今天有两个技术，一个叫"互联网+"，还有一个叫物联网。用我的话来说，如果以前的经济冲击把人驱离村落到工业，可能今天的经济冲击会直接影响到村落内部的生长方式。例如一个深山老林里种出的果实，通过物联网就送到同济大学了，这深深影响着村落内部人的生活方式。

第三个冲击，是全球化的冲击。全球化，伴随着技术的推进，特别是互联网的技术、宽带技术、微信技术等，这些技术使每一个偏僻的村落都跟整个世界连在一起。请注意，这件事情除了在经济上可以影响人们之外，还包括全球化对于村落里年轻人的价值观和精神世界的影响。换句话说，也许我们在偏僻的村落里，这些村里的人和上海的人在看同样的美国电视剧，同样接触英国的生活方式，怎能不影响他们？我们城市里的人觉得村落好、环境好，村落里的人却羡慕外面的世界。所以全球化对他们精神、价值观、道德观的影响，不仅应该提到议事日程上来，而且应给予高度重视。

今天在这些前所未有的外部的力量的冲击下，村落不得不自然地发生转型。村落社会、农村的整个形态都在发生转型。从这个意义上来说，我觉得今天在全国开展的美丽乡村建设，是国家包括我们知识分子应对目前中国农村转型的一种策略、一种方式。

首先肯定美丽乡村的活动做了一些有意义的工作。第一是环境的改变，让很多地方环境变优美，包括我们周边地区，苏南的、浙北的很多地方，原来是脏乱差的，污染很严重的，现在真的很宜人，很多人喜欢去那里度假。环境的改变是让人印象极其深刻的。第二个重点是通过一种方式，让存在于乡村社会当中的优秀传统在现代社会当中能重新够焕发出它的面貌。

我会问一个问题。美丽乡村建设是否真的能应对今天村落所面临的巨大的冲击？美丽乡村建设是否能够让我们的村落很好地实现社会文化的转型？

以这样的视角去看美丽乡村建设，也许作为一个专家，我们真的还可以提出一些补充的意见。我们可以在美丽乡村建设的框架下，添加一些原来重视不够的东西。这些东西是什么呢？这些东西是：在乡村建设当中，对于农民这个群体本身的重视，对于农民的教育。换句话说，如果说以前的美丽乡村建设的顺序是从环境到人的话，那么我觉得更好的美丽乡村建设路径应该是从人到环境，人应该是放在第一位的。我们今天的农村，面临着来自于城市的、世界的、国家的巨大冲击，如果农民依然执着于传统的价值观、传统的行为方式，他能够很好地让农村社会实行转型吗？能适应市场经济吗？能适应现代的多元文化吗？回答都是否定的。

从这个角度来说，美丽乡村的建设还应该做一些什么？围绕着农村的改造，我们需要做些什么？

首先，我们要改变农民对经济活动的想法和做法，我们要把农村早先的互惠经济，改变成更适合于市场的企业经济。我们研究农村的都知道，在改革开放初期的很长一段时间之内，农村经济的运行和发展都跟一个因素相关，就是农村里面人的相互帮助，即互惠。但是这种互惠模式随着经济的发展，越来越暴露出它的困难和与现代经济的不适应性，以至于现在出现了很多问题。例如，浙江那边特别大的一个问题，就是前几年互相担保出了很多大问题。原来大家互相担保，说起来都是很好的，但后来像光伏产业，一下从亿万身家破产了，引发了许多问题。

第二，要改变农民对于人际关系的"讲人情、讲关系"的想法和做法。处理事情讲关系讲人情，并不符合现代社会人与人之间的互动。我们必须让农民知道，现代社会的人与人之间的互动，不能完全抛弃人情和关系，但更重要的是要把规则、法制放在更重要的位置。改变人们这个想法和做法的重要性怎样评估都不会过分。平常生活中，讲人情变得太自然了，如果这样的观念不改变，行贿受贿的行为方式继续存在，我们的社会就很难真的变成清洁的现代社会。

第三，要改变农民对于权利的观念。更多的让农民树立起现代意义的民主、法制、人权、公平、公正等观念。农民背后所隐含的对权利的看法和行为，恰恰让中国的权威体系能够不断延伸下来。农民对权利存在一种依附关系，教育农民、培育农民的民主意识是需要我们重视并且要花大力气去做的工作。

今天村落已经开放，现代的农村应当是对其他文化抱有宽容态度的、可以接受多元文化的农村。这也要给农民以引导教育，让农民能够接受多元文化。

我觉得如果美丽乡村要继续做下去，应该把人的工作放在首位。这让我想起，我们国家20世纪30年代，梁漱溟、晏阳初他们那个时代。晏阳初说，乡村的问题用四个字来表达，叫"贫、愚、弱、私"，乡村建设的重点就是要改变农民的"贫、愚、弱、私"，因此乡村建设的首要工作就是教育。这让我想起毛泽东同志一句非常重要的话，"重要的问题在于教育农民。"

最后我也要反过来说两点：第一点，农民当中有很多优秀的东西可以学习，尽管我们说重要的问题在于教育农民，美丽乡村建设的重要功夫在于让农民传统的思想转变为现代思想。但同时我们也要注意，这个过程当中，我们也要向农民学习，我们要与农民在一起，共同创造一个更符合现代性特征的具有中国特点的社会。第二点，假如我们如此去做农村的工作，去推进美丽乡村的建设，那么我们实际上是在用一种方式来推进农村的城市化。从某种意义上来说，美丽乡村建设的过程也是城市化的过程，是把农村社区改造成具有城市风格的、现代的城市社区，实现城乡的一体化。这是我们大家应该努力去做的。

如果有正确的悟解，我们的前途应该是光明灿烂的。谢谢大家！

（文字为速记整理稿，未经作者审定。报告整理人：吕浩、奚慧）

第一部分：学术报告

王竹
浙江大学建筑工程学院教授
中国城市规划学会乡村规划与建设学术委员会委员
本文为王竹教授在由农业部美丽乡村建设办公室、同济大学、海门市人民政府联合举办，同济大学建筑与城市规划学院和经济与管理学院、上海同济城市规划设计研究院、江苏省海永镇共同承办，江苏省美丽中国（空间）建筑设计产业园协办的"美丽乡村创建实践圆桌会议"上所做的特邀报告。

王竹教授做报告

乡建——经营与永居

谢谢大家，非常高兴有这个机会和大家一起谈谈乡建问题。

乡建是最近几年非常热门的话题，大家也都涌到这个殿堂里面，好像城市折腾完了没有什么折腾的了，没有什么增量，要找一块新的肥肉，然后就来了。包括吃饭时也在谈乡建，都是"我投入了多少钱、准备获得什么样利润、怎样包装、怎样上市"等内容。我一听，就觉得对不上话。

乡建是需要有态度的，我一直这么要求我们团队、要求我们的学生，针对乡建你要有一个正确的认识，特别是在混沌状态当中，需要有一个清晰的思考。

这十几年的热浪之后，也需要有一个冷静的思考了。我接触乡村二三十年了，在不同的地区做，而且培养的团队也包括方方面面。今天就结合我们最近几年的工作来谈谈这么多年的思考，其中也有一些转型，希望听取大家的宝贵意见。

浙江大学有个乡村人居环境研究中心，我们在负责这一块。我们一直强调要两条腿走路。第一，是做学术，因为你在学校不是在设计单位，首先要注重学术。学术不一定就是搞研究，潜下心来教学也有学术，潜下心来做设计也有学术。还有方方面面以问题为导向的研究项目，积累到一定的时候也可以有学术产生。所以说学术在学校这个阵地上是坚决不能失守的。第二，我们这个专业还是要会做设计，不是说你讲到社会学、讲到生态，就不会做设计了。设计是我们的看家本领。

以前的规划设计，是和政府捆绑在一起，是自上而下的。下乡后，好像有一种"我来拯救你了"的姿态，是"指手画脚"式的规划设计。这些都是以任务和指标为导向，政府下达任务，并且有考核指标。我们有设计费，有干活的期限，然后经过审批通过。对农民而言，到底这个乡建是怎样的，好像就不知道了。

现在有了新的变化。现在我们的思路，实际上把空间的应对放在了第三个问题上。第一个问题，是经济问题。如果乡村没有经济，它的活力就彻底丧失了，就回不来了。要在村庄里建设高品质的生活，首先需要的就是物质基础。

第二个问题，是乡村的社会结构问题。如果还是到处都是空心村，村里只有些老人、妇女、儿童留守，这个村子就空了，社会结构就散了。如果不能把年轻人吸引回乡村，就会有非常大的社会隐患。

我们现在做的一些支持和帮助，就是针对前面的问题。我们现在有城乡合作社，以前农村有农村合作社，是由村民组织起来的，现在是把城市和乡村结合起来。目前处于起步阶段，我们还是公益性的、是帮助农民的。只是我们的导向跟资本下乡不一样。资本下乡，一定是以利润为导向的，而且要跟政府捆绑在一起。政府的政绩是引资，资本是需要得到利润回报的，要算多少年可以收回成本，因此要用很小的代价把地租过来，然后雇佣农民当农民工人，农民没有幸福感。

我们现在做的就是怎样做大资本关注不到的地方。我们提出的是"小美"。"小"就是和大规模经营不同，"美"就是做精品。这里有经济和商务上的活动，将来还有公信平台的建设等，都包含在这里面。这就是目前我们乡村人居环境研究中心的一项重要工作。

我们现在主要还是获取科研方面的一些支持。一个是国家自然科学基金项目，目前已经做了两个重点项目。一个是长江三角洲地区低碳乡村人居环境营建体系研究，主要针对长三角地区，研究发达地区乡村在快速城市化过程中存在的问题，包括一产、二产、三产。我们把这种特别是在发达地区乡村存在的问题理出来之后申报，获得了国家自然科学基金委员会的资助。这个项目是和东南大学以及浙江省安吉县勘察设计院合作完成的。

第二个是"十二五"国家科技支撑计划的农村领域项目——村镇旅游资源开发与生态化关键技术研究与示范。现在一想到乡村开发就想到旅游，就是把乡村变成城市的后花园。到底怎样协调好这个关系？乡村是什么资源？这不是简单的农家乐吃一顿饭的问题。再一个就是生态化关键技术，这和上一个项目的低碳也是一脉相承的。我们的牵头单位全部都是一些国家级的科研院所，一起来针对这个关键技术进行研究。

接下来就谈谈这些年我们对乡村的认识和做的一些实践。

一、乡村的认知与解读

对于乡村，你首先要有一个基本的认知。特别是现在乡村建设已经成为政治任务的情况下，从中央一号文件落实到下面都是作为政治任务完成的。这种情况下，准确的认知就更加重要。

我们的建筑师经常把个人情结强加进去，我们现在经常看到的比如生态景观的恢复、地方风貌的再造、乡土民俗的延续等，客观上都表达了良好的愿望，但是动机是不一样的，有一些甚至大相径庭。一些看似最接地气的表达方式，已经演变成宏大运动和个人情怀，包括我们很多建设师、艺术家，都进了这个领域，用自己的个人情怀来切入到乡村里面，引领乡村建设，很多时候却忽视了对生活本质和真实的关注。这样带来的问题是很严重的。

第一，就是在全球化背景下的地域文化失语问题。在城镇建设上，我们是讲普通话的，它的语境、建造体系是讲普通话。但是对于乡村，可能在我们目前的认识下，就一定要讲地方话的。这个地方的语境是什么？它的词组是什么？组合方式是什么？如果失语，乡村建设就会遇到非常大的问题。

第二，快速建造下生态环境的退化。我们可以看到一些新农村建设方案，就经常这样硬生生地放在那里，这么整齐划一，一点弯都不拐，这就是我们前几年新农村建设的成就。在这样的村子里，你连村主任的家都找不到。

第三，外力控制下主体意识的缺位。就是农民完全没有话语权，在这种观念驱动下的空间形态是无根状态。以前说乡村的房子是地里面长出来的，我们团队给的思路是"种房子"，你要看天、看地、看气候，看这里有什么，然后考虑下什么种子，来年怎么收成。现在这些东西都没有了，就变成一种无根的状态。上午的报告里也讲过，有些北方地区的领导也提出要"全面推广徽派民居"等，根本就没有真心思考过，这样建设出来的空间形态，自然就是无根的。

新农村建设，强调土地和人的关系，新建的房子是要有内涵的，在这种情况下，我们应该看一下到底乡村建设应该怎样定位，我们的态度应该是什么。一个端正的态度应该是把乡村建设放在一个地域特征之上，首先回答"是谁的"。我在一些培训里也对某些干部讲了，乡村建设不是给干部建的，把参观路线设计出来就行了。我们要考虑的是建成之后受益的是谁、在哪里。这个时候首先应该考虑"是什么"的问题，而不是像什么；然后才是我们"怎么做"的问题。

举个例子，一块毛石就很像我们的乡村空间形态，表面混乱，但是把一块石头和一个塑料一起扔出去，石头可以打死人，塑料顶多会打一个包。塑料很亮丽，可以变成各种各样的形态，如果我们不识货就会把我们的宝贝给扔掉，去换了塑料。但是如果你真正读懂乡村，就会发现它的结构很结实，它的生态、生产、生活是三位一体的，非常一致和同构的。

如果我们懂得乡村，这块石头一开片，"宝贝"马上就出来了。然后我们可以再找懂的人精雕细刻打造它的形态，把各方面的材料、肌理、色彩、愿望都寄托在雕刻上，就打造成无价之宝。我们现在往往把这个丢掉了，一看表面非常灰暗、非常粗糙，就给扔掉了。浙江一些地方建设新农村，甚至提出"三年住楼房、五年建成小城市"的目标，还把这个标语贴得到处都是，这就不是乡村建设了。我们不用去谈美丽中国，谈智慧中国就可以了。城市引领高效率、高密度、高产出、高技术，但是讲

图1 用"毛石"比喻乡村

美丽,真是不要指望城市了。比如陆家嘴,远远一看,就好像牙科医生打开的工具箱一样,有针头、有刀片、有锯子,什么都有。

传统乡村聚落,是居住者从自我需求、从个体、微观、局部的视角来营造的。首先要关注基地的环境特征,包括气候、地貌、材料、手上有什么样的技术。等着第二天要跟其他村民商量:"我在你旁边也建一块地,在远处再开垦一块农田行吗?""都可以,我们合在一起抱团取暖,这个还是可以的。"整个过程是一种自组织的机制,这样所形成的空间形态是小微环境秩序下的随机差异,局部空间是非匀质的并存在紊乱化现象,随着时间的延续聚落结构逐渐稳定,所以说空间形态和社会网络是异质同构的。这样,聚落整体的肌理便呈现出柔韧自然的有机性和丰富性,这就是乡村的规律。

所以说我们对待乡村的态度,与其说是改造,不如说是守护和学习,要学习乡村建设的智慧,不是说学习形态,而是它的过程与发生机制、它的规律和智慧。

二、乡村营建的诠释

了解乡村的规律和问题之后,怎样去诠释,就需要拿出我们的态度。我们讲任何一个居住环境,或者说一个乡村,它的建设从低级到高级是有梯度的,是要一级一级不断去逼近我们的目标的。这里有一个概念,希望大家去充分认识到,就是级别越低重要性越强。越低的越重要,一级一级上来最后到我们最终的目标,我们乡村的愿景、乡愁,悠然人居就出现了。但现在都是一拥而上,很多明星建筑师都只愿意展现自己的意愿,就失去了很大的一块重要阵地。有些甚至直接把个人的意愿强加过去,这样的新农村建设能不可怕吗?

这样一来,乡建大致上有两种态度,一个是关注高收入人群。今天下午的另一个会场,可能很多就是讲经济的,因为有很多金融资本往里面投,就要更加关注高收入人群,关注卖土地和招商引资这一块,当然也包括一些建筑师或者艺术家个人情结的强植入。另外一个态度,就是要更多关注大众。这是整体系统性需求,是国家战略性需求的问题,关系到50%左右的人口的生活和居住空间问题,它是普世性的,必须引起关注。

我们的设计师,有一些是站在T台上作秀和表演的,这也包括我们的一些媒体,都有大量的粉丝;还有一些则是在后台默默地奉献,让农民成为真正的表演者,包括地方的干部、村民、建筑师和一些研究者等。这两方其实应当各有所长,互相合作,不应该相互厮杀。

乡村建设即使制定规范,也一定要区分刚性内容和引导性内容。现在一讲到乡村,包括我们的部里、厅里,马上就要制定规范,制定标准。实际上乡村和城市完全是两个概念,有的时候把混沌的东西一条理化,这个混沌就死了。混沌的状态下你需要有一个清晰的思考,而不应该用单一的逻辑去对待它。应该有所求、有所不求,有些可以作为固定要素,可以是刚性规范,但更多的可能是非固定要素。如果把这两个搞明白了,就不会眉毛胡子一把抓,就会有轻重缓急、有的放矢。做的过程当中分清什么时候抓固定、什么时候抓不固定,就可以达到事半功倍的效果。如果是这样的,制定的规范标准,至少也应当分成两部分,一部分是刚性的,一部分是引导性的。

乡村建设一定是低技术的。所谓的低技术,不是回到我们的夯土建筑。现在很多设计师一说低技术就是夯土建筑。实际上,夯土在很多地区已经消失了,除了一些西北地区或者是更偏远的地区,大部分已经没有这个了。它的生活品质、空气质量还是不行,唯一的优点就是节能、冬暖夏凉。现在整个工艺体系都没有了，我们怎样恢复？如果一定要去做，还要满足现在的物理指标。我了解过的，每平方米的建设成本就要达到三千块，就变成奢侈品了，就是说本来低级的东西都变成奢侈品了，这实际上已经脱离了乡村建设的本质了。所以说，我们还是要考虑现成的、方便的、低成本的、高效率的这一套体系如何与我们的乡村建设结合起来，这样的话就可以形成原生的绿色循环体系。

乡村建设还要保留尽可能的弹性，追求动态的完善，而不是静止的高完成度。我们设计师有时候有个毛病，老是讲建设必须和设计有一个高度完整的对应。但是建设过程永远没有这么完美，特别是你把村民或者是使用者的行为因素和长时间的自然因素和时间因素放进去之后，设计一定会不断调整。可能在某种情况下的未完成，就是我们终极的高完成，要有这个概念。所以我们要留有弹性，留有发展变化的可能性，不要做得太刚性。否则虽然完全按照这个设计执行了，但是一旦条件变了，就伤筋动骨了。所以说这个也是我们乡建要考虑的。

乡村建设一定要关注公共服务功能的提升。以前村里有祠堂，有寺庙，村子里商量大事情就到祠堂。因此首先应当考虑的就是村里的公共服务产品或者是公共活动场所的提供问题，而且不仅仅是建一个漂亮的房子，而是用它的空间结构来强化它的社会结构，这关系到乡村的活力和社会结构的形成问题。

乡村建设的空间营造上，一定要考虑基本单位和结构稳定不散，并在此基础上增加它与自然的有机接触。从空间营建的策略上来看，我们可以从两个方面来切入。一个是在规模一定、结构稳定不散的情况下，封闭的边界越长越好，这样就说明这个组团的边界与自然环境会更加有机地接触。如果是简单的一个圆，这个边界很短，跟环境的对话可能就丧失掉很大的空间。但是一定要结构不散，里面的道路、公共开放空间、住房分布等结构是稳定的。还有就是要抓住基本单位，就是居住单元，我们有时候叫邻里单元。邻里单元是人和人之间关系最密切的单位——不管是空间还是数量、规模。如果我们可以找到这样的良性细胞，把这个细胞打造好了以后，这个机体就应该有一个健康的基础。

乡村建设的关键就是要使得地貌单元跟邻里单元能够巧妙地结合在一起。乡村要么建在水网平原，要么就是山地和岛上，这些看似风马牛不相及的要素，其实有个共同的形态特征，就是破碎地形。但是再破碎的地形，也有一个相对的地貌单元，如果能够把地貌单元和刚才说的邻里单元巧妙地结合起来，我们就可以"种房子"了。"种房子"的种子，实际上是要看天、看地、看材料技术、看谁在使用，看好了之后再种房子。这时候的这些房子，肯定是"绿色"的，不要讲指标性的绿色和技术性的绿色，只要是巧妙地把握这些因素，把地貌单位和人居单元糅合在一起，一定是天然的绿色。

乡村风貌一定是大协调，而不是一村一品。现在一讲到风貌，就是一村一品。这个实际上是从日本学来的。但是真正的日本一村一品，不是讲房屋和形态，讲的是产品和村里的产业结构要根据自己的特点打造。他们的村跟我们的村概念是不一样的，地域范围和面积也都不一样。我们直接拿过来强制性让这个村和那个村有不同的风貌，这是不行的。以前讲徽州民居是大徽州，江南水乡也是大江南的概念，都不是一个村的概念。如果讲风貌一定是大协调，这一个地区所有元素是同质性的，风貌是一致的。小丰富，就是进村有一棵大樟树，有一个码头，有一些山坳、水系，这些东西巧妙结合起来，就丰富多彩起来。

乡村建设一定要重视院落，回归院落生活。现在由于宅基地的原因，发达地区建的很多房子都是兵营式的，没有院子，这个是不对的。中国的乡村一定要有院子，有了院落空间，就会把生活的丰富多样性通过空间都给你一一对应上。那么我们起码有了公共的、半公共的、半私密的、私密的空间，空间和生活就丰富多彩了。

乡村建设还应当关注地方性，要讲地方话。讲地方话应该有一个乡村的在地语言，在地语言的词汇是由气候特征、地貌、材料、人文、生活方式等最终构成的。用这个语言去做文章、写句子，一定是地方的。所以说对乡村的地域性表达，正是从地域基因认知开始，然后产生在地语言，最终达到再造本土。我们不回到过去，也不移植别人，而是关注在建的是怎样的。

刚才讲的这些，总结下来就是乡村建设应当是有机更新的，而不是一个晚上建设好社会主义新农村，应该是聪明增长、人地共生的，这就是我们对乡村营建的基本看法。

三、乡村营造实践——浙江安吉鄣吴镇景坞村

这个是我们做的重点项目示范基地。这是村的核心，叫月亮湾。农民房子盖得很漂亮，都是新的，这是上游，下游有三条河集中起来。我们改造的这个房子其实是个新房子，是过去的小学，现在已经没有学生了。河床边上是小卖部，其实是个违章建筑。月亮湾听起来挺有诗情画意的，但实际上却并非如此，平常没有水的时候这里就是野的垃圾坑。

我们考虑的是，如果能够把这个地方改造好，让枯水季节也有水，这个地方就会非常的漂亮。所以我们利用地形，用石头做滚水坝，也就一米多高，洪水时候水可以从上面漫过去。这样利用不同的标高打造环境，就把人和水的关系建立起来。图4中是建好了以后的状态，拍照片的时候正好下雨，看上去就非常漂亮。对于这个违章建设的小卖部，我们干脆将错就错，保留了下来进行改造。因为它已经是村民心中的聚合点，大家都在这个地方打牌、聊天和买东西。因为这里叫月亮湾，所以我们就做了一个月亮窗。做外墙处理的时候，我们就用地方的竹子做模板，村里人看了非常好奇，因为以前从来没有见到这样做的，结果做出来一看效果真的不错。就这样的一些简单处理，景观品质就从地下跑到了天上。

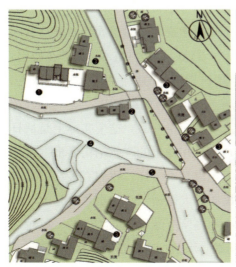

图2 月亮湾平面图

图3 设计效果图

图 4　改造前（左）与改造后（右）对比

图 5　"小卖部"改造后的效果

对于民居和农民的房子，这种低碳和绿色怎样可以体现出来？科学性、普世性，然后是乡土性，并不是完全回到我们传统的乡土，就跟我们穿衣服一样，为什么一定要穿亚麻、纯棉、纯皮的，这跟我们精雕细刻无价之宝是一样的。另外一定要低成本，而且要精细化，意大利皮具一定是手工缝出来的，用机器做出来就不值钱了。

接下来这个是小学，也是老的、废弃掉的，没有构造柱。但是这个东西给了我们机会，因为这是村里的集体财产，改造起来就不像在农民家里那么困难，我们就可以做比较多的技术探索和集成示范，来做我们低碳乡村和绿色农居实验。

首先我们加了构造柱，做了新的平台并且用玻璃封起来，就做成了太阳房，特朗伯所有的原理在这里都实现了。这个楼梯是三米六，作为居家来说一米八太宽，我们就直接在这个梯段上各让了四十公分，多出来的八九十公分就直接做了个烟囱，而且烟囱的顶部用深颜色的卵石，吸热性很好，这样有利于拔风。

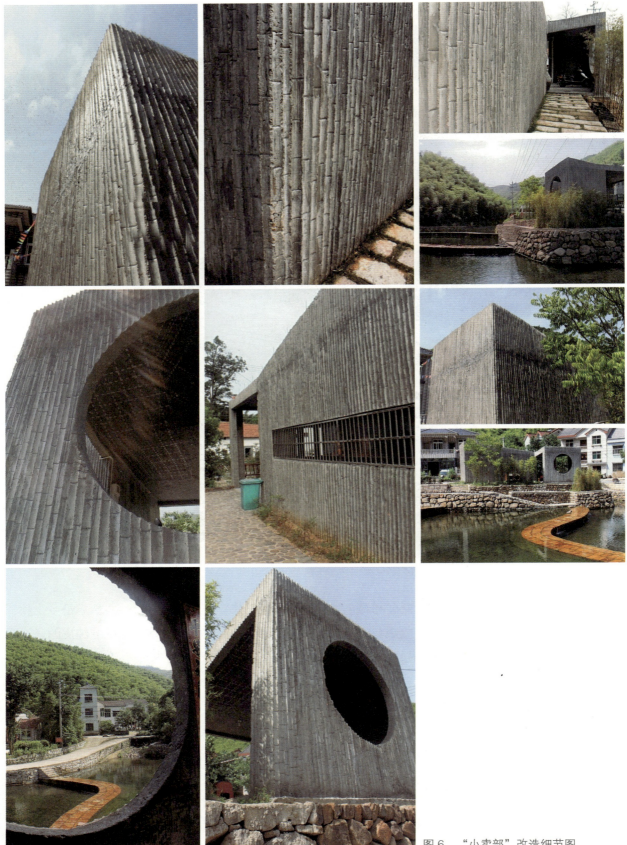

图6 "小卖部"改造细节图

图7 改造前的废弃小学

然后，我们把这个教室改作客厅，然后打通，增加一个书房和活动室，原来的西墙给围成一个四米到五米的中庭，厨房、储藏前面做餐厅，也可以做车库。这样的话整个房子基本的格局，按绿色的原理就打造好了，其他的如墙体这些东西再增加上。

接下来是山墙，山墙的防水是最重要的，特别是农村的土房子。我们就考虑能不能给它再来一个墙体，就是给他一个复合型的夹皮墙。于是，我们将竹子从中间劈开，然后用螺丝钉拧上去，下雨的时候就不会潮湿，白天不会太晒。如果是这个竹子坏了，也很简单，再安上去一个。基本上不花钱，就是通常的工艺，整个物理指标还有心理感受以及地方环境的对话基本上形成了。

一层平面图

二层平面图

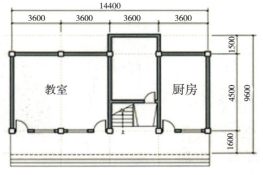

图8 学校改造设计平面图

这样一来我们有十到十二个被动式技术的应用，基本上都不花钱，只需花买材料的钱。建好后我们做了一些物理指标的测试，发现整体的效果特别好。阳光房产生温室效应，一些主要房间也做了通气管道，中间的烟囱拔风效果非常好，而且不需要借助于其他能源来实现这种效果。遇到气压不足的情况，可以借助下风扇，问题就解决了。

四、小美农业实践

接下来讲一下我们最近在做的事情，刚才那些东西都放在第三位了。第一位是抓农村的经济，我们能做的是什么？我们提出小美农业，这是我们现在帮助农民开发的。保证一个农民一个月收入在五千块钱以上，而且是五十岁以上的农民。实际上，五六十岁的老农民正是最好的年龄，经验、体力都可以。如果可以让他们回得来，并且有高收入，生活就很惬意，村里的社会结构也会更稳定。

我们做的小美农业，考虑的就是这个问题，从小微做起，以农民增收为导向，又以居民食品安全和口味为导向。为什么这么说？因为现在的年轻人要么不回来，要么就是做所谓的现代农业，而我们却让老农民依然做小农，小就可以做得很美，美就可以很精，这个精又是今天城市里面这种中产阶级所特别需要的。比如很多大学生毕业出去工作一段时间，到了三十岁左右生孩子之后，经济收入也还可以，房子也有了，最关注的就是食品安全问题了，需求就产生了。

在这种情况下，我们放弃大众化以量为导向的现代农业生产方式，转向以精为导向，由我们中心建立起信任的桥梁和平台，以"1+N"为运转的基本合作单元，建立起一户村民对三十户市民的

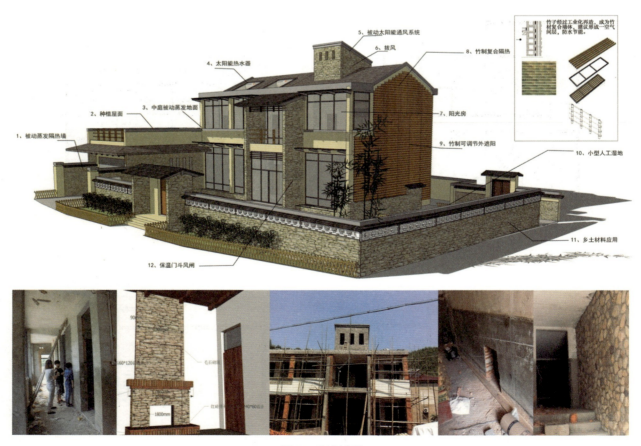

图9　改造过程

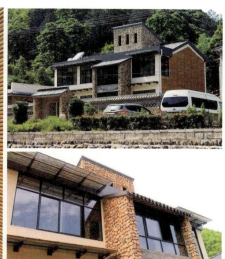

图 10　改造后的效果

非常结实的社会单元，然后农民按照我们的要求种菜、种大米、种葡萄、种西瓜等。这些作物，有的是每天都需要的，譬如蔬菜，有些是分季节的，比如葡萄、杨梅、大米，还有就是山茶油。这个山茶油是纯手工压榨的，我们监控生产的。这样形成的合作单元就非常结实。这样一来，种房子是一个单位，现在的社会结构又是一个单位，两者的结合就非常的稳固，现在就能够保证农民每个月有五千块钱左右的收入，甚至多的时候达到一万块钱。你们小白领出去一个月可以挣一万块钱是不得了的事情了。

通过这种方式，我们已经吸引了一些新的农民参与，一些新农民也找到我们希望加入我们一块来做。赵民老师上午讲的日本、韩国农村的衰落，我们正好可以接下去做这个事情。农民收入提高了，也解决了农民的根本需求，我们才可以来谈空间、谈村子里面的道路、房子等乡村建设问题，这个时候农民就变成了我们的"粉丝"，这时候你真的是可以"指手画脚"了。

以小农个体，特别是中老年农民为主的乡村，以前最大的困难就是缺乏与市场、客户的对接，现在我们帮助他们做到对接。利用现在的技术，如网络技术、公信力平台来做到。但是这样一来，农民就要按照我们的要求去生产，这个是刚性要求，所有的产品要有权威部门认证，所有化验的结果要放到网上去。我可以跟大家说，你们现在经常吃的一些菜，其实并不怎么健康，因为真正没有加任何东西的白菜，不会是这样的状态。我现在已经是半个农民了，所以这些东西我只要一看就基本知道了。

目前我们国家的中产阶级有大约三亿人，他们对价格较高的优质品，特别是无公害、绿色、有机产品的需求是巨大的，但是却找不到能够信任的来源。现在很多公司配送有机蔬菜，但是你没有办法完全信任它们。我们在熟人圈里推荐，肯定是值得信任的，并且有很多指标来监控和保障，目标就是为乡村把客户对接好，为城市找到靠谱的农民，然后做担保，而且质量管控也是我们来做，承担第三方的职责，同时也维护双方的权益。通过两端引流、社群建构，现在我们城市居民和农民的关系非常好。

我们这个模式叫"小美"。"小"就是以 15 亩及以下，以农民、家庭、单元为单位。我们这个单位有一个老张吸引了很多高级粉丝，他直接对接 30 户左右，后面又有一个潜在的庞大客户群。我们这个微信群里有好几百人，但是一个老张只能服务三十人，这样的话第二个老张、第三个老张就会复制出来。这个是我们的模式 A，或者叫小美农业 1.0。

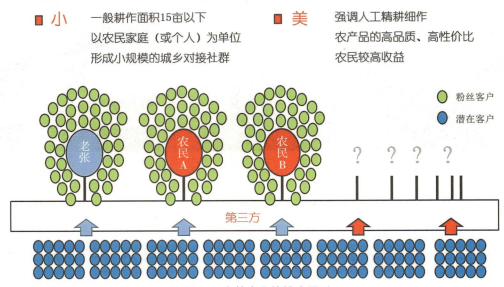

图 11　小美农业的模式原型

日本、韩国、我国台湾地区目前的农业都是以农场为主，更多的是以老年人为主的农业，现代化之后的城市需要安全食品。他们这种情况给我们提供了经验和教训，我们可能避免走一些弯路。现在我们的小农所占的比例有多少？我们可以看到，50% 以上还没有城镇化，这是一个潜在的生产大军，反向的是 2.8 亿进城农民，可能 50 岁以上的人群都将返回农村，正好是壮体力劳动者。还有接受过城市化、工业化的洗礼，特别是大学毕业的新农民，在这一方面也很有意愿。

农业规模有大有小，大规模一般都是上百亩、上千亩，中等规模数十亩到一百亩，我们是把目标紧紧锁定在小农这里。这里是乡建，大农场跟乡建没有关系，是挣钱，是以利润为导向，大规模的农

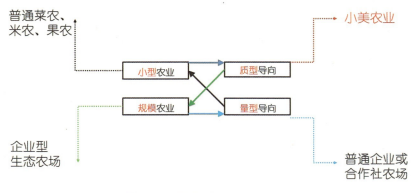

图 12　小美定位——1/4 的江山

业是以量为导向，以低价量大来满足填饱肚子的目的，质量也只是底线保证，至于村子建成怎样都跟它们没有关系。而我们是盘活村子里的经济，把人吸引进来。我们是要高附加值，要吃好，吃出味道、吃出安全，这是两个完全不同的产品。

我们除了有菜农还有米农、果农，但都是以质为导向，发展的就是小型农业。这样的小美产业，潜力就是"1+2.5+3"。我们叫2.5，因为它是工业性质，是手工业，可以跟传统农业和生活融为一体。我们称这样为产业联动，第一产业、2.5产业、第三产业，然后整合起来。

通过经营来实现乡村的永居，帮助中老年小农的群体老有所依，吸引部分年轻人回乡创业，这就是小美农业的重要目的。小美农业就相当于小农的现代化，也就是中国农业现代化的重要组成部分。这样的话，就能达到沟通城乡、社会和谐、安全稳定的目标，从而利于永居。

谢谢！

（文字为速记整理稿，未经作者审定。报告整理人：邹海燕）

丁奇
住房和城乡建设部村镇建设司乡村规划研究中心主任
北京建筑大学建筑与城市规划学院教授副院长

丁奇教授做报告

基于城乡等值理念的实用性村庄规划方法探索

感谢大家，感谢同济大学的邀请。

我们的中心是去年7月份成立的，主要是在住房和城乡建设部村镇司指导下对全国的乡村规划建设进行一些研究。栾峰老师给我安排了任务，想让我讲一些关于乡村规划建设、美丽乡村创建方面的内容。住建部现在也在组织评审全国美丽宜居乡村。我国最近一轮新农村建设是在大约2005年开始的。新农村建设在全国各地的情况不尽相同，有的成功有的失败。经过了近十年的新农村建设，现在的乡村规划和建设开始趋向理性，出现了很多很好的村庄规划和建设，也出现了不少有态度的乡村规划师，但是除了有态度还应该接地气、可持续。我希望王竹老师这个中心运行不要赔钱，因为要实现可持续也还是不能老赔钱的，如果长期赔钱，我想可持续性可能会有问题。

我今天的讲座分四个部分做一些介绍。第一是我国村庄分布的基本情况，我国村庄数量非常多，情况非常复杂，长三角地区的村庄基础条件很好，如果去西部地区调查，如新疆、西藏、广西、贵州，你会发现还有不少村子条件较差，老百姓有的还未脱贫。所以全国的情况非常不一样。王竹老师也提到，浙江很多村有祠堂，但是北方的很多村庄都没有祠堂，没有这些公共信仰场地，所以这些情况是千差万别的。然后给大家简单回顾一下我国村庄规划编制的情况以及存在的问题，另外提出城乡等值的理念，最后再举一些例子来说明村庄规划建设存在的问题以及实用性村庄规划的方法探索。

一、我国村庄分布的基本情况

首先是我国村庄分布的基本情况，这是2013年中心还没有成立之前承接的课题，这个课题就是想摸清楚我国村庄有多少，从中华人民共和国成立到现在这些村庄是增加还是减少，减少的是哪些、怎样减少的。我们花了很长时间查阅了大量资料，大家知道中华人民共和国成立初期很多村庄资料是查不到的，通过查阅住建部、民政部、

第一部分：学术报告

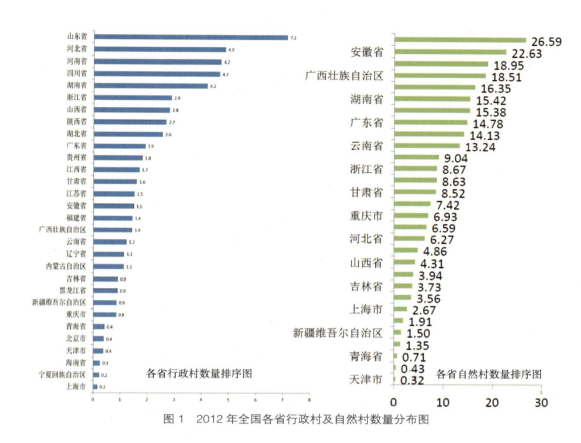

图1　2012年全国各省行政村及自然村数量分布图

国家统计局等的很多相关资料，还经过大量文献检索才把这个事情搞清楚，我把这个成果的一小部分拿出来给大家看一下。

截止到2012年底，全国共有行政村58.8万个，自然村267.5万个，每个行政村平均有4.6个自然村，山东省行政村最多，四川省自然村最多。从空间分布上来讲，华北、华中、东南沿海行政村和自然村的数量都比东北地区、西北地区要多，青海省的村庄数量少。截止到2012年底，我国农业人口大约6.42亿，全国平均每一个行政村的人口规模是1090人，行政村平均人口规模最大的是云南省，约2301人一个村，人口规模最小的是山西，约600多人一个行政村。

从建设用地上来讲，平均每个行政村建设用地约23公顷，人均建设用地约222平方米。其中山西省每个行政村建设用地规模最小，上海和黑龙江最大。人均指标方面上海、北京都比较大，超过300平方米，最小的是重庆。

全国村庄分布密度情况。山东省行政村数量多、密度也大，每百平方公里有46个，新疆地广人稀，每百平方米就0.52个。上海自然村分布密度最大，每百平方公里429个，新疆还是最低的。上图是全国各省的排序以及密度分布图，村庄密度最大的主要是长三角、京津冀这些地区。

由此可见我国村庄数量是非常大的，各个省的情况差别也是非常大的，在这样的情况下我们全国各个省进行乡村建设也有非常大的差别。

二、我国村庄规划编制情况及存在问题

1. 村庄规划编制率和有效率

我国共约58万个行政村，已经编制村庄规划的约占52%。这是2013年底统计的数据，2015年接近60%，也就是说约40%的村子没有编过规划。在已经编过的规划里面，能够有效指导村庄建设的约占10%，这是一个非常乐观的统计数据，实际可能更少，很多村庄规划都是"墙上挂挂"，对实际村庄建设起到的指导作用很弱。

2. 村庄规划编制的类型

村庄规划编制的类型大致有五类：政府主导型、资本主导型、社会精英主导型、志愿者主导型和农民自发型。

目前我们调研村庄规划编制的类型，绝大多数是政府主导型和资本主导型的。王竹老师也说了，另外那个会场是大资本，他们也要主导编制规划，这样编制的规划能朝着对他们有利的方向运行。政府主导型是占大多数，因为咱们国家的城乡差距越来越大，咱们过去乡村为城市化付出很多，温铁军教授的报告当中写得很清楚，我国几次经济危机都是通过农村实现软着陆。20世纪90年代经历过非常严重亚洲金融危机，大量农民工到城市里面打工，失业以后就回家了，回家种地去了。如果这个是在发达国家，农民已经变成产业工人进入到城里，如果失业了就会引发巨大的社会问题。咱们的农民工收拾铺盖回老家继续种地，在某种程度上实现了社会稳定。所以我们把乡村的资源、劳动力吸收到了城市，来建设城市。现在城市化已经进入到一个新的阶段，到了工业反哺农业、城市反哺农村的时候了。因此各级政府通过财政手段来加强乡村建设，政府在乡村建设中是起主导作用的，是建设新农村的主力，大量的政府预算都应该投到农村，尤其是贫困地区。

除此之外就是市场的引导，资本都是逐利的，资本所看重的都是资源稀缺的乡村，全国58万个村庄里面，资源特别好的也不到10%。普通的村庄资本有介入吗？很少。有一部分搞农业的资本可能会介入普通村庄，因为要搞规模农业会有国家农业补贴。因此我们对资本应该持有一分为二的态度，资本会带来投资和先进的经营理念，引导农民走向市场，但也要警惕资本对乡村资源和农民利益的过度掠夺。

接下来就是社会精英主导型。譬如璧山，就是艺术家把个人的价值观加入到农村去。璧山的情况是改建一栋房子大概在150万到200万，非常贵。基本上变成建筑策展活动。这些艺术家有乡村情怀，但是这个情怀和农民生活是脱节的。有人说艺术家来了之后把这个地方带活跃了，很多人过来旅游，吃的、住的都给农民赚。实际上农民从中村庄获得的收益有多少是值得商榷的。

还有一种是志愿者主导型。前四种有一个统一的问题，就是以一种"高高在上"的态度做村庄规划编制，哪怕是志愿者也觉得我是来帮助农民的，来帮你解决问题、帮你发展的。实际上乡村发展建设的主体是农民，如何帮助农民自己发展经济、自己建设房屋、自己保护资源，农民发自内心去学会他的生存技巧、生存方式，学会改造建筑的方式，这是乡村规划的重要内容。政府主导的乡村建设有时是粗放的，投资后要很快见到效果。但无论如何政府主导是乡建类型中最重要的，因为大量基础设施还是要靠政府投入。

如何规范政府主导的规划类型也是我们重点研究的一方面，需要研究如何规范政府在乡村建设中的行为，避免他们为了追求政绩，搞水平非常低的乡村建设。然后是规范资本行为，在资本谋利的情况下，研究如何通过规划把资本利润限制到正常水平。在座大多数都是规划师，规划师的责任和义务就是做一个协调者，通过规划协调和规范各种破坏乡村风貌、掠夺乡村资源等的行为。

主要的五种类型当中，农民自发型的规划是最可持续，最接地气的规划。我去德国、日本和我国台湾考察，发现非常多的规划是自下而上和自上而下结合的，因为所有的这些发达国家和地区都经历过政府向农村投入、对农村进行补贴的阶段。无论是德国、日本，还是我国台湾，都有一个村庄向政府申请资金的过程，包括我国台湾现在，一个村庄的理事长能不能当选很大程度就是能不能向政府申请更多的乡建资金。日本也存在这样的情况。

不同的类型中前四种类型是绝大多数，估计占90%以上，但是很多规划都跟农村、农民实际脱节，问题的核心在于并没有引导农民自发参与，因为对于一个村庄来说，最重要的主体是农民个体家庭，我们都是外来的，政府、资本、社会精英和志愿者都是外来的。如果不能激发村庄内在的发展愿望和动力，所有的这些建设都没有办法真正可持续。

3. 村庄建设存在问题

村庄建设存在各种各样的问题，大家都耳熟能详，如风貌丧失、缺乏管理、基础设施重复投入和投入不足并存、历史资源缺乏保护、生态环境恶化以及如图2所示的各地在村庄大拆大建房屋等。

图2 部分村庄大拆大建的情况

同时也有贫困的、路都没有通的地区，房子保护得很好，传统风貌很好，但是房子的质量很差，没有人来修缮。这在广西、贵州地区大量地存在，还有一些地震、火灾之类的隐患。更重要的是环境与生态的破坏，有些农业专家讲现在在中国没有办法做有机农业，因为土壤已经严重污染了，即使不打药、不上肥，你施有机肥，没有十年、二十年，土壤里面的污染也难以清除。因为土壤被重金属、各种农药侵蚀得差不多了，没有多年的养地不可能达到有机。

还有就是乡村基础设施比较差，江浙地区的村庄绝大多数都是非常干净的，但中西部地区的很多村庄污染都比较严重，污水垃圾到处排放，全国村庄污水集中处理率60%，垃圾集中处理率30%。2020年前消灭垃圾围村的问题，这是非常严峻的一项工程。

图3　各类污染导致农村生态环境破坏严重

4. 村庄规划存在的问题

当然，农村的建设出现了这么多问题，村庄规划不好是一个非常重要的原因。规划要跟管理结合在一起，虽然现在规划管理的人员和资金还很欠缺，但是我们去看德国、日本、我国台湾，都有非常严格的管理，如果没有管理，我们的村庄风貌没法保护。我去过河北一个村子，有非常美的碹窑建筑，而且冬暖夏凉。我问农民，如果给你一笔钱搞建设，你觉得应该干什么？他说把我的土房子都拆了，盖成砖瓦房子。这就是现实，长期城乡二元导致农民文化自信的丧失，他就觉得城里的房子好。等土房子都拆完了，再想恢复就不可能了。所以很多时候可能还真的是需要管理的，不能等乡愁消失了再后悔。就像德国、日本对于乡村风貌的管理力度还是很大的。

村庄规划不仅需要有，而且非常的必要。但是现在村庄规划的编制质量差，多数村庄规划脱离实际，其中有一个非常重要的特点就是我们把做城市规划的方法直接搬到农村，90%以上的规划师都有这个特点，包括我个人在2004年、2005年也是一样。我们都是学城市规划的，很习惯用这个方法，但是实际上是非常危险的，因为城市是市场化的，是高效率的建设方式，而农村建设主体是农民个体家庭，是分散的，你规划完了我明年可能建，或者是后年建。因此乡村的情况是非常不一样的，以往的城市规划方法在这里都用不上。

村庄规划质量差，是因为咱们到现在也还真的没有村庄规划，或者是缺乏成熟的乡村规划理论和实践方法。另外一个就是大学里也没有专门的乡村规划专业，同济大学在全国最早开始这一方面的探索，非常值得学习。应该在大学里面学习一些关于乡村规划的知识，否则还是用城市规划的方法做村庄规划，还是不符合农村实际。

目前乡村规划建设的法律法规还是比较少的，比较薄弱的，另外管理人员和技术人员都是非常少的，有一些贫困地区的投入是非常低的。还有规划实施比较差，脱离实际、管制不成熟，农民的意识有待提高，管理队伍也存在问题。说完这么多问题，还是要拿出中央领导的话来讲，大家是做规划，不是因为我们是做规划的而强调规划，实际上规划确实很重要。中央领导多次在不同场合强调和肯定规划的作用，而且有可能在整个县域层面来做县域乡村建设规划，单个的村庄有时没办法自己解决产业发展、基础设施配置、公共服务设施配置的问题，需要在区域层面来解决。

三、城乡等值的理念内涵

这里提出城乡等值理念，城乡等值发展理念是20世纪60年代德国在编制整个城乡空间规划体系当中由巴伐利亚提出的，后来成了整个欧盟的样板，他们提到城乡等值理念最核心的内涵是每个人——无论是生活在城市里的人，还是生活在乡村里面的人——都应当享有同等的生活条件，包括就业的机会。甚至包括保护自然、保护环境的责任。

这种城乡等值发展理念有四个重要的部分：

一是乡村发展的主体是本地村民，这个是所有的外来人，包括政府、开发商、社会精英没有办法代表的。

二是正确认识城市和乡村差异性，这种城乡等值并不是让所有地方都是城市，但是恰恰咱们现在这种乡村建设就是把乡村向城市靠拢、看齐。它的运作方式和经济实力又比不上城市，就造成绝大多数建设变成"不城不乡"的状态。最核心是因为没有承认城乡差异化。乡村是以自然半自然为底、人工设施为图，城市是以人工设施为底、自然为图的，城乡土地关系是反转的。另外乡村的建房子的方式、生产组织方式跟城市有很大区别，更像生产、生活、生态统一的模式，而城市是分离的。

三是规划师需要有一种谦虚的态度，本地农民才是主人、我们是客人，我们要帮主人，客随主便，需要有一种平等的态度，不能喧宾夺主。我们规划设计师往往是精英，到农村往往觉得农民什么也不知道，我来告诉你这种房子好、那种房子好。

最后就是永续发展。永续发展是既要让当代农民生活得好，更要让子孙后代也能生活得好，包括资源的永续利用、生态环境的永续保护等。有的规划，路通过来以后农村没有了，把农村铲除了，实际上农村和城市应该是互补状态，不是城市消灭农村。这是最新可持续发展的目标，2015年的可持续发展全球峰会提出了17个目标，这17个目标是发达国家农村可持续发展的目标。永续发展还要对资本说，资本在城市里面做地产，往往赚的都是快钱，幸好现在政策还不允许开发商在农村像城市一样搞地产，在乡村里投资经营要沉得下来，赚"old money"。

四、实用性村庄规划探索

接下来，我把大概的思路跟大家介绍一下。为什么要推进实用性。

——为什么要推进实用性村庄规划？

1. 我国村庄规划编制任务重

目前，全国约有23万个行政村尚未编制规划，若按2013年村庄规划示范要求编制，每村50万元，300人日的标准，共需1150亿元规划编制费用，6900万人日的投入量。假设人力充足，按年投入55亿元计算，也需要20年以上才能编制完成。

有的村庄规划要价300万，而少于300万就没得商量。这种方式是没有办法推广的，哪一个村庄能一下子拿出300万，基本上一个小村基础设施建设就差不多够用了。300万的村庄规划即使可以做

图4 村庄发展的三个阶段

得很细，一直指导实施，但收费极高的规划不可避免地变成小众规划。如此大量的村庄，如果每年投入55亿，20年还编不完。2020年全面实现小康社会，要全面脱贫，这么多村庄，这些村里的村民也要脱贫，脱贫建设也需要有规划指导。

2. 针对我国农村建设主要任务规划编制的需要

目前我国村庄还是处于不同发展阶段的，像长三角地区的应该是图4中的第三个阶段，这些村庄绝大多数村民吃水问题、污水问题、垃圾问题已经不是问题了，他们的问题是如何打造自己的特色，打造出更美丽的村庄。而我国多数村庄还处于需要整治的阶段。西部贫困地区有些村庄连安全饮水还没有解决，处在第一个阶段，就是最低要求的阶段。此外还有住房安全的要求以及乡村面貌改善问题。

3. 村庄规划脱离实际现象普遍

这种现象尤其普遍，有些地区实施农民"上楼"，上到六层楼上，农民没有办法在自己院里养鸡养鸭就在楼上养。我还在新疆见过农村居民将楼和楼之间绿化给拔掉，新疆老百姓要吃馕，因此把绿化都拔掉，在小区绿地里面建了自己烤馕的灶，一做饭都冒烟，这就是没有尊重村民生活需要。

还有的规划完全不靠谱。比如一个村，人均收入才3000元，规划做得像度假别墅区，还修了大门，这个大门造价大概一两百万，完全不靠谱的规划，图做得非常漂亮，但是完全是城市化的方法，脱离农村实际。

还有很多按照城市规划的标准方法来做的。这个村规划（图5）做了30几张图，有70多页，这些图村主任都说看不懂。这个能指导实施吗？不能。我们按照城市的市政设施画的图几乎没有用，公共厕所都是村主任转了一圈说这里可以建，这个公厕是需要协调的，离谁家近了都不愿意。

另外一个就是管理，浙江省管得非常好，浙江省村庄风貌在全国村庄建设当中是比较好的，乡村建设许可证发放在全国搞得也很好。有学者说农村不需要规划，如果说农村不规划，那么大量的农民、社会精英、资本进去乱搞的话，农村就不知道成什么样了，所以还是需要管理。从德国、日本和我国

某村的村庄规划　　　　　　　　　某村的现状

图5 某村现状及其村庄规划

台湾来看，这些地区都有管理，但是我国台湾管理得相对弱一些，所以我国台湾村庄的风貌比较差。我每年都去台湾好几次，台湾地区乡村很有活力，但是风貌真的不行，德国很好。我们现在的规划跟管理也接不上，跟农村的发展也接不上，是非常大的问题。为了解决这个问题，要做真正实用的村庄规划（图6）。

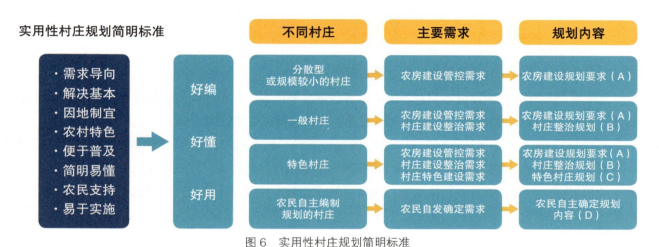

图6 实用性村庄规划简明标准

——什么是实用性村庄规划？

大概有这几个内容：

第一，需求导向。为什么不说问题导向。因为一开始提的是问题导向，你会发现农村问题太多了，所以就需要率先解决最迫切的需求，而不是问题。因为问题很多，譬如西部的乡村吃水困难，房子质量差、产业也落后，如果要把这个村建好，没有几百万上千万是不够的，但资金紧张所以一定要找准村庄核心的和最迫切的需求是什么。

第二，解决基本的问题，然后要因地制宜，有乡村的特色、便于普及、简明易懂，最核心的就是农民支持。我们做规划都会发问卷，但许多问卷都是村里会计填的。不在村里待5~10天不可能了解农民真实的需求，所以发问卷也没有用，调查不到农村的实际。

最后，要易于实施。政府部门下到村里面的钱，譬如传统村落一个村300万，这些钱由县进行招投标，有资质的设计单位才可以竞标，然后转给小包工队赚很多差价。其实村里的建设行为村里可以自己解决，包括夯土墙的事情，在北方就发现有很多这种工匠，如果可以让他们赚到钱，他们还是很开心的。所以村民自己可以解决很多问题。

对于不同类型的村庄，我们针对它的需求给它分类。譬如针对自然村和分散的村庄，尤其是西部贫困地区没有政府投入的村庄，那么要重点解决房子的安全问题，引导农民的建设行为，管理农房安全。这个需要编制图7所示A类型的规划。另外就是大量普通的村庄，这些

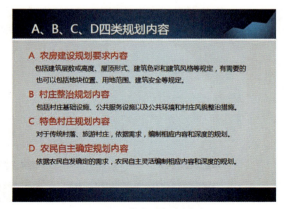

图7 四种类型规划内容

村庄环境比较差，因此主要是管控房屋建设和整治环境。这个需要编制 A 和 B 类型的规划。还有特色规划，像长三角东部沿海发达地区，除了上面 A 和 B 这两类规划，还需要编制自己的特色规划，譬如有产业或者有其他的特色，抓住自己的村庄特色可以编制适合自己村庄的规划，即 C 类型的规划。最后就是鼓励、引导、培训农民来做他们自主确定的规划，即 D 类型的规划。

关于农房建设，开始主要考虑的是如果要管理农房的风貌，最少有哪几个要素必须控制，并尽可能地减少控制的内容。后来通过研究确定是层数或高度、屋顶形式、建筑色彩和建筑风格等要素需要规定，其他如窗户等可以放开让农民自己解决。还有就是提出村庄整治规划的标准，而特色规划就放开让每一个村自己做，另外就是农民自主确定规划的内容。

还要编制县域乡村建设规划，初步定的内容包括空间管制、村镇体系、统筹基础设施和公共服务设施，还有一个重要的内容就是村庄整体的整治引导，包括风貌整治的引导。

2013 年、2014 年全国试点村规划，有经验也有教训。但是这里面也有一些比较好的尝试，譬如一个村庄做的 A 类，就是风貌管制规划，将规划内容编成很好的口诀，规划院还给农民进行讲解，并画了农民易懂的图画，引导农民来实施。用口诀的方式而不是用图则的方式，朗朗上口，老百姓更容易接受。

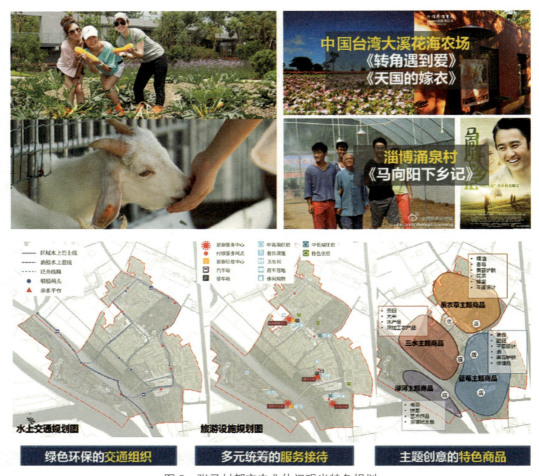

图8 张马村都市农业休闲观光特色规划

以河北一般的村庄北坪村为例，这个比较简单，房屋一到两层、硬山坡顶、白墙灰瓦、太行民居等，另外基础设施规划做到实施层面，还做了一些环境整治项目等。

图8是上海的张马村规划，围绕现代都市做了都市农业和休闲观光项目，并做了田园风光摄影基地，这个具体行不行，我没有看过，不知道，只是觉得是一个有特色的规划。

还有一个农民自己编的，就是北京一个村子，这个村子没有请设计院来编规划，村支书是一个农人，带着人就把旧城墙给修缮了，把原来很破的村子变成非常好的村子。

这里再介绍一些方法。首先调查是很重要的基础，刚才也大概说了一下调查内容，调查时间再怎么长都不过分，如果更细致的话，不同的季节、不同农忙时节都去，不同年龄层次的农民都问。另外要做一些具体化导向，做这个规划要给村子解决一些问题，而且是实际的问题，比如村庄过境路经常发生交通事故，规划首先在公路上安装了安全设施，那这个规划做完了之后老百姓就接受了这个设计院。有规划师在一个村做规划的时候老百姓不搭理他，后来他捡了两个月的垃圾，农民才接受他了。

另外村庄规划实际上没有总规、控规的分别，只要可以解决村庄问题，什么都可以用。施工图农民看不懂，其实哪怕用简单图式让他可以进行施工就可以。

总体来说，乡村规划刚刚起步，任重道远，我们一定要发挥规划师的作用，好好协调农民与政府、资本、志愿者等不同利益主体的关系，并通过规划规范他们的行为，实现永续的美丽乡村创建。

（报告整理人：薛皓颖　邹海燕）

美丽乡村创建
——2015美丽乡村创建论坛报告暨长三角高等院校规划方案竞赛成果集

康洪莉女士做特邀报告

康洪莉

武汉大学生态硕士，青浦金泽镇岑卜村新农民

本文为康洪莉女士在由农业部美丽乡村建设办公室、同济大学、海门市人民政府联合举办，由同济大学建筑与城市规划学院和经济与管理学院、上海同济城市规划设计研究院和江苏省海永镇共同承办，由江苏省美丽中国（空间）建筑设计产业园协办的"美丽乡村创建实践圆桌会议"上所做的特邀报告。

农业美，乡村才美

各位朋友、各位老师大家好，和丁老师、王老师不一样，我不是搞研究的，也不是搞规划的。我是新农人，就是从事农业。当然我原来不是做农业的，我原来是学生态学的，后来大概从2010年开始投身于生态农业的实践，已经有五年多了。从那时起，我一直住在村里，现在80%的时间都居住在村里面，我可以从村民角度来谈谈我对乡村的看法。

我的题目叫"农业美，乡村才美"。做农业这些年很关心中国整个农业和农村问题，我看到中国很多地方在搞农村规划，有些是政府引导的，有些是房地产开发的，有些是要搞艺术家部落等，非常多，当然各有特色，但是有一些东西普及性不够，譬如我去莫干山，那里民宿很好，当地收入可以很高，但是没有普遍推广的价值，因为中国广大乡村没有莫干山这样的自然环境资源。

我以我居住的一个乡村，一个非常普通的小村庄，来说说看它是怎样有人气的。青浦区的金泽镇，有一个叫岑卜村的村庄，我在这个村住了快五年。这个村庄虽小，但很美，大家可以看到这张照片（图1），是一个非常传统的江南水乡的村庄，但是实际上也没有什么特别大的特色，没有名山大川，没有名刹古寺，也没有朱家角古朴的建筑，就是很普通的村庄、很普通的农田，但是它还是保留了一些传统江南的水乡风味，有一些漂亮的河道。

当时有个集团在那里建了一个像民宿的东西，也没有什么特色，上海周边有很多这样的地方，最开始几年没有入住率倒闭了，真的很少有人去住。但是这几年慢慢的有一个现象引起了大家的注意，就是有越来越多的新村民入住。这个新村民是什么概念？就像我这样，原来是住在上海市区的，后来搬到乡村租间空房子住下来。新村民占的比例比较多，岑卜村原住村民人口1039人，总户数356，8个村民小组。到今年为止，新村民占了356户中的近40户，将近十分之一。

这些新村民中有七户从事农业，或者是农业相关的产业，就像我们叫新农民、

图 1　岑卜村农业景观

新农人,可能也是最早吸引有些人入住的原因。这里的村庄就像前面丁老师说的,小而美的感觉,不大反而有一种精致的美。

第二类新农人从事的有皮划艇运动,或者从事一些景观设计、手工制作、养生、茶道等一些不用在城市里工作而且可以利用乡村自然环境的行业。

第三类是一些年轻父母们为了让孩子得到一个比较自由健康的环境而来到这里。这几年有很多孩子在我们村里出生或者是逐渐长大的。譬如有个小孩子,我们村民非常喜欢他,他在村里住了四五年慢慢长大了,很多朋友来了以后都非常喜欢他,觉得他有城里孩子所没有的活泼,没有城里孩子那种娇气,非常有灵气。另外一类是单纯的居住,特别是养老。有一些是年轻的夫妻在这里租了房子给退休的父母居住,还有一些是不经常居住的,只是偶尔来过周末。全村大概有一半是常住居民,一半是非常住居民,这些居民使得我们村庄非常有活力。

但是实际上在 2011 年以前这个村庄和中国很多的乡村一样,都是年轻人入城工作不再回乡,只剩下老人和孩子留守,房子空置率极高,这也是新村民可以找到房子的原因,后来是什么吸引了这么多城里人过来居住?既没有政府的引导,从头到尾没有提供任何优惠和引导,也没有资金注入,什么房地产开发商业也没有,甚至说都没有做过任何的事先规划,并不是说这些不重要,特别是事先的规划我是非常赞成的。就像现在村里将近 40 户新村民和很多的老村民一起居住,大家的房屋格局就非常乱,也有的新村民会把自己的房前屋后弄个花园,有些老村民把自己旧房拆掉,造成房子的围墙像监狱一样高。村里的道路也都没有规划,整体村庄显得很乱。但是为什么这样乱却有人气?

前一段时间青浦区在做美丽乡村规划,他们就找到了我们,他们跟我们了解情况并且听取我们的意见。他们说在青浦区规划了好几个美丽乡村,砸了很多钱,一个村庄几千万下去,把那些村庄弄得非常漂亮,但还是没有人气。原来空的房子还是空的。离我们不远的村庄,环境也很好,也是跟我们村一样的江南水乡,水环境也挺好的,也是水源地保护区,没有太多污染,甚至他们规划奢华到据说可以为了让村庄村容村貌漂亮,给很多人发五万块钱,让他们把自己的房前、屋后、庭院弄得漂亮一点,村民拿了五万块钱把房前屋后都铺上大理石,把围墙都围得很高,有些地方修得像景点,或者是各方面的设施弄得很到位,但还是没有人。我们岑卜村没有做任何规划,村容村貌、基础设施也不够好,政府也没有给什么补贴,为什么会有这样的人气,这就要讲一下近四五年的发展过程。

因为这里是一个黄浦江上游的水源地保护区，没有太多污染，在2010年到2011年左右，有几个做有机农业的小农户入住到这个村庄，当时完全是因为这里环境不错，随机性迁入的。这些有机小农户因为当下对有机农业的信任度不高，所以小农户按照会员制的方式，组织参观和导览的活动，让这些会员能够更多地参与进来，了解有机农业。这些会员或者是参观者来参观的时候，就会觉得这个村庄环境还不错，又有这些有机种植者，各种农药、化肥、除草剂污染不是绝对没有，而是非常少，感觉在这里可以吃到有机食品，而且住得很舒服，就陆陆续续地搬进来，一旦数量多了，就开始出现规模效应了，慢慢形成了一个社区的样子。

我们知道在城市里住惯的人刚刚回乡村居住的时候，首先要克服的不是生活上的不便，而是无法融入当地原有居民的生活。生活上的不便是客观存在的，但是近些年随着交通还有电子网络的发展，这些慢慢成为了非首要因素，你要买东西可以通过网络，你要跟人联系、要开会也可以通过网络。但很大的一个问题，就是与原有居民存在很大的交流障碍，融入不到当地生活中。其中的原因有两点，第一个是语言，第二个是生活习惯还有看法。一旦新村民住多了，就感觉这形成了一个小社区，和你志同道合说话的人也就多了，这有点像雪崩效应。这些年想入住的人越来越多，完全是因为找不到房子就被打回去，否则并不止现在的三四十户。

说了那么多好的，其实这个村庄负面的东西也是存在的，也是很多乡村都存在的。这是当时汇报的，他们除草剂打得量大了就往河道里丢，河道上都是除草剂的瓶子（图2），这是新村民不喜欢的。

图2　河道环境问题

有一个故事发生在我们村，有一个家庭原来是住在我们村里的，后来因为他们房东不租了，也找不到房子，他们的朋友就鼓动他们搬到崇明，崇明的房子很好，于是就搬去了。然而三个月后又回来了，他们说感觉没有乡村的味道，周围几十亩、几百亩都是一片稻田，没有景观上的多样性。村落之间的居民住得很远，没有交流。另外，感觉农药打得挺厉害，因为崇明大农种植需要植保机，植保机是柴油发动的大型喷雾装置，一喷几百米都是农药味道，他们就感觉很不舒服，认为还是我们村庄好，景观也好，各种植物都有，人可以有说话的地方，没有农药味，除草剂偶尔打打不是很严重，还是要搬回来。后来还是想办法在村里找了一个房子搬回来了。

我当时曾帮他们介绍村子旁边的其他住处，我说你实在找不到地方，隔壁那些村空置房很多，你可以找一下。他去找了之后，感觉没有勇气做第一个入住者，另外，感觉那里的农业没有岑卜村的感觉，不知道为什么大家都想住在岑卜村，旁边的村庄不会去。

我用我自己做的小农场来以点带面概括一下这几家有机小农户眼里美丽农村是什么样的。这是我的一片小农田，这里会种植很多本土植物，给不同的生物创造避难的场所，也会种植绿肥植物恢复土壤。

我们经常组织科普活动，带大家了解农田里面生物的多样性，水里面有一些什么东西，土壤是怎样恢复的，与我们农业种植有什么关系。农田里面经常可见很多鸟，农田上空有猫头鹰等鸟类在飞。田里面最多的还是各种各样的昆虫，除了害虫也有益虫，各种各样的小生物，这些都吸引了很多城里人到乡村来，他们说一村庄没有一个名胜古迹，有一些活的东西可以看就可以吸引我们一年来几次，不像有一些古镇弄得很漂亮，但是很多人去了一次以后几年都不想去了，因为景观是死的，几年都不会变。但是生物的多样性是活的，看这个村庄一年四季的变化，就是有生命力的村庄。

农田里面有各种蛙类、蛇类，还有萤火虫。我们不知道有多少人注意到萤火虫。我小的时候，上海周边还是有成群的萤火虫的，后来不知不觉中就退出了我们视线，市区几乎看不到萤火虫了。我们和上海植物园有一个合作项目，其中一个亮点就是寻找萤火虫。实际上上海植物园可以找到的就三五只萤火虫，仅仅看到这三五只，那些小朋友和家长就惊喜地喊出来："这是我这一辈子第一次看到萤火虫"。城市里面看不到萤火虫还可以理解，有大量的水泥硬化，把萤火虫的栖息地给硬化了，或者有光污染，但是乡村没有萤火虫了，有很大的原因就是农药化肥、除草剂的污染。有兴趣的朋友可以跟我交流，农药、化肥、除草剂对萤火虫的生存是致命的，萤火虫也是环境的指数物种，我们那个村庄萤火虫数量很多，除了有上海市区的萤火虫，我们还发现一种水生的萤火虫。这标志着当地水生态系统比较好，旁边这张照片（图3）在是我的农田旁边拍的，不是很专业，用小相机拍的。你可以看到一张照片上上百只亮点在飞，这种情况在上海很少看到。我们用萤火虫表示这里的环境好，一个环境要是能够让各种生物存活，对人也就很健康，人就很喜欢这种地方。

图3　农田里多样的生物

刚才说了几个家庭会在村里面养孩子、带孩子，后来也有一个小幼儿园，不是正规意义上的幼儿园，就是一群妈妈们自己组织的小幼儿园。他们也是租了一套房子住在村里，最早的时候也是来跟我看农田的这些生物，后来就非常喜欢这个村庄，就说"能不能一起来这边租一个房子，找一块小地"，后来就租了地，带着孩子每一个星期住三天，来劳动，来体验种植，去捉虫子。照片当中只放了几张，除了这些还有到村庄里面去跟村庄原有居民老阿姨学做农活，譬如打豆子、打麦子，体会的是真正的农村生活而不是作秀。

所以我一直认为，一个乡村，它的美丽不光是外表的美丽，不光是房子要美丽，道路要美丽，还需要有人，有活力。只有农业或者农业相关产业在村庄里面，而且环境是好的，是健康的农业，才会吸引更多人返回乡村，乡村才是有活力的。

谢谢大家。

（文字为速记整理稿，未经作者审定。报告整理人：吕浩）

第一部分：学术报告

陈瑶
i20 青年发展平台联合创始人
资深文创从业者和公益人士
本文为陈瑶女士在由农业部美丽乡村建设办公室、同济大学、海门市人民政府联合举办，由同济大学建筑与城市规划学院和经济与管理学院、上海同济城市规划设计研究院和江苏省海永镇共同承办，由江苏省美丽中国（空间）建筑设计产业园协办的"美丽乡村创建实践圆桌会议"上所做的特邀报告。

陈瑶女士做特邀报告

返乡创客是这个时代的先行者

大家好，我是陈瑶。我跟康（洪莉）老师是隔壁邻居，有时候我会到她家里蹭饭，我在雪米村，小康老师在芥卜村，芥卜村有一个喝茶的地方，关于这些话题我们交流很多。当收到邀请就很乐意来分享过去一年多来我们在乡村做了什么。

我的题目是乡村创客，介绍前要先展开一下我的背景。因为我之前在东方电视台工作，2008年就开始组织中欧商学院的校友做公益。中欧校友爱心联盟，是我在2008年汶川地震时发起的，那个组织的很多校友捐款给贫困地区的高中生，就是考上高中但是没有钱去读的学生，希望给他们生活费让他们能够考上大学继续深造。同济大学有非常多我们资助的同学，同济大学是我们很重要的聚点。

2011年，我们资助过的一些同学考上了大学，上大学的时候就发现失业贫困的问题很严重，大家只会读书，但不太了解社会的需求或者是职场上需要发展的能力。那时我们就成立了"职业能力发展计划"，帮助大学生找实习，让他们能够解除人生上的困惑。这个事情又做了几年。去年开始我们资助的一个同学毕业了，他找了一份在万达下属企业的工作，这个同学跟我讲，我现在工作了，妈妈要求我每个月寄三千块钱回家，我一个月有七千块钱的收入，我完全不够用，如果回到自己家乡的话每个月七百块都挣不到。他的谈话就让我看到了城乡之间巨大的落差，也看到我们帮助的这一群大学生他们碰到的现实问题，就是他们在城里很艰难，回乡村也回不去，就是这样的状况。

去年我们打算做一个尝试，在青浦这个背靠上海这么大消费市场的地方，我们能不能将城乡资源进行互动，促进空心村的经济复苏。所以我们就选择了在雪米村做了这个活动。去年这个活动得到了很多支持。2014年底，在中欧商学院二十周年时举办了一场公益晚会，把所有回乡发展的年轻人聚集在水立方。"i20"的意思，一个是希望年轻创变的力量可以加入这个事情当中，还有就是中欧商学院20周年。还有一个网络语言，"i20"就是"我爱你"。经过讨论，这是一个重塑很多关系的时候：城乡的关系、人和人之间的关系，人和自然的关系。各种关系都在社会生活当中冲突很厉害的，我们思考怎样通过这样的活动去重新构建一些关系，就开始有了"i20青年发展平台"。这个平台可以定义成是一个社会企业的创投基金，可以这样理解这件事情。它做的事情就是农村怎样发展，农村有什么项目可以让我们做一个小的投资。今天有一个招商计划，在座的很多朋友如果想要进行乡村建设实践，可以来跟我们i20申请，也可以到我们青浦雪米村，也可以到芩卜村，周围很多村。我们可以做很多项目，我们在实践当中可以探索城乡之间怎样把话讲成共同语言。

坐下来听的时候，感觉教授讲得非常对，但讲了半天都是各讲各的，我们在一个希望的田野上还是需要讲到一块去。我现在也是住在村里，这个过程并不容易，但是也需要很多人投入时间去实践，上海已经有一些有理想的人参与实践了，就想看这个实践有哪些方式，我们不要理想化，我们需要不断讨论和理清思路。今天说农民职业化，洒农药肯定是有问题。如果位于上海水源保护地的上游村庄都在没有顾忌地洒农药，这肯定是有问题。因为我不是职业农民，我的职业算是公益，有着传播市场方面的职业背景，我做的就是说服这个农民，我们还缺乏很多专业化的知识。

我从小在武夷山长大，2008年离开东方电视台，我打算做公益把武夷山大红袍给恢复。我做这个事情也碰到阻碍，譬如家里人不认同，就是身份认同问题，会觉得你原来在一个正规单位做得好好的，现在就去搞茶叶、做公益，你到底在干什么？社会上对这种事情普遍存在着看法。当然后来我们也是一点一滴地坚持实践，也在实践当中看到了我们新的领域，就是乡村建设的问题，乡村社区营造的问题，在乡村怎样把经济激活的问题。在实践过程中，我们觉得比较欣慰的是越来越多的人把眼光放到农村，越来越多人看到食品安全的重要性，越来越觉得在城里"朝九晚五"未必是一个唯一选择。跟我国台湾的朋友学习时，他说："中国台湾跟中国大陆一样，原来追求高大上，大家从乡下到城里来，我们这里有改革开放，中国台湾也有经济起飞，大家都离开家乡到城里来发展。如果把这个轨迹叫做'向上运动'，追求高大上的生活，'向上运动'在中国大陆也持续了三十年了。"我本身也是离开武夷山到上海，在电视台工作，也做得不错。但是做得不错的时候就想，难道我一辈子都是这样吗？这位中国台湾朋友就给出了很好的答案，"当我们'向上运动'到一定阶段的时候，我们能不能'向下运动'，我们能不能把我们学到的生态知识、生态文明，我们的文创、环保，这样的先进观念再带回农村，带回乡下，如果我们能够'向上运动'之后还可以'向下运动'，可能在某种程度上来讲，你的人生也比较圆满了"。这句话对我触动很大，到了一定阶段我喜欢田园生活，我也愿意探索在凋敝的村庄怎样把经营做起来，怎样让年轻人有尊严地在乡村生活。这个课题是非常值得探索的，我们就在青浦的郊区开始了探索和实践。

说到故乡，很多人包括我们认识很多朋友都在讲，我们的家乡回不去了。其实我们对故乡的定义没有那么狭隘，譬如武夷山是我的故乡，现在我认为青浦也是我的故乡。哪里是你喜欢停留、觉得安宁的，这个地方就是你的故乡。这一次习主席就说要"留得住乡愁"。乡愁经济肯定有，经常讲这是什么地方的辣椒酱，大家都去买；这是江西的橘子，很多人都会买。互联网时代确实让一些事情变得方便了。经过快速发展，很多人在城市里面"向上运动"的同时，也惦记着自己的故乡现在好不好。

我们在去年发起i20青年发展平台之后，就希望主题确定为"让故乡年轻"。我们就在雪米村做了行动，在雪米村租了一个房子做乡村社区营造实践点，让年轻人回到村里面。我们做了一个四十天的很详细的社会学意义上的调查，就是这个村里到底需要我们来做什么而不是说我们想做什么，调查发现有非常多的老人在村里没有人照顾，后来就做了百老汇敬老餐，就是一个礼拜，就是同学烧一顿饭给老人吃，每一次我们的实践点只有二十个老人可以来，二十个老人会到我们家里来吃饭，这一顿饭完全是免费。做了一段时间以后，村民就对我们的感觉很好，有一些在外打工的村民回来都会到我们这里道谢，感觉他们的爸爸妈妈到我们这里吃了一顿饭很开心，就觉得我们这个村里有另外一个人愿意照顾他们，愿意制造一个环境让大家可以交流。

我们在的雪米村有三千多个村民，常住在村里的有一千多人，他们没有所谓的公共空间。现在在城市里我们有很多公共空间，有很多的交流，交流也是重塑人的关系。到我们家里来喝茶、拍照片，做各种各样的事情，就觉得我们家里是公共空间，我们把门都打开，经常有村民随便到我们家里来看一看，他们就有这样的感觉是因为我们的实践点就是一个公共空间。

在这个过程中我们的收获还是很多的。我们看到了在一个凋敝村庄里面原来气氛是不太好的，大家很少聚在一起的，几个帮派的亲戚，如果要聊天都在说另外一个帮派亲戚的坏话。我们办晚会，让几个帮派一起唱沪剧。有了这样的活动之后，这个现象就减少了。我们也帮村民拍全家福，比较不好意思的就是我们拍了一年也就拍了三四十家，因为很多人家里凑不齐。我的一个艺术家朋友就建议，你凑不齐就不要凑齐，空的地方用虚线画上，做一个雪米村全家福展览，看看现在空心化多严重。我认为这个创意不错，接下来哪一天大家收到这个邀请就知道，这个艺术家给我出的主意实现了。就是想引起大家的重视，村里有老人和小孩。上海太有魅力，农村空心化程度一点不比其他地方低，这就是现状。

在做这样工作的过程中，我们考察了很多地方如日本、中国台湾，我们就会感觉到这可能是中国城乡二元结构带来的社会问题。在很多地方，我们看到乡村是非常和谐的，经济也不比城里差，人在乡村也很自豪、很开心。但是我们一到上海的村里，村民就会觉得低人一等，不太好意思跟城里人交流。这么多年的社会结构让他失去了很多。刚才几位老师也说到，原来乡村里面有乡绅，现在也没有了，能干一点的人都走了，我们现在在访乡创客，带一帮愿意让故乡年轻的年轻人到村庄里面做事情，我们看到这个路是任重道远的，因为我们整个结构是被破坏掉了，我们要去恢复一些关系，没有十年、八年基本上是不可能的。所以我们也是有这样的耐心，就是扎根在村里面，希望通过我们的"向下运动"、善意的付出，重新构建人和人的关系，人和自然的关系。

有一些感想想跟大家分享一下。我们在做乡村社区营造、返乡创客，经常有人问我们在做什么。地域社会一定是主体，我们现在去青浦就跟村民讲我们是来陪伴的，我们很希望年轻人回来，但是现在年轻人持观望态度，还有年轻人在厂里打工，都在看，了解我们的情况，以前不回来看，现在听爷爷奶奶讲，听村委会讲会关心我们在说什么，当地的地域社会主体很重要。还有一点就是促进地域经济发展，包括旁边某某村打造"美丽乡村"，花了一两千万进行环境整治后还是零旅游收入，原来是怎样还是怎样，并没有带来改变。我们在乡村很重要的议题就是怎样帮助村民去繁荣当地的经济。我们是中欧校友爱心联盟平台，怎样让校友企业家能够看到"向下运动"这个事业的兴趣点，能够带动村民去发展，这是我们现在每天都在做的工作。我们跟很多企业家说，快退休可以到村里做一点事，今天来同济大学也说，这里有很多有为青年，如果想要实现乡建理想可以到我们村里来，一个人可能孤独，但是一群人会很有趣。从上海开车一小时就到雪米村了，这个村子很美，是非常好的地方，2016年底十七号线延伸线离雪米村很近了。

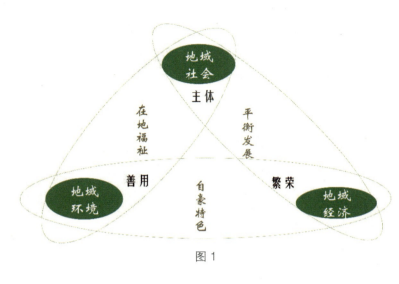

图1

在这个过程中当地人是主体，我们要做的事情就是帮助他们把经济恢复起来，做事情要善用当地资源，要尊重这个环境，不能因为我们的到来就把环境破坏掉。现在感觉村民很需要改变这个意识。康老师在村里就有体会，很多农民，特别是来种菜去小菜场卖的农民，他是短期行为，也不爱这个土地，所以经常洒农药。你要是不洒农药，他就会很怀疑地看着你，说懂不懂农业。我们做的东西他会觉得这个产量很低，喝西北风，你会感觉观念差距很巨大，所以很希望是新村民来，新村民来是靠农业收入直接养活自己的，所以愿意去等待，愿意去善待已经被破坏的土地，愿意去让这个土地恢复原来的生命力。所以这一个阶段的"向下运动"已经有环保、生态、文创观念的年轻人到村里去是很好的事情。

我们雪米村是雪白的大米，但是现在不种米，种各种各样的蔬菜，现在又种玫瑰花出口到日本，但日本检测出重金属超标没有成功，然后不种玫瑰花了。虽然上海已经把青浦这个地方圈成水源保护地了，但水源保护地种出的玫瑰花日本还不收。这也是我们谈的观点，我们在村里到底是怎样的关系？一个地区公共利益是最重要的，这个地区里面能够把当地资源利用好，能够启发当地观念的转变，能够在实践当中产生一些新的经验，能够在这里保存下去是很重要的。还有就是不能只是新村民成就，怎样形成社区创客，加上村民，创客也算是新村民，加上老村民，能不能产生一些集体的成就。譬如说以后如果我们有机会，我们跟同济大学搞乡建的朋友做一个定点的合作，有同济大学的同学定期作为专业人士过去帮我们，然后我们就一起合作，然后做一些改变，通过头脑风暴激发创意。我们能够产生集体成就的话就能够让更多的人的智慧和力量放在这个社区当中产生效能。

还有一个问题，我们做的乡村建设一定是一个永续发展的过程，要容纳多元文化。最近跟韩国组织再谈，因为他们在推动"中日韩青年共识社区"，就是一起耕地、种地、做饭、低碳、环保。他们在韩国就有这样的社区，所以在上海正好有机会接触到他们，他们就想在上海搞也中日韩青年社区，我就希望他们可以过来。如果都是当地青年视野是比较局限的，都是我们扶持的贫困地区来的青年，他们的眼界、国际化的视野是不够的。如果我们可以引进国际上热衷于低碳生活、热衷于环保实践的青年来到我们社区，这个多元文化会更加健康，进而帮助这个地

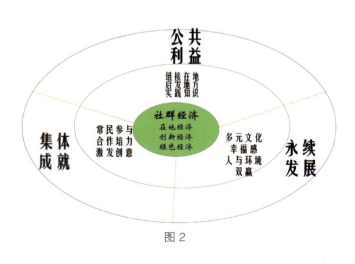

图2

区发展。在这个社区里面怎样达成大家的幸福感，人和环境达成双赢，这是人心里的诉求，现在做成什么样还在探索。

我们现在回到"向下运动"。我们不是像以前农耕社会不管外面社会发生什么，我们希望回到乡村仍跟互联网密切关联，所以我们的村庄正在加入"腾讯为村"计划，腾讯出了一个"互联网+"乡村计划，我们希望我们村庄可以挂在这个网站上。很多农产品需要深加工，需要创新思维激活。我们做的关键词，同事经常讲的话是"在陪伴"，不能指责农民你这个不懂，农药有问题，这个没有办法共同发展了。能不能陪伴他，原来没有这个观念，慢慢看了你这个实践后，他相信这个观念是对的，慢慢转变，有这样的过程，我们是不是愿意有这样的陪伴。陪伴他来转变。互联网和乡村联上之后一切都有可能，目前我们做这个事情是在村里做，但是我们连接是很广泛的。我们正在联系很多人尝试加入农村做新村民。也看到，譬如我们在青浦做创客，我们在今年办了一个活动叫"寻找活动返乡创客"，我们连接七百多个回乡做创客的年轻人，虽然我们在雪米村，但是和全中国很多村庄的回乡创造的年轻人都有交流，我们把他们的做法和产品都带到我们村里做实践，或者是深加工或者是销售，这个是在我们计划中一直在推进的工作。

现在的互联网微信时代让我们很方便了，这个方便的过程当中如果我们能够去尊重、秉持可持续发展的理念，我们的社区营造、把乡村激活的这个路程就能比我国台湾缩短很多时间。我们考察过的一个我国台湾村庄，也是城里的人陪伴村里的人帮助他们转变观念，经过十三年的营造后这个村庄有了四十家民宿，大概有五六家餐厅，一年有五六十万的游客带来两千五百万的收入。这个村庄就变成小公司的感觉，大家安居乐业，环境没有被破坏，他们搞了乡村旅游青蛙共和国，主要是看青蛙，环境不好青蛙就活不下去了。他们做得很好，我们也经常带朋友去那学习。

我们既然在做乡村创客，我们这个乡村创客的力量很大一部分来自互联网，我们会发动众筹，还会做一些互联网上的宣传，连接不同的片区。譬如青浦茭白很好，我国台湾的茭白叫"美人腿"，我们通过互联网了解后就跟我国台湾联系，问我国台湾茭白的深加工怎样做，跟我们农民做一次交流。他们就排出时间跟农民做交流，很多人都愿意到上海做支持，来找到一些新的发展空间。所以我想，在互联网的时代一切好的、被低估的是有机会被重新恢复应该有的价值的。

这么多年的"向上运动"，我们其实把村庄低估了，现在青浦很漂亮，政府花了很多钱把地方都修好了，但是没有人去，就需要很多乡村创客，不是每天都创，像在上海的朋友周末都可以创，周末过来搞搞创业的事情，平时不受影响，我们在那里可以照看。我们能不能发动周末创业，就是你周末到那里看看搞一点生意和买卖，然后和村民做互动。

我们做的事情说起来关键词就是希望找到那些爱故乡的人可以回到自己的家乡再造家乡，用生态理念、用文创激活乡村，把乡村更多的价值创造出来。我们的愿望很简单，我本人不是农民，我原来没有务农，但是我喜欢过田园生活。当我们"向下运动"的时候，能不能把先进的观念带回去，跟村民来交流，让他们分享社会财富和进步，让更多的农民不要背井离乡打工，能够在家乡有一份有尊严的收入。更多的地方特产通过互联网走向全国，能够扩大它的影响和价值，然后也希望我们的环境不要因为我们的经济活动发展而不能持续，希望它能够持续、永续的发展。

所以我们的目的就是希望城乡可以嗨起来，谢谢大家！

主持人：谢谢陈女士。陈女士我对你们的活动很感兴趣，虽然很多时候没有办法在群里跟上，别人说话太多了，一时没有看就跟不上节奏，就需要回放一下。我特别想到了我们做了很多的事情，但是有经济性的问题。譬如您做这个i20的推动，在一些投入、产出上您是怎样来维持的。

陈瑶：我是中欧商学院的EMBA，我们在做的中欧校友爱心联盟主要的人员也都是企业家，所以在考虑问题的时候，就跟老师做研究一样，我们做返乡创客首先考虑的就是经济性。譬如i20资金募集是用公益的方式，找了一些愿意来支持乡村发展的企业，他们提供了一些资金给我们，但是如果我们投入到一个小的项目里面去，我们对每一个项目都是有要求的，这个要求就是创业的团队可以有30%的分红权，不会超过30%的分红，但是70%还是要回馈给我们的创投基金会。我们现在在村里做的项目，譬如目前在做的第一个社区营造实践点，就是我个人的投入，我自己投入也需要回收，所以会办一些活动，我们有六间客房，一年下来，我主要是为了做实验，不是主要在经营这个事情，所以我们通过跟公司合作办活动，基本上就收回了投资，还没有产生盈利。我想我们在做的任何事情，如果你带着情怀去没有盈利，然后你坚持不了太久，你肯定会带着一堆钱去回来。所以说要让它符合商业逻辑，能够跟现在的社会对接，这是非常重要的一个能力。所以我们跟青浦区政府正在推进一个项目，就是返乡创客商学院，请中欧校友跟我们乡村创客谈商业事情。有的创客是养猪，养好了卖不了，就问我怎么办。我想我没有养猪经验就找中欧校友，他就觉得这个好，我来教他怎么思考这个事情。我们叫创客帮，一个创客有三个资深的企业家，在这个行业做的企业家跟你结成对子，帮助你减少亏损，并且增加盈利。

今年办返乡创客评比，虽然找到了五六百个人，但是在每一个地方都很孤独，因为在群里面每天都是几千条刷过去，但是在一个地区只有一两个人，所以这让我们看到我们一定要抱团发展。这个地区要有不同地区业态的人在一起，地区经济起来再一起发展，全国四十个地方每一个很艰难。现在就在做社区营造，我们能够把愿意来乡村发展的企业家和年轻人组成一个社区，把活动办起来，把农产品做好，而且把农产品的深加工也做好，那么我们同时需要第三产业，我们认为是"第六产业"。"第六产业"发展起来，我认为在上海周边绝对有巨大的空间和前景的。

主持人：谢谢，大家如果没有问题今天时间也不早了，让我们再次感谢一下我们四位嘉宾。谢谢，也感谢诸位的参与，相信大家是抱着一份热爱来的。刚才作为我们请的嘉宾提醒了大家，热爱是要有的，但是也要量力而行，谢谢大家。

（文字为速记整理稿，未经作者审定。报告整理人：杨犇）

第一部分：学术报告

林善浪
同济大学经济与管理学院经济与金融系教授
本文为林善浪教授在由农业部美丽乡村建设办公室、同济大学、海门市人民政府联合举办，由同济大学建筑与城市规划学院和经济与管理学院、上海同济城市规划设计研究院和江苏省海永镇共同承办，由江苏省美丽中国（空间）建筑设计产业园协办的"美丽乡村创建论坛"上所做的报告。

林善浪教授做报告

新常态，新农村

各位朋友下午好！和大家交流一下关于经济新常态以及对我们新农村建设有什么影响。我想讲的第一个是怎么来理解新常态，第二方面介绍一下新常态对农业、现代农业发展有什么影响，对新农村有什么影响。

一、经济进入新常态

第一个是新常态。新常态实际上是我们工业化发展必须要经过的一个阶段。比如说城乡之间的对立，一下子这几年经济不好了，原来上半年国务院还说要调结构，一转眼又换出了超过 4 万亿出来了。其次与新常态背后经济发展到这个阶段的因素有关。

新常态我们首先得知道中国的工业化。我经常讲，中国大规模的工业化时代已经过去了，不太可能再经历过去十几年这么一种大规模扩张的工业。中国工业化整体已进入到后期阶段，经过"十三五"中国的人均 GDP 水平接近发达国家水平。2014 年，我国人均 GDP 是 7604 美元，这属于中等偏上的收入水平。到了这样一个水平，按照钱纳里的标准来测，我们大体已经进入到工业化后期阶段。进入到工业化后期阶段，我们的经济就进入了新常态。

什么新常态呢？我总结为三点。第一个是劳动力从无限供给到有限供给。这是我们当前一系列问题的最根本的原因。原来劳动力要多少有多少，现在没有了，劳动力太紧张了。第二点是我们的经济形态是从工业时代向服务经济时代转变，但是很多地方政府还是工业思维。第三点是对外开放从商品输出时代转向资本输出。过去我们主要通过利用外资，通过我们廉价的劳动力，出口廉价的商品，所以形成了大量的外汇储备。现在我们是要对外投资。这是我们经济新常态三个最重要的方面，而这三个方面归根到底是第一点，这是认识我们当前一系列经济问题的最核心的问题。

劳动力从无限供给到有限供给，这是我们劳动力的变化情况。经济学有一个专有名词，叫刘易斯转折点。以前劳动力出来，工资不会涨，我们测算过整个20世纪90年代珠江三角洲的农民工工资，把物价扣掉，一分钱都没涨过。所以刘易斯转折点就是早期劳动力转移，工资不会涨，而且你要多少劳动力就有多少劳动力。农民工的工资开涨了，到了这一点就叫刘易斯转折点的第一转折点，意味着劳动力开始紧张了，但农民工工资仍不及市民工资。到后面，劳动力工资慢慢涨到跟城市工资差不多，工业和农业差不多的时候，这就叫刘易斯第二转折点。我们现在的问题就是刘易斯转折点到了。

通过回顾国际上大部分的国家，当人均GDP3000~4000美元的时候，大部分农民工的工资就开始上涨，农村劳动力没有像过去一样要多少有多少了。我们中国恰恰是到了这样一个阶段。

另外一个原因，刘易斯转折点的到来，不仅是需求的问题，劳动力供给也是发生了根本的改变。20世纪80年代的时候我们的出生率是20‰，现在是5‰。自然增长率在20世纪80年代的时候是16.6‰，现在掉到5‰以下。更大的问题还不在于此，更大的问题在于我们的妇女生育率，平均一个妇女要生2.1个孩子，这个社会才会正常下去，如果低于这个水平都被称为低生育水平。中国过去这几年都是1.4了，是全世界生育率最低的国家之一。更严重的是1.5个孩子是生育率临界水平，如果一个社会的生育率降到1.5以下，再想回到1.6就很困难，人口不能再回去了。

大家可能有印象，2000年的时候国务院出了人口白皮书，预测中国人口最多不会达到16亿。看一下现在，中国人口最多不会超过14个亿，联合国预测中国人口最多13.95亿。这样供给减少了，可以转移的农村劳动力减少了，这就导致我们从2011年开始，16~59岁的劳动年龄人口绝对数每年减少200~300万。虽然我们这一次跟1997年东南亚金融危机完全不一样，1997年东南亚金融危机在1998年开始影响到中国，那个时候大批农民工回乡，你看这一次大家谁也没有感觉到大批农民工回乡，完全是两种状态。

劳动力减少、短缺，现在不是局部了，是全国了。你到新疆乌鲁木齐，经济发展不好，但是也找不到工人，到兰州、到银川也是一样的。到西北那边他们都喜欢贴一张红色的纸压在玻璃下面，一看就是招。到黑龙江去更难招。这是全国性的，这样造成了我们工资上涨，现在已经成为了常态，这就是第一个新常态，就是劳动力管限，工资上涨是新常态。

第二个是工业经济我们已经到了后期，意味着中国要从工业经济时代向着服务经济时代转变。我们原来工业的扩张很大程度上是建立在劳动力丰富出口拉动的趋势上，这个失去以后，工业不可能大幅度扩张。进入到服务经济时代是一个必然的过程，就是服务业超过工业。在过去十年我们沿海地区已经重新洗过牌了。比如说温州，2003年开始在浙江的GDP占比下降，已经十年了。在苏南地区，大家去看一下最近十年，两个地方在江苏省的GDP占比上升，一个苏州，第二个南京。而无锡和常州往下掉，而且掉得很厉害。今后十年又要经过一次洗牌，前一次洗牌主要看这个地方重化工业有没有上，高新技术产业有没有上，下一次洗牌，你这个地方服务业有没有上。所以今后几年区域经济又要经过一次新的洗牌。这是服务经济时代。

第三个是历史性的跨越，从商品输出到资本输出。过去劳动力丰富，劳动力工资低，我们利用加工贸易的方式大量出口，赚到了钱。没有这样的出口拉动，中国经济发展没有那么快。问题在于从进口原材料到加工到出口的模式，我们自己虽赚了点加工费，但把污染留给了自己国家。

现在我们因为劳动力太短缺，劳动力成本的优势慢慢在失去。所以习书记提出了"一带一路"。

"一带一路"做什么？把周边的道路连在一起。2010年我们就跟俄罗斯签订协议，东北地区、内蒙古东部所有的高速公路、铁路全部跟俄罗斯远东地区的交通网连接在一起。大家看到了北大荒建了两个新机场，新建了三座桥。现在表明我们不怕了，我们要扩大经济，要实现市场经济一体化，周边一定要一体化。

"一带一路"最核心的还是中国企业走出去，所以我们成立了私募基金。在没有提"一带一路"之前，我们也已经在做这个事了。我们有中国非东欧基金等，这些钱都是贷款给中国在海外投资的。2014年我国对外直接投资是1029亿美元，但是我们利用外资1196亿。所以国外媒体去年本来预计中国对外投资要超过中国利用外资的，后来差160个亿。但是我们有海外资产3万亿，相当于国内GDP生产总值的三分之一。

正是这样一个背景，我们来理解为什么要提"一带一路"？为什么我们要搞产能合作？为什么我们要成立私募基金、中东欧基金、中国东盟基金？就是要让中国企业走出去。虽然"一带一路"也囊括了澳大利亚等地，但基本上中东欧、东南亚是我们对外投资的重点地区。

二、新常态，新农业

我们讲讲新常态对我们农业有什么影响呢？

第一，它会带来劳动力成本高了，价格高了。就跟我们买东西一样，资本就要多用，劳动力就要少用。所以台湾富士康郭台铭说，中国劳动力贵了，在今后十年要用100万台的机器人来代替工人。什么意思？资本替代劳动力，就会推动中国的机械化、集约化加速发展。过去三年我们不断说推动中国机械发展，但是没有发展。现在为什么会这么快发展，因为时机到了，劳动力成本高了，不用中央政府推也会集约化、机械化发展。我们做的福建省耕地集约利用的集约化指数。大家看一下，很明显2004年以后线就特别直的向上，原因就是集约化加服务发展。

第二，刘易斯转折点将引导农业生产结构向集约型的方向调整。农民其实非常聪明，我们算了一下，按一般的劳动投入强度，小麦是最省工的，水稻是最费工的，看一下我们的产业自动调整，小麦的产量占比提高了，玉米水稻的占比下降了。畜牧也是一样，比如养鸡、养猪等，过去劳动力很少的时候，基本上是自己加饲料、清粪，现在基本上是用自动的了。我们在做福建省"十一五"农业规划的时候，原来写了一条鼓励设施农业发展，后来领导说北方没有蔬菜吃才搞大棚蔬菜，于是这条就被拿掉了。没过几年，福建、广东设施农业却大规模发展起来。这就是刘易斯转折点带来的，整个农业生产结构会向集约型发展，包括高科技农业、设施农业、精细农业、白色农业等。

第三，劳动力成本上升了，当然农产品的价格就要涨。所以中国的农产品价格面临着前所未有的压力，国内的农产品价格已经严重超过了国外的农产品价格。中国现在就是农业增长，库存在增长，进口也在增长。很多人问怎么库存那么严重，国内粮食在增长，进口也在增长呢？道理很简单，人家

图1　农业集约型发展：高科技农业、设施农业、精细农业、白色农业

的玉米到岸价比我们还低，自然进口在增长。不能这样增长下去，总是要解决，怎么办？经济学有一个概念，叫相对劳动生产率，我们现在农业产值的比重和劳动力产值比重相比太低，我们的农业生产率太低，但已经开始扭转了。我们相对劳动生产率最低的时候是2004年左右，现在整个相对生产率开始扭转了，这就是刘易斯转折点。

什么时候实现农业机械化呢？有什么标准呢？农业的劳动生产率和工业的劳动生产率相等的时候就叫机械化。美国一个劳动力平均种480亩地，所以唯一解决中国农业成本和价格问题的办法就是推动机械化，这才能够降低成本。

第四，刘易斯拐点会倒逼农业宏观政策。道理很简单，如果劳动力短缺，工资不断上涨，农业就会出现抛荒和粗放耕作，比如说原来种两季的，现在种一季，会逼着我们增加对农业生产的投资。你不投资，农民就抛荒了。

第五，推动农业第六产业的发展。"1×2×3"，加起来就是第六产业。这样农业产业向全产业链发展，这就叫第一、第二、第三产业融合在一起，叫第六产业。在过去13年里面，从工业各行业占全部工业总产值比重的变化情况来看，超过平均增长速度的门类中有三个是农产品加工业，一个是农副产品加工业、一个是家具制造业，还有一个是木材加工及木、竹、藤、棕、草制品等，其余都是重工业。所以农产品加工在这样一个阶段会加速发展。即使在发达国家，农产品加工业也是占很大的比重。发达国家有四大食品谷，包括丹麦/瑞典海峡、荷兰、意大利北部和美国加利福尼亚州等。中国有四大食品名城，德惠、烟台、漯河和漳州。加工最好的地方是在山东，中国农产品加工看山东，山东农产品加工看烟台。

除此之外，中等收入很重要的就是带来消费多样化，消费多样化带动了休闲农业、创意农业、都市农业、农业博览以及互联网+农业发展，现在不仅互联网+农业了，现在农产品O2O、生鲜跨境电商等都是在这样的一个阶段产生的。特别是休闲农业，我们看一下台湾，台湾到现在休闲农场差不多发展15年时间，一年平均接待5000万人次以上，每个乡镇平均三个休闲农场。我把每一个县都查出来，南投是最火，是台湾比较落后的地方，有65个休闲农场。他们叫"三生三品五慢"，"三生"是生产、生态、生活，"三品"就是市场要讲究"品位、品质、品牌"，"五慢"就是消费者要讲究"慢活、慢食、慢游、绿色、乐活"。这种休闲农产品是从农业的角度出发。

三、新常态，新农村

刘易斯转折点将对城乡关系产生革命性变革。第一段我们一直要缩小的城乡收入差距。政府没有收入调节杠杆，但市场能做到。因为刘易斯转折点不仅是农村劳动力的工资要提高，普通劳动力的工资也要提高。中国收入差距的顶峰已经到了，应该要到转折点了。劳动力转折点、刘易斯转折点和库兹涅茨转折点应该是重合的，所以中国城乡收入差距应该开始要缩小。

有没有依据呢？我们看一下其他国家和地区的城乡收入差距，美国始终稳定在1.3。过去台湾和中国大陆一样，差距也是很大，现在基本上也是1.3倍。而韩国是全球做得最好的，城乡差距不大，甚至农村收入要超过城市。但是这种模式也有局限性，就是韩国没有大城市。中国原来最高是3.33，到2014年已经降到2.7了，所以也开始下降了。城乡收入差距要开始发生转变，这是市场决定的，跟政府没有关系。我们种两亩田一亩地，补几十块钱、几百块钱调动不了什么积极性的。

农村另一个问题是过疏化。我们过去关心的是空巢家庭，现在除了要关心空巢家庭，还要关心空巢房屋、空巢学校、空巢村庄。我们对福建山区县市人口做了一个调查，净流出最高的县是46.9%，将近一半的人都常住在外面。整个三明市净流出是11.6%，所以整个山区县流出率非常高。

我们过去的关心在城镇城市郊区，农村的房子怎么拆掉，怎么复垦等。那个毕竟在全国来讲是少数，而更多的农村空巢怎么解决？第一，位置好、生态好的农村可以做一点民宿。台湾这一点做得特别好，经过登记的台湾民宿超过5000多家，登记合法的是1900多家。所谓的民宿就是农村的房子重新再装修。第二个渠道就是将农村的房子置换成城镇的房子，或者置换成中心社区的房子。置换可能会解决一部分，但这都是量很少的。新农村建设每个地方要搞，但你不能空掉那个地方。如果都没人，空在那也是一个问题。怎么去整理农村是我们今后工作当中面临的一个非常重要的问题，不管怎么梳理，农村要同时具备生产、生活、生态和文化。

图2　乡村发展需要生产、生活、生态和文化要素

在这个过程中，我们一定要把握住农村建设四条边界。第一自然环境的约束，第二基础设施规模的约束，第三传统建筑环境的约束，第四社区居民认同的约束。在这个过程中，我们特别强调，一定要把特色保留住，文化保留住，生态保留住，只有这样才能保障发展。保持乡村的深厚文化，才能保持乡村的长远发展。正如陈之藩的《剑河倒影》里说的，许多许多的历史可以培养一点点传统，许多许多的传统可以培养一点点文化。文化是最容易受到破坏，大家最容易忽视掉，要培养起来很困难，在新农村建设当中，一定要保护好文化。

时间不多，我就讲这些，谢谢大家批评指正！

（文字为速记整理稿，未经作者审定。报告整理人：吕浩、奚慧）

党小勇
江苏省美丽中国（空间）建筑设计产业园总经理
本文为党小勇先生在由农业部美丽乡村建设办公室、同济大学、海门市人民政府联合举办，由同济大学建筑与城市规划学院和经济与管理学院、上海同济城市规划设计研究院和江苏省海永镇共同承办，由江苏省美丽中国（空间）建筑设计产业园协办的"美丽乡村创建论坛"上所做的报告。

党小勇先生做报告

集聚设计力量，推动美丽乡村建设

各位老师、各位同学，下午好！

今天说是做报告，我觉得非常紧张。关于美丽乡村，我觉得这个概念太大了。做了25年的投资，在海永镇里待了两年，今天就我的一点点工作体会和大家交流一下。

我觉得最近一段时间整个信息量特别大，整个国内的经济情况大家可能随着新闻的报道等都知道，逐渐走一个下行的过程。尤其我昨天看到了一个新闻，习总书记提出来了一个供给侧结构性改革，我看到名词的解释以后，心里是一种比较凄凉的感觉。所谓的供给侧结构性改革，跟过去的需求侧结构性改革不一样。温总理当时4万亿的投资是根据政策来刺激整个市场，导致过剩的产能市场需求。供给侧是什么？就是你这个人可能身体出毛病了，感冒了，略微吃一点中药，更多靠自己撑过去。我觉得在未来投资行业当中，要靠我们自己来调节、支撑，最大的调节是投资人心态的调节。

目前国内最大的问题是什么？第一个产能过剩，第二个房地产过剩，第三个是金融风险。回到美丽乡村，美丽乡村建设是很麻烦的问题。我觉得任何的发展、建设都离不开投资，投资就离不开资本。资本是要干什么的？是要挣钱，是要最大收益下挣钱。中国的资本，我认为是极为不健康的，这是我个人的观点。为什么极为不健康呢？当时在20世纪90年代初南巡之后，中国形成了接近上万亿的不良资产，1997年朱总理在的时候进行了结构性的调整，刹住车，中央政府花了非常大的代价，花了十年的时间处理七七八八的，占到了70%以上，整个当年上万亿的不良资产里面有7000亿是损失掉了。30%是什么？中央银行通过发行票据来弥补各商业银行的亏损。

我觉得现在的风险是什么？上一周我看到一个数据，截止到去年底，全国银行类金融机构的整个放贷规模70万亿，新一轮的不良资产又开始了，短短不到几年的时间，又增加了3~4万亿的不良资产，非常可怕。现在作为投资人怎么办呢？过去十多年房地产的迅猛发展，从2014年下半年开始逐渐刹车，政策大门开了又关，关了又开，处于这么一个状况。所有的这种投资，实际上基本都离不开各项资本以及银行金融机构的支撑和扶持。2014年年底以后，所有的政策性放贷倾向于实体经济。中国的实体经济还不是很健康，结构还不是很完善，所以导致了这一部分政策性的放宽，基本上70%处于不良。也就是说未来5年还要出现3~5个亿的不良贷款。

今天上午听到农业部美丽乡村办魏主任说我们现在有钱，接近4万亿的外汇美元存款，实际上中央政府钱应该是有，但是给不了你。我觉得在美丽乡村建设方面，更加难以引导。银行是以盈利为目的的，2014年年底整个金融政策的导向往实体经济方面来，已经导致了70%的经济都亏损，美丽乡村建设你投下去得花多少时间来收益呢？我今天上午看到的八九所院校对海永镇的规划，我挺欣慰的。海永镇整个的规划、投资不可能是几亿的投资，有一些点是非常小的，这种规划是务实的规划，不是脱离实际的规划。现在的环境是非常麻烦的，我觉得美丽乡村如何来建设和发展，我们一直在讨论这个问题：中国有没有宽容的资本，能够不考虑在一两年的时间或者是3~5年的时间回收，每年的收益率达到20%、30%以上。为什么呢？因为过去十年，你们知道欧美所有的投资，正常的回报3%~5%是很棒了，在中国的投资如果低于3%~5%，是没有人去看的。所以在美丽乡村的建设方面，我们就有期盼，会有一种健康、长期性的投资参与美丽乡村的建设。

我不是专业对美丽乡村研究的人，我是做企业的。实际上我们这三四年的时间一直在考虑做产业园。说句心里话产业园是特别不好做的，可能大家认为的文化创意产业园都是北京的798、上海的八号桥、新天地等，这种文化产业园会越来越少，基本上没有。我们做的是什么？我给大家介绍一下。

上午魏主任说的一句话我很认同，美丽乡村要持续，要有什么样的产业适合美丽乡村的发展，这一点很重要。我们这个企业成立在2008年的时候，当时雷曼兄弟倒闭，全球性金融危机出现了，导致了大量沿海的加工业、代工行业关闭。时任广东省委书记的汪洋副总理去顺德调研，在参观了碧桂园这种千亿的企业后，他问顺德区委书记，你们这边有没有工业设计企业？当时都没有听说过，工商马上查，找到了一家工业设计企业，规模也就一间教室这么大，大概4~5个学生，4~5台电脑。

当时顺德区的相关部门就请我们到那里做一个顺德工业设计园，请了5家，包括我们这一家6家，短短3年时间做到了80家，现在是150家，大概有3000个设计师。前年习总书记也去看了。这一个工业设计集聚，对整个顺德地区，乃至珠三角的制造业，尤其是家电行业带来了什么？带来很多过去由单一产品为主变成了多种系列，甚至是上万个知识产权产品的企业，整体产值、附加值都越来越大。

基于此我们大概花了4、5年的时间，我们在福建的晋江，搭建了海峡两岸福建晋江国际工业设计园，主要做服装鞋帽的。我们到那里以设计带动地方传统产业的转型，是要看到地方传统产业的需求。我们在顺德做工业设计，是家电行业要转型，到福建晋江，服装鞋帽是主要的产业。这一次我们在江苏是做以科研为主的——江苏武进工业设计园，我们在长沙——中国（长沙）创新设计产业园，我们在济南——济南国际创新设计产业园，都做了园区。实际上我到现在还不认同我是企业家的角色，我们公司架构是企业，我们做的主要不是自己开发建设园区，是根据地方产业的需求，以设计的方式给地方政府建议，集聚一批需要转型的相关设计产业，为地方传统产业的转型升级来提供协助服务。

我们在海永镇已经接近两年的时间了，我们为什么要到海永镇？当时是考虑南通的技术产业要转型，对接上海的庞大的现代服务业中的相关设计机构，我觉得可以为南通的传统建筑产业转型服务提供帮助。到了海永镇以后，我们发现那里更加适合做4万个乡镇的示范样本，因为海永镇不大，真正的面积就9平方公里，适合做美丽乡村。我们往下走考虑的就是把适合于美丽乡村建筑形态的未来科技化的东西在海永镇做了一个展示，再由政府来引导做一个实践，让有关设计机构结合民宿发展到海永做实践，形成海永镇未来的一个产业，这是我们的想法和思路。

我们过去做园区都是很简单，就是政府来给我们提供一个旧的厂房改造，这是在城区。在城郊，肯定是政府帮我们建一个东西。因为像这种投资一般很少来找社会机构投。回到最初话题，这种投资你怎么去营利？没办法去营利。靠收租金的话，你要集聚必须要先免租，怎么收租金？很多旧厂房的产权不明晰，新建设的类似园区又地处城乡结合部，市场化程度比较低，而且这种园区基本上是工业用地为主，产权分割起来又存在问题。这种现代服务业的园区只能是政府来引导，所以我们觉得政府真的非常不容易，做这些事情非常辛苦。

我们就是做运营和服务。像我们这种以设计为主的产业园的搭建和集聚，主要是以政府发包，或者是政府投资，或者是政府先行投资而后来回购，通过金融支撑。金融行业基本上对民营企业是不放贷的。前天看到了一则新闻，中国钢铁产业的一个非常大的央企叫中钢，一个副部级单位，面临最大的问题是全部债务2000个亿，下一步是破产还是重组，没有办法往下走了。中国银行是它最大的债权人，这里面就涉及500多个亿的债权。金融支撑对谁可以做事？对政府，政府又不可以担保，只能通过他的平台公司做，下一步政府的平台公司何去何从现在也不知道。现在因为政府的平台公司也存在大量不良资产的剥离和重组，下一步是不是存在，是不是以企业的发展形式进一步续存呢？这一点也是要考虑的。

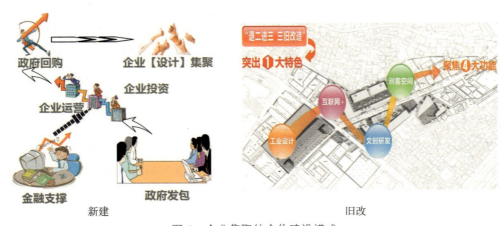

图1　企业集聚的合作建设模式

我给大家介绍一下，我们现在大概有8个园区，服务于各类设计机构，主要以工业设计机构为主。我们大概服务了400多家这种设计机构，全国这种设计机构确实不太多。通过8年的时间，从三五个人看着它发展到三五百人。我们怎么做呢？主要是两个手段，第一个手段搭建一个孵化系统。这个孵化系统或者有创新技术，你带创新技术来或者你有创新团队，通过我们搭建产学研合作的平台或是公共服务平台，通过孵化产生一种创新产品，和实践相结合的、能够商业化转化的创新产品和一些已经属于正常发展壮大的设计企业。

我觉得每一次的经济周期之下,都会产生一批新兴产业和新兴团队,这是必然的。我们更大的一个手段之一就是资源整合,我们通过跟高校、行业协会、社会团体机构、政府,包括金融资本合作。

经常会有人问,你们搭建这么一个园区,政府给你们很多的引导,你们到底能为地方产业做什么服务?实际上我们能提供非常多的服务。我们通过自己搭建研究院,通过一些产品的开发,我们这种产品的开发是跟企业共同来合作,为一些传统企业提供技术服务。我们还可以合作做一些信息化建设。更大程度上设计企业最喜欢入住我们园区的原因在于我们实际

图2 "美丽中国"空间建筑设计产业园区位

上是一个大的整合平台,通过孵化来帮助入园企业申请到政府的一些扶持资金,这也是设计园区最希望看到的方面。

单个设计园区发展起来非常难,我们做了一个沿海的布局,从广东、福建、山东到江苏,各个园区之间建立一种共生众享、互联互通的文化。我们真正搭建的是一个交流平台。很多人会问,你在海永镇怎么做园区呢?在那里没有市场怎么到那里集聚呢?这是最大的问题,我招商过程中也存在这个问题,因为人口决定了你的繁华程度,决定了商业配套。我们在海永镇的做法和其他的商业园区不一样。我们在海永镇的做法主要搭建的是一个科技展示互动、管理文创和建筑现代化方面的展示和互动。另外是一个交流平台,这个交流平台特别重要,要落实到市场和产业,就是我下面要讲的民宿。

我觉得你做产业也好,做展示也好,做互动也好,离不开高端人才的培育。如何培育高端人才,我觉得除了政府来搭平台,我们可以通过政府的政策补贴,把一些人才向需要人才的传统产业来进行推荐,进行一些产业园的合作。我们在顺德、福建、常州都做过多年的实践了,并取得了一些成果。

我们在海永镇做"美丽中国"空间建筑设计产业园,当时考虑也比较简单,主要是想对接上海的整个设计行业创业市场的群体,搭载在海永镇,进而服务于海门甚至是南通的建筑业。当时是外行做这个事,工业设计可以对工业企业直接服务,这种设计是根本服务不了的,是两条线路。现在江苏省住建厅、南通市都觉得我们这个项目非常好,可以在海门、南通乃至江苏培育一个高端研发市场。因为海永镇环境好、空气好,在那做实验室、科研是有相当好的基础和条件的,所以当时想在那集中一批设计企业,在某种程度上这也是一种展示。

我在那里实际上短短两个月的时间,现在招商招了26~30家的企业了。尽管来这里办公的人还不多,但他们实实在在注册了。现在建筑设计企业遇到了什么问题?他们遇到的问题和房地产遇到的问题是一样的,房地产现在做了这么多年要转型做产业地产,产业地产没有相应的这种土地、政策及相关支撑。实际上相关的税费、开发等方面还是按传统的房地产开发模式在走。但是在市场方面会遇到很多的问题,很多情况下想把房地产方面转到资本市场,资本市场未来这种概念的空间会越来越小。设计机构也是如此,今年都遇到了寒冬,我说你们也要转型。往哪里转?过去一线城市、二线城市一接几

图3　集聚设计力量，改变乡村人口、产业结构和村容村貌

百万的大单。未来上百万的大单不可能再有了。未来在哪里？在乡镇，乡镇不是搭建，是改。怎么来改？怎么将乡镇的自然环境和建筑材料相互协调利用？我觉得要动这个市场的脑筋。否则以后会出问题的，也许他们几年前有一些积累，要不然就彻底转型改行，不要做建筑设计，这也很难。我觉得必须要转，到我们那去做展示、做实践、做体验。有可能会往民宿方面进行一些倾向，尝试探索。

民宿也是我们积累了一批我国台湾地区建筑设计企业以后他们给我们的建议。当初做空间建筑产业园，我们更多想发展建筑科技以及建筑科技服务，这是我们当时发展考虑的两条线路。民宿我觉得全世界都有，欧美、亚洲、中国实际上都有，我觉得每个人对民宿的理解也不一样，但是我觉得民宿最大的问题在于结构搭建和运营服务。长三角目前有很多民宿，我自己都体验了好多家，包括苏州、浙江等地。但是相比较来说，我觉得在行业组织和法律法规方面跟内陆和台湾是有差距的。台湾地区的民宿和日本的民宿实际没有差别，是一样的。台湾地区的民宿实际上是有合法牌照的。在乡村的民宿，自己家改就改了，你来住就住了，要发票的话我想想办法给你找，或者你不要发票我就给你便宜一点，或者是之前就说了没发票，很朴素很简单的。你来住一晚上，吃点饭，周边看一看就走了，实际上没有真正的活动内容。真正的民宿是你明天来，上午要参加什么活动，下午要参加什么活动，晚上要参加什么活动，这种民宿现在差距还是非常大的。

海永镇是一个非常有意思的地方。地处崇明，属江苏省管辖，8平方公里是万亩良田，留下来的民居很散，也有很集中的一片，非常适合发展民宿。我们做了调研后发现现在长三角的民宿市场需求非常大，想象不到的大。我们当时在想，我们的民宿要做什么？要更多地加入一些设计进去，而不是外墙是徽派的。我觉得通过设计的元素，更多地强调自然的景观，这是我们的想法。

海永镇5000多的户籍人口，常住人口大概3000多，基本上都是老人。在那里的老人很长寿，七八十岁了，你看不出来，身体还很硬朗，照样干活。我觉得在海永如果能集聚200~300个设计师，海永镇整个的人口结构会发生变化，内涵也会变了，会产生美丽，很有可能会变成一个美丽生活乡镇了，这是我们想做的。一个大的乡镇，没有实力非常雄厚的资本支撑是做不到的。我觉得在海永镇把结构搭建好，政府、党委支持，企业的集聚，人口结构发生变化，将海永镇从一个沉闷小镇变身为活力小镇，产生非常有意思的变化，这是我们想看到的。

美丽乡村的产业结构不是说出来的，必须自己慢慢培育出来。也包括当前正在海永从事发展和投资的企业，我们现在也慢慢在梳理和调节。所以我觉得这是我们企业对美丽乡村、对海永镇一个未来的期盼。

简单讲这么多，谢谢大家！

（文字为速记整理稿，未经作者审定。报告整理人：杨犇、奚慧）

杨飑女士

杨飑
江苏伊秒网络科技有限公司总经理
本文为杨飑女士在由农业部美丽乡村建设办公室、同济大学、海门市人民政府联合举办，由同济大学建筑与城市规划学院和经济与管理学院、上海同济城市规划设计研究院和江苏省海永镇共同承办，由江苏省美丽中国（空间）建筑设计产业园协办的"美丽乡村创建论坛"上所做的报告。

创意，让农村更有价值

先自我介绍一下我叫杨飑，是江苏伊秒实业有限公司的（SS1538农业文创主题园），现在在海永镇。2014年有幸在海永镇拿到了1538亩地和配套用地。今天也是非常感谢同济大学和海永镇政府给我发言机会，我想在这里简单介绍一下创意让农村更有价值。

大家会觉得我还算蛮年轻的，"80后"，应该也年纪不小了。我在创业的过程中很多人跟我说做农业要小心，很多人是血本无归。其实我也是在做了之后有了很多不一样的感触。当然我也很感谢给我们做规划设计的台湾云林科技大学和江苏乐乎文创，也是台湾的企业。

我们自己在说是田地里的梦想家。这几张图大家可以看得到，2005年日本爱知世博会，是农业文创的一个亮点，今天不仅仅是发达国家，农民也是被受尊重也是很有前途的一个世界。2012年英国伦敦的奥运会，开幕式的亮点也让世人聚焦到了文创的这个点上面，包括最近习近平总书记到英国去访问，其实有很多的企业家，包括今年在下半年的时候，有很多资本引进已经开始在往文创的互联网和文创的很多企业做投资了。包括我们在讲的表演的舞台也好，活动也好，已经

图1　日本爱知世博会

很快进入到农村的田野里面。我国台湾应该是离我们最近、跟我们是一样的。他们其实已经比大陆这边走得更早一些。在乡村变成美术馆、民宿，还有很多不一样的商机，其实都是在里面的。

我们基地位于海永镇的西北角，占地1538亩。海门市政府已经通过有关评审，已被海门市立项为农业文创主题园，列为市级重点扶持项目，预计三年内可获政府扶持资金一千万元。我们的团队是江苏伊秒和江苏乐乎。我本人是从英国留学回来，原来主要是做互联网营销这一块，现在江苏伊秒公司这一块主要是为实体产业做服务。我们基地的创意也好，设计也好，都是来源于生活，也是需要大家相互之间的碰撞，我们会提供这样一个很有感觉的交流场所给大家，希望大家在那里有不一样的新鲜思维和创新的东西出来。

图2　SS1538农业文创主题园

原来传统的体验，农业＋传统体验就是我们现在说的农家乐，这是最普遍的。你可以在那买到好的农产品，或者是二级加工品。农业＋文创，最直接的就是你现在可以买到一个很漂亮的包装农产品，里面到底是什么样的东西，加值了多少，会因为包装看起来很漂亮把它带回家。再讲到农业＋互联网，生鲜配送，把农产品能够直接配送到消费者手里，这可能是现在农业最直接的一种体现的方式，可能是一种O2O的模式。

我们在这里，其实给自己的战略定位是文创农业。文创＋农业这一块，不同于我们刚才在说的一级产物或者是二级加工品，在这个地方我们会去提炼出农的元素。比如这个时候我们可能卖的不是米，或者是米的包装之后再做成米浆请人喝之类的，或者是做成米浆的手工香皂，最开始的时候，手工皂让你觉得说我要洗手，要很干净，生活要非常原生态的想法。最早的时候我们会加入玫瑰的手工皂也好，米浆的手工皂也好，但是这里面会想到要环保的东西，而不是化工的东西，是最健康、最原始的东西

图3　传统农业的战略思维

图 4　文创农业的战略思维

给到大家。这里讲的文创 + 互联网，是让大家通过互联网除了可以购买之外，也可以到线下来做农作的体验，包括 DIY 手工的操作，那个时候我们可以使这个产品和消费者之间的距离达到最近，这是线下线上之间体验的一种相互互补。

图 6 是我们的一张战略闭环图，其实"农"在这张图里面，如果是作为起步的话，我们指的是"三农"，是农村、农业、农民，可以提供不一样的资产给我们的 Maker，这些 Maker 可以产出新的产品或者是资产。比如说可以用秸秆做出一盏很漂亮的灯、生活用品，也可以变成置物盒等这一类的产品，这一类的产品会回到互联网平台上销售，平台上又会回到消费者。原来我们主要是覆盖到江浙沪这一带，江浙沪这一带的消费者又可以到我们的农地或者是农场里面去做体验，这样会形成商业闭环，构成了我们现在的 1538 农业原创园。

现在文创产业已经很大了。英国是文创产业走得比较先的，是第二大产业，仅次于金融服务业。国际上很多手工电商，已经 IPO 之后上市了，在国外上市估值也是相当可观的。包括 2015 年 10 月份之后

图 5　SS1538 农业文创园的战略闭环

的，我国台湾的一个设计商品购物网站 Pinkoi 得到了红杉资本 900 万美金的投入。国际上文创整个产业链是非常可观的。

至于说我们的商业模式，我们主要是想构建中国第一个文创农业的互联网平台。这是我们的一个上游，既然讲互联网平台一定有上游、下游企业，我们会吸引很多的 Maker、Designer、Producer，他们之间也是会连续走过来的过程。当 Maker 出来的作品是一个手工的，并不能被量产的。经过设计师的设计包括团队的合理优化之后，会变成一个 Producer，是一个商品可以量产化的，变成很多量产的，能够达到利益最大化的过程。在这个平台上面我们可以聚集很多不一样的文创商品。文创商品既然讲到农业，我们希望要垂直细分化只切到"农"这一个产业上，包括农的元素、素材，所产生任何新材料的东西。

它的平台的下游，其实最主要的功能应该是达到一个销售的渠道。各种好的元素源源不断地吸引这种创意和文创产品到这个平台上面，我们会变成一个文创的电商平台，新产品的众筹平台。很多人说众筹已经是老话了，但对我们来讲，前期是一个试错的过程，很多的产品在投入市场之前已经大量的生产化，是否会变成热销的产品你并不知道，但是众筹可以起到一个先行先试的效果。注意众筹的这些人，这个产品我是喜欢的，一旦能众筹成功，可以达到一个广告的效应，达到前期粉丝的一个效应，甚至让后面做量产化的生产者可以很笃定说可以生产下去，因为这个产品是大家认可的，市场上所认可的。

我们再讲创意市集。刚才讲线上，我们在线下会有一个创意市集在海永镇，这样一些创意产品会聚集在那里，包括文创小镇，还有文创体验营的方式，外部的人能够进入到海永镇，能够更深入地跟我们一起去经营这个地方，让它活化一些。我们线下会有一个创客空间。

刚才讲了线上，这其实是我们对线上的一个平台的规划。我们在明年下半年的时间希望是把团队拉到台湾，包括说台湾新鲜的这种血液，或者是新鲜的这种设计师，能够给予我们一些完整的海峡两岸交流方式。

海永镇的粮仓是一个已经废旧、空置的粮仓，我们希望把这个粮仓活化，我们几家在海永的企业都是很用心地在把自己的想法融入海永镇里面，这是一个想法。应该说这种行销的方式，包括这种场

图 6　海永镇粮仓改造示意

域的活化是多不胜数。包括今年上半年非常火的一个电视剧《何以笙箫默》，很多人在网上搜何以琛的办公室，也是过去上海一家废旧仓库改造出来的。包括上海的田子坊，也都是当初已经没落掉的一些企业聚集的场所，被活化了，被大家用来作文创。现在被大家熟知，作为一个特色要去那里。我们也希望能够在海永镇的粮仓做到一个场所的延伸。

我们希望有更多年轻的设计师们，或者说你如果是一个很有创意的人，愿意动手做那些自己想要的产品的人，我们欢迎大家能够到我们这个平台上来，希望党总到时候也给予我们一定的支持。

我就简单介绍一下，非常感谢大家！

（文字为速记整理稿，未经作者审定。报告整理人：杨犇、奚慧）

美丽乡村创建
——2015美丽乡村创建论坛报告暨长三角高等院校规划方案竞赛成果集

第二部分：
海门市海永镇"美丽乡村"创建规划方案竞赛

海门市海永镇"美丽乡村"创建规划方案竞赛任务书 // 98
竞赛组织及评审方式简介 // 100
竞赛成果点评（王竹）// 101
参赛作品 // 104

海门市海永镇"美丽乡村"创建规划方案竞赛任务书

一、任务要求

通过调查研究，根据海永镇的资源禀赋特征和未来发展可能性，在符合国家和地方有关政策及规划指引的前提下，以"全国休闲农业与乡村旅游示范点"和"全国美丽乡村"创建为出发点，提出海永镇的未来发展定位和相应实施策略以及镇域"美丽乡村"空间发展方案。

在上述基础上，根据设计单位的研究和方案需要，在海永镇内自行选择村庄基地，在详细规划层面上，编制村庄或节点层面的美丽乡村建设实施计划，并论证其可行性。

二、成果内容

本次方案竞赛重在激发各单位策划设计创意和积极性，因此仅对成果内容提出原则性要求如下：

1. 发展策划

应根据任务要求，创意性地提出海永乡的发展定位和实施策略，并重点基于资源禀赋和发展条件等论证其可行性。

2. 镇域规划

根据地形图或卫星影像图，对镇域现状及发展规划绘制必要图纸，并重点从镇域发展和统筹的角度提出有关空间规划方案，至少包括用地、交通等主要图纸。允许根据发展策划创新图文编制的形式及方法。

3. 村庄规划或节点规划

根据上述有关发展策划和规划，选择具体村庄或者节点，编制能够体现设计意图的规划方案。原则上设计深度应达到1∶1000~2000，图纸应包括如区位图、现状图、用地规划图、概念性修建规划图等，以及其他反映设计意图的规划图纸和必要的说明性文字。

三、成果形式

成果鼓励图文并茂，允许不同文件格式。为适应后期出版需要，工作小组已经将基本版式电子文件提供给各家单位，基本版式包括标题栏以及各级标题和正文字号等，请一定按照要求执行，其他排版和字体等鼓励各家单位创新。

各家单位提交成果形式包括以下几个部分：

1. 每个提交方案，应绘制达到A0精度的拼版4幅并提交PSD、JPG格式电子文件，或者Indd打包文件夹。该成果将用于出版。

2. 每个提交方案的4张A0图纸还应按照要求提交2幅竖版展板PSD、JPG格式电子文件，或者Indd打包文件夹。该成果将统一打印并分别在同济大学和海永镇展出。

3. 能够展示主要成果内容的PPT等演示文件。

4. 涉及方案解释说明的CAD、PSD、Word等可编辑的电子文件。

四、成果提交时间

各参赛单位的设计成果,最迟应于 2015 年 11 月 5 日(周四)下午 4 点前发送至指定邮箱,13585045@qq.com,并在微信群中提醒提交成果信息和联系人方式。

工作小组当天将予以验收,所接收文件经专家评审符合竞赛要求的视为有效参赛作品。

五、工作小组

1. 设计成果接收人:

邹海燕,上海同济城市规划设计研究院,电话:××××××××××。

2. 竞赛组织等其他事宜:

栾峰,同济大学建筑与城市规划学院,电话:××××××××××。

杜琴,海永镇组织委员、宣传委员,电话:××××××××××。

海门市海永镇"美丽乡村"创建规划方案竞赛工作小组
2015 年 10 月 15 日

竞赛组织及评审方式简介

美丽乡村创建规划方案竞赛由农业部美丽乡村创建办公室、同济大学、海门市人民政府联合举办，同济大学建筑与城市规划学院和经济与管理学院、上海同济城市规划设计研究院和江苏省海永镇人民政府共同承办，江苏省美丽中国（空间）建筑设计产业园协办。

该项活动邀请了南京大学、中央美术学院、东南大学、安徽建筑大学、上海大学、浙江工业大学、苏州大学、同济大学共八所高校参加，重在教学交流并为海永镇的美丽乡村创建贡献创意。各高校克服启动时间较晚的困难，在海永镇的大力支持下，于2015年暑期陆续组织城乡规划专业或建筑学专业的本科生或研究生赴现场调研，最终于2015年11月5日提交了最终成果。其中，上海大学提交了1组方案，安徽建筑大学提交了2组方案，东南大学提交了1组方案，南京大学提交了1组方案，苏州大学提交了1组方案，浙江工业大学提交了1组方案，中央美术学院提交了1组方案，同济大学提交了3组方案。

2015年11月12日，主办方特邀了各参赛高校的教师代表，并另行邀请有关专家组成评审小组。评审小组包括南京大学黄春晓副教授、东南大学陶岸君副教授、安徽建筑大学叶小群教授、上海大学林磊副教授、浙江工业大学陈玉娟教授、苏州大学雷诚副教授、同济大学张尚武教授、浙江大学王竹教授、上海浦东新区规划协会会长朱若霖教授及高级工程师、上海市浦东新区规划设计研究院陈卫杰副院长、海永镇党委徐秋华书记，王竹教授为评审组长。

评审小组首先对海永镇进行参观，并在此基础上对11个方案进行审议点评，进而打分评选出获奖方案，结果如下：

一等奖：载水忆乡（同济大学）
二等奖：以花为媒，邂逅海永（同济大学）
　　　　邻芳而栖，击壤而歌（浙江工业大学）
三等奖：田野之养（同济大学）
　　　　陌上花开（东南大学）
　　　　乡情艺韵，悠然上河（上海大学）
优胜奖：设计+极致（南京大学）
　　　　水绣花乡·爱浸海永（安徽建筑大学）
　　　　岛海永生（安徽建筑大学）
　　　　融·核（苏州大学）
　　　　牵手看风景（中央美术学院）
最佳创意奖：以花为媒，邂逅海永（同济大学）

第二部分：海门市海永镇"美丽乡村"创建规划方案竞赛

王竹
浙江大学建筑工程学院　教授
中国城市规划学会乡村规划与建设学术委员会　委员

2015年11月13日，王竹教授在美丽乡村创建论坛上对设计竞赛方案进行集中点评

竞赛成果点评

很开心可以代表评审组跟大家汇报一下评审情况。因为参加了全过程，我就谈一点自己的体会和建议。

这次评审，我们首先参观了海永镇，当地政府也给我们介绍了一些基本情况和发展规划。我们还参观了一些新的产业基地，对海永的发展状态和发展愿景有了亲身感受。接下来徐秋华书记也给我们介绍了承办方的设想、目的，还有规划设计的要点。这样我们就对本次竞赛的背景有了一个比较全面的了解。

这次活动非常有意义，乡建这个话题、责任和态度在学生的教学当中给予了贯穿，这样就埋下了种子。将来新农村建设还是要靠我们在座的各位，特别是我们的同学，在这方面发挥自己的作用。

我们看到了各个学校面对乡村建设的热情和激情，各个学校从不同的角度，有些是从大的环境、整体的定位和发展来考虑；有些是从乡村建设结合当地产业结构的调整，来进行策划和空间对应；有些方案是着眼于村庄这个层面上，从它的聚落、形态，以及方方面面的对接关系来进行安排；有些则着眼于农房，不同的居住、生产活动与各个产业的结合，对"产住一体化"的形态模式进行探讨。这都非常具有建设性和积极的意义。提交的方案正在外面（钟庭）展览，徐书记也宣布了获奖结果，大家过会儿可以亲自去感受一下。

我想，本次竞赛主要还是提出了针对海永镇发展的建设性概念和策略，然后包括一些形态的设计，接下来还可以更进一步地落地，我们也可以进行跟踪研究。这是我对本次评审的体会。我们的乡村要永续下去，我们的活动、教学也可以和乡村建设同步进行，也可以发展下去。接下来有一些建议。

首先，乡村规划应当是有态度的。乡村现在好像是一块肥肉，特别是提出乡建以后，乡村成为奢侈品，大家都涌到这上面来。但是，我认为做乡村是需要有态度的，看你是站在什么样的角度、带着什么样的目的，这可能是比较重要的。

非常重要的是，建设新农村、建设美丽乡村，不能停留在空间上，而是首先要考虑经济和社会问题，然后才是空间的承接问题。我想我们在座的都是搞规划和设计的，可能我们的姿态是要把我们专业最核心的东西放在下面，更多的是要关注经济和社会问题，因为社会结构散了，做再漂亮的空间也没有意义。经济不发展，人回不来，没有家乡，那还怎么建设？所以经济、社会这个结构做结实了，我们才可以有空间的承接，今后可以将这块内容与教学结合起来。

这次评审看了方案以后，总得感觉还是有一些在用对待城市的态度和方法来看乡村，这个显然会有一些问题。简单来说，城市规划和建设是讲普通话的，但乡村规划和建设就要讲地方话。要怎么把地方话的词汇组装起来打造美丽乡村，可能不能简单地用城市语境来对接，否则这就会变成选美，关注的都是主观的形象美。今后还是需要更多地从经济和社会角度来考虑问题。

第二，乡村和城市有很大的不同，它的生态、生产、生活是同构的，是打组合拳的，不像城市。城市是高度复杂的，有一些东西是拆开来变成子系统，然后再进行整合的，而乡村一开始就不能给分开，一定要打组合拳。那么生态、生产、生活怎样同构，在我们空间上怎样把格局架构起来呢？这需要认真地进行思考。海永镇这里没有山，但是水、田和人居是三位一体的。如果我们可以从它的肌理、它的村庄建设相对面当中把它的结构吃准了，和人居同构起来，把地貌单元和人居单元以及美丽乡村种进去，就是非常健康和绿色的，这个同构需要考虑一下。

第三，针对现状问题要进行归纳。我感觉有一些方案主要还是在堆砌，即把一些可以考虑到、收集到的东西都聚集在一起，这是不应该的。比如业态调整，可以对传统的生产方式进行调整、根据发展的动态调整，但是要把它归纳起来，空间也要进行承接，这样可能我们才能强调出针对性。二等奖的同济大学的方案，我特别欣赏，因为它把其他东西都放在一个背景下，抓住了一个主要的特点——"花香"，所有的村庄结构都跟这个产业结合起来，又跟地貌结合起来，同时还把人居进行了合理分布。这样一来，这个方案就非常突出。其他的一些方案，总有一些雷同，好像面面俱到、均好。实际上，面面俱到和均好的结果就是均差，你要分析出来这个村庄、地区最适合发展的方向，然后我们来考虑策略、规划、设计，这才是空间层面的体现。

还有一点，一定要考虑乡村规划所面对的主人是谁。现在一讲新农村建设，就好像要把乡村建成城市的大花园，吃喝玩乐所有东西都考虑的是城市的需要，这是有问题的。建设美丽乡村首先要回答的问题是：乡村是谁的？它肯定不是大大小小的干部的，也不是我们的，所以也不完全是城市人的后花园。我们首先应该考虑的是住在村里的人，它们才是乡村的主人，才是我们进行乡建所真正服务的对象所在。所以，我们要围绕着"主人"来考虑，而不是把我们变成主人，把村里的人变成服务员，那样的话就颠倒了本末。

以上是我的基本感受。我还建议，刚才吴志强老师也提出了，以后要将这种活动变成常态。我们怎么把这种活动作为教学工作中的一种常态呢？昨天专家和评委们也进行了一些讨论，就是一方面可以将这类活动纳入到我们的教学计划中去，和我们的课程结合起来，这样的话可能可以更深入地探讨，大家的时间也比较集中。另一方面，我们也可以根据地方的需要进行研究，找到一些核心问题，以核心问题为导向来集思广益，集中大家的智慧为地方的发展和建设出谋划策。另外我们也可以采取工作坊的方式，把具体的目标给设定进去。工作坊有一个很有利的方面就是交流，可以短时间，譬如一个星期就扎在田间，然后把来自不同学校的同学打散，混合编组，这样很多不同学校的老师和学生可以擦出碰撞的火花，相互学习的效果会更强。我们也可以将已经工作的人、本科生、硕士研究生和博士研究生一起纳入进来，这样就有了不同层面考虑问题的深度、角度和基础，大家在相互学习中的体会，比简单地做一些图或是进行选美，更有意义。

谢谢大家。

（文字为速记整理稿，未经作者审定）

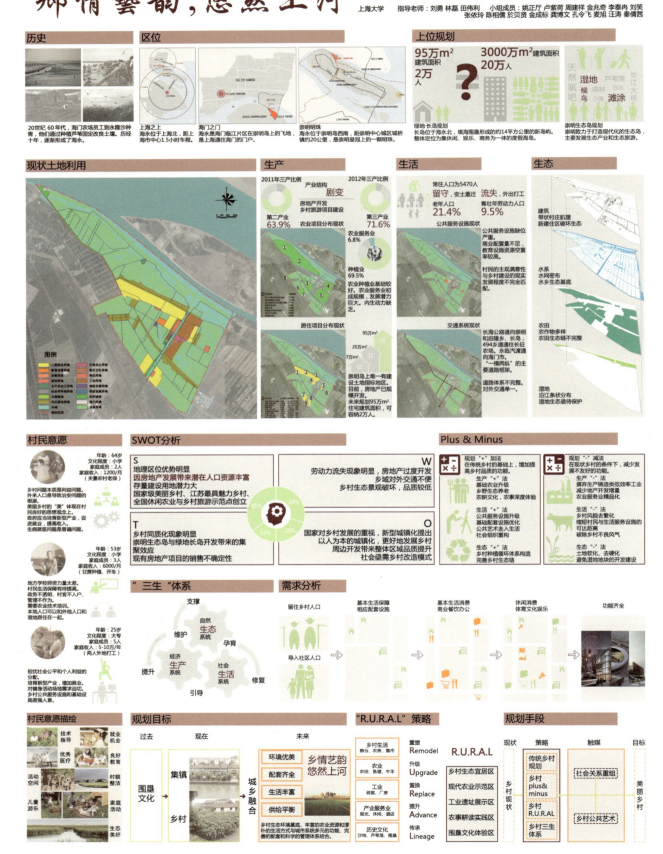

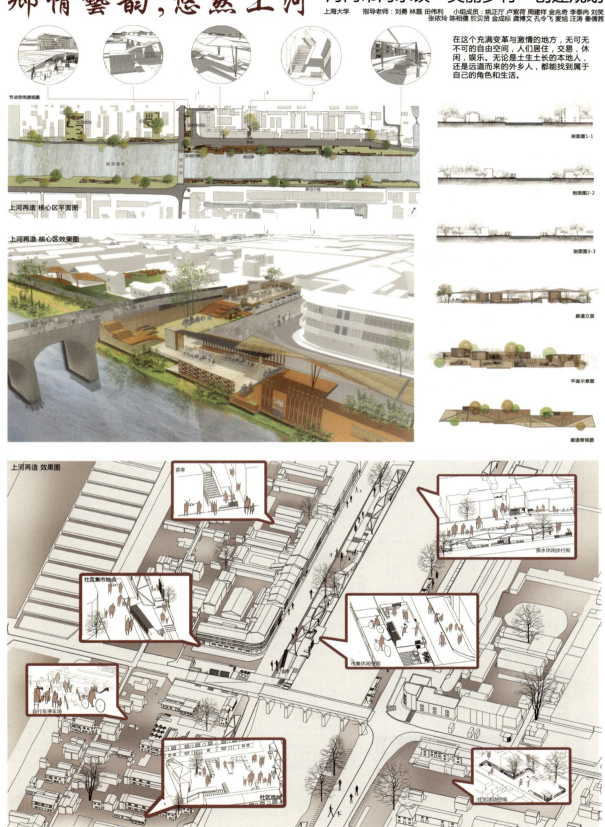

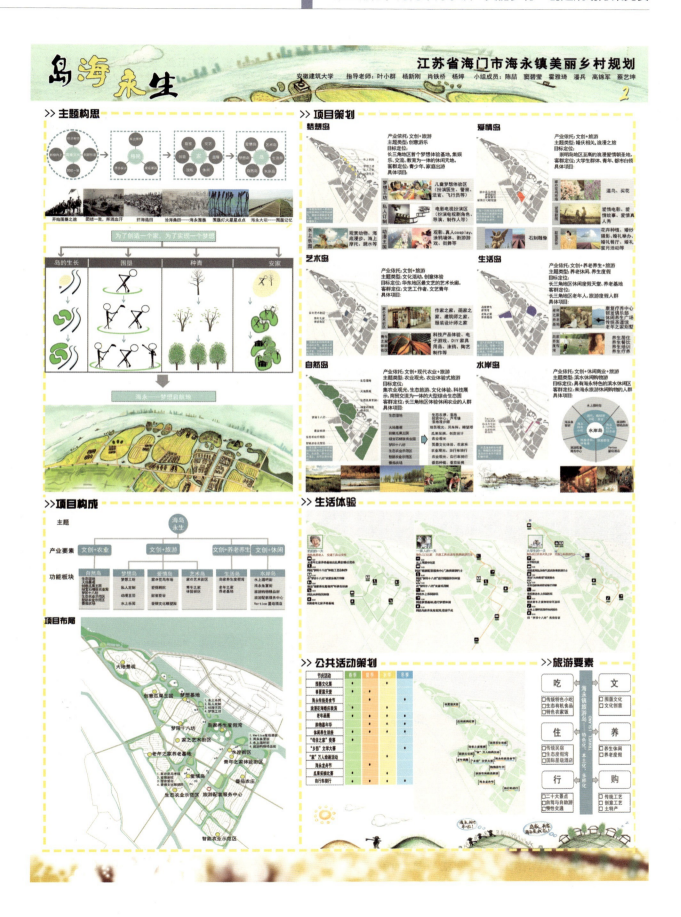

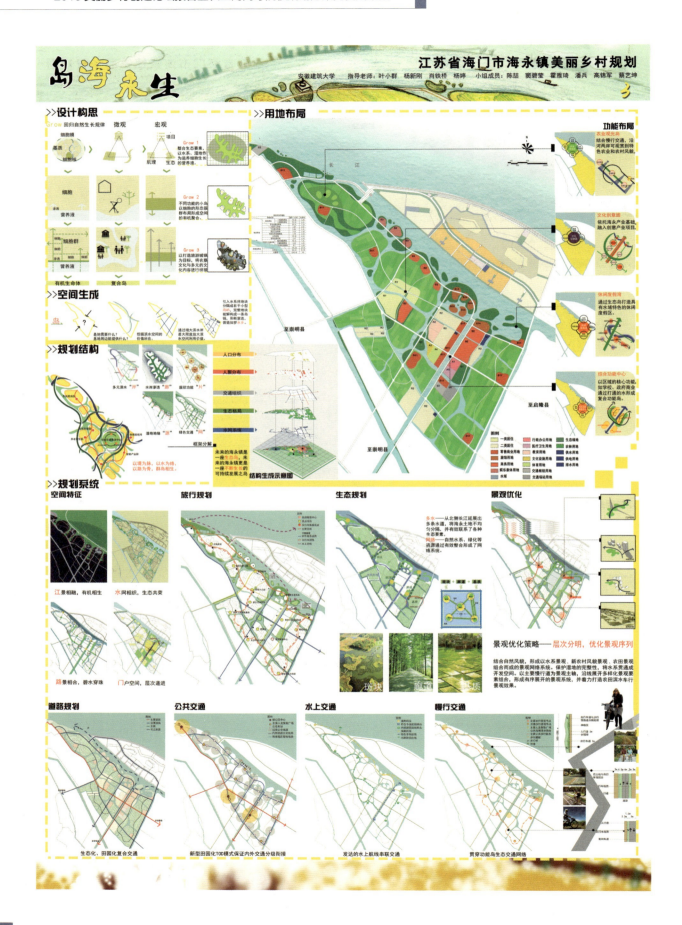

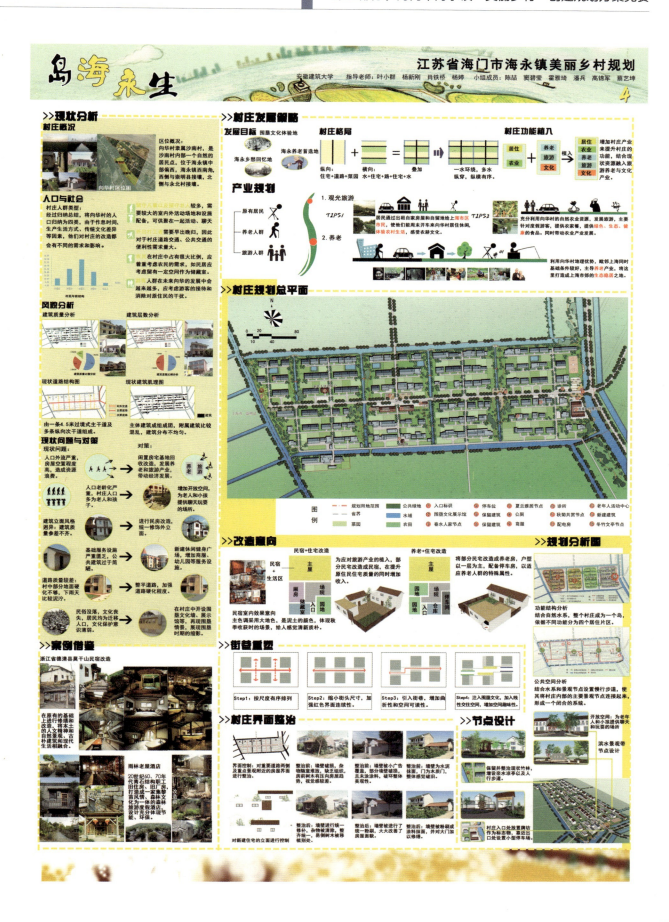

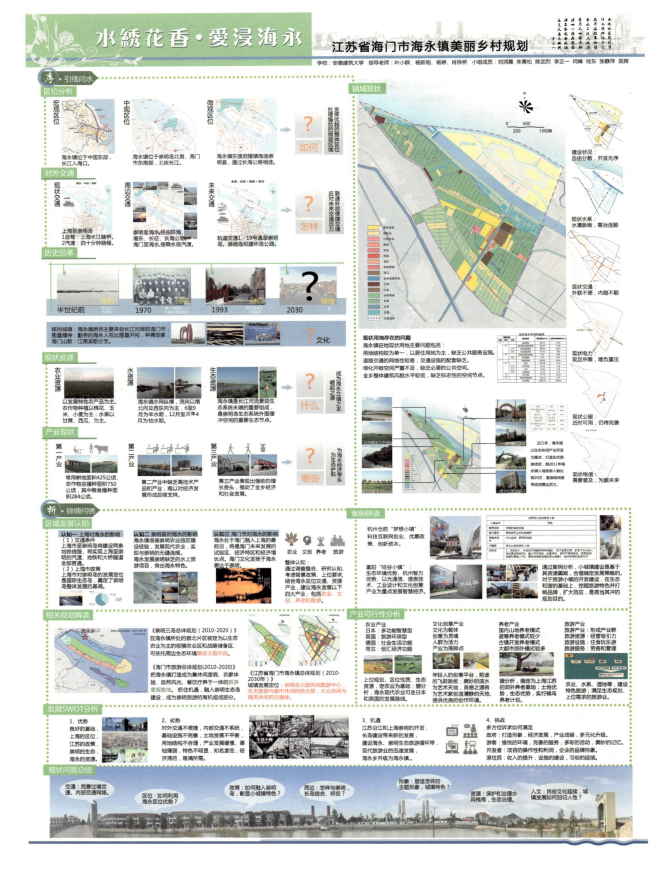

第二部分：海门市海永镇"美丽乡村"创建规划方案竞赛

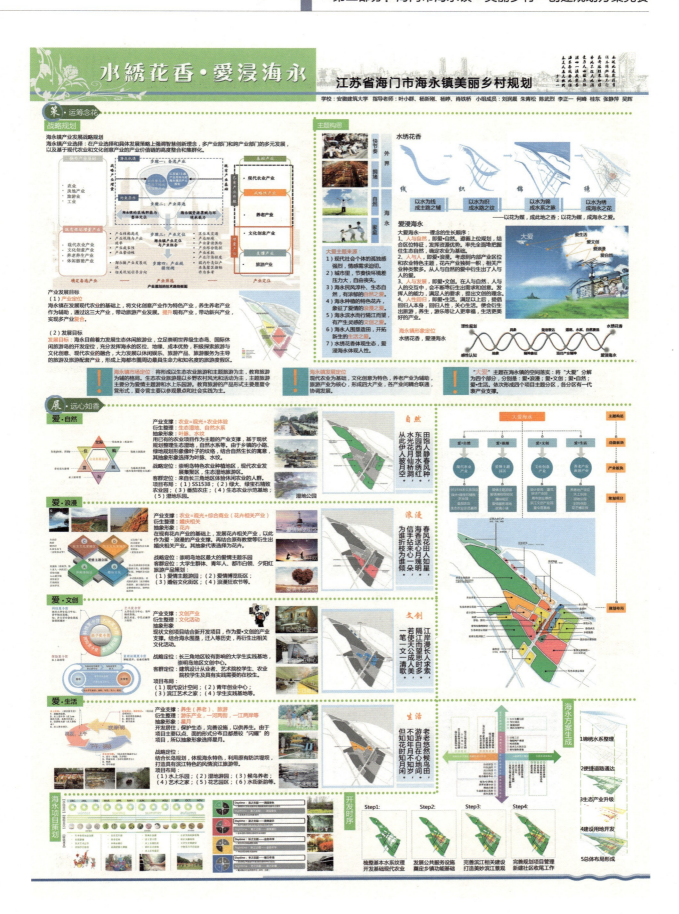

美丽乡村创建
—— 2015美丽乡村创建论坛报告暨长三角高等院校规划方案竞赛成果集

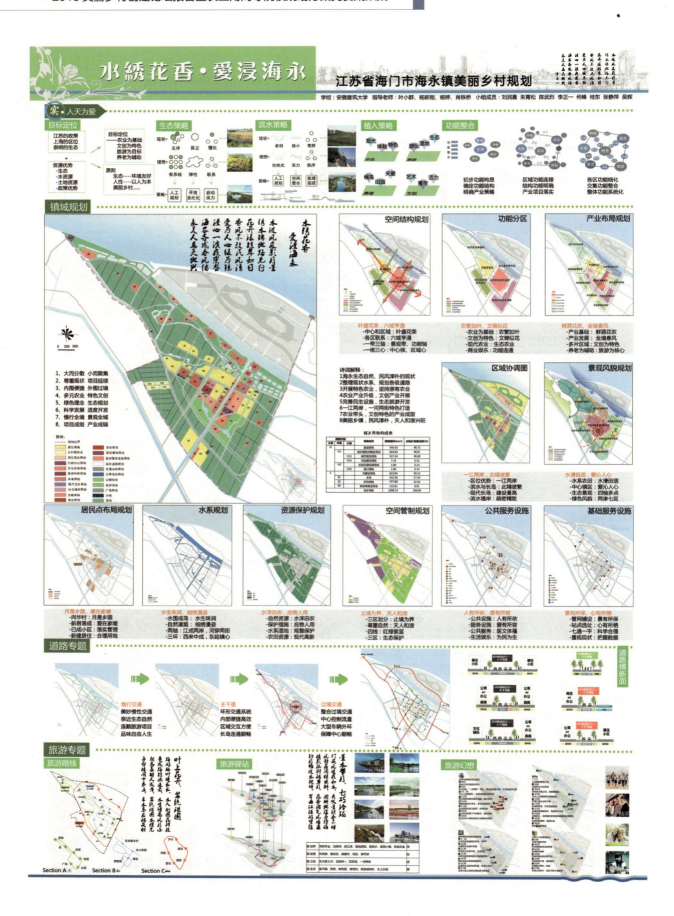

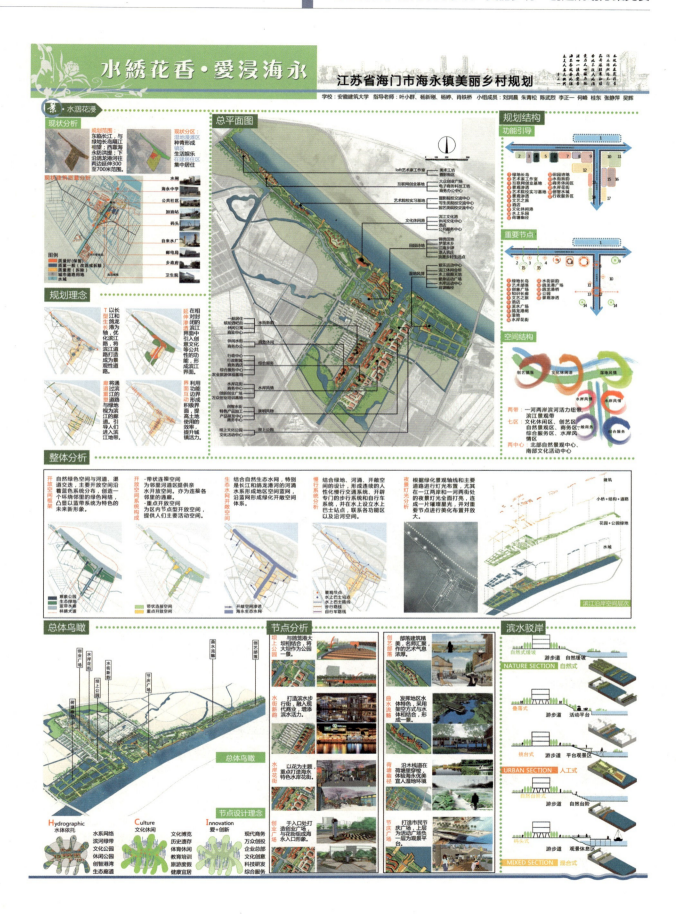

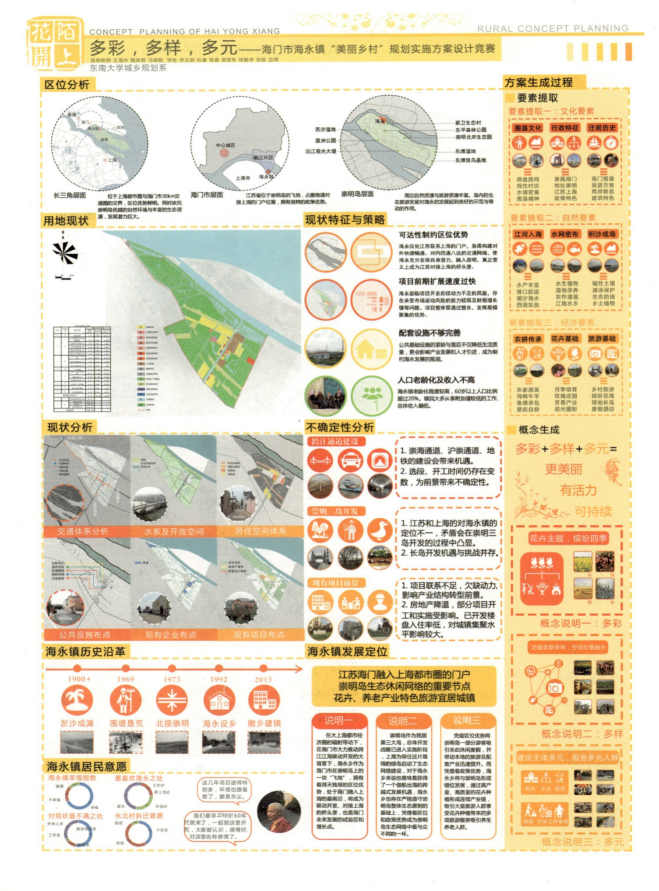

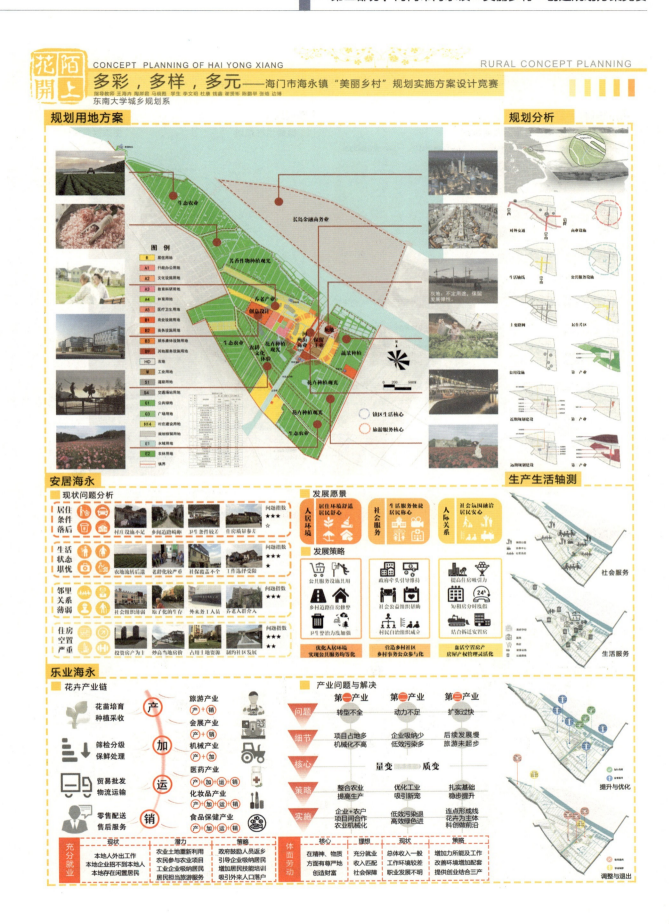

美丽乡村创建
——2015美丽乡村创建论坛报告暨长三角高等院校规划方案竞赛成果集

花陌上开
多彩，多样，多元——海门市海永镇"美丽乡村"规划实施方案设计竞赛

CONCEPT PLANNING OF HAI YONG XIANG　　RURAL CONCEPT PLANNING

指导教师 王海卉 冯屏君 马晓甜　　学生 李文明 杜康 钱磊 谢容彤 陈灏华 张焰 边博

东南大学城乡规划系

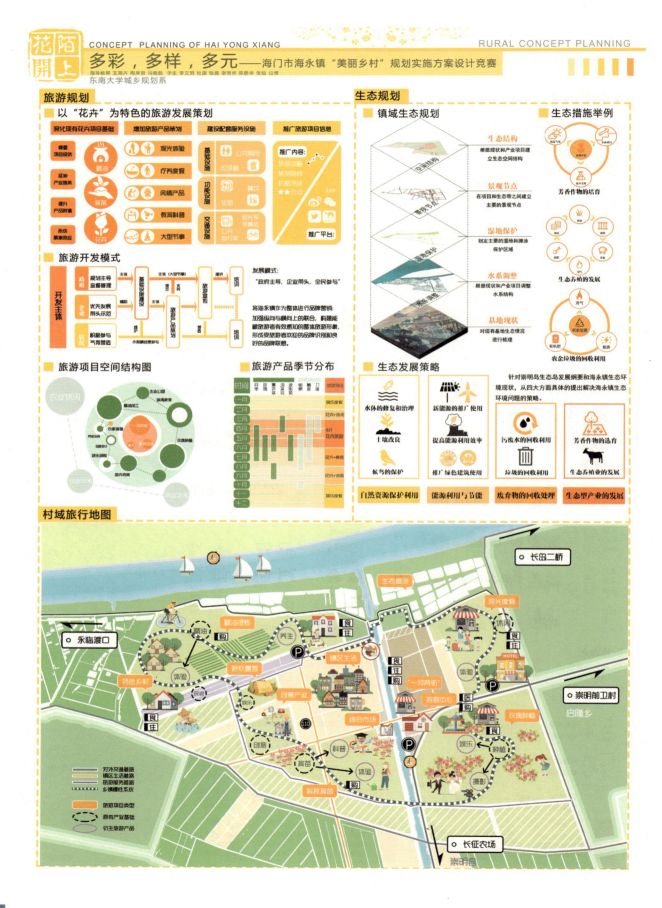

第二部分：海门市海永镇"美丽乡村"创建规划方案竞赛

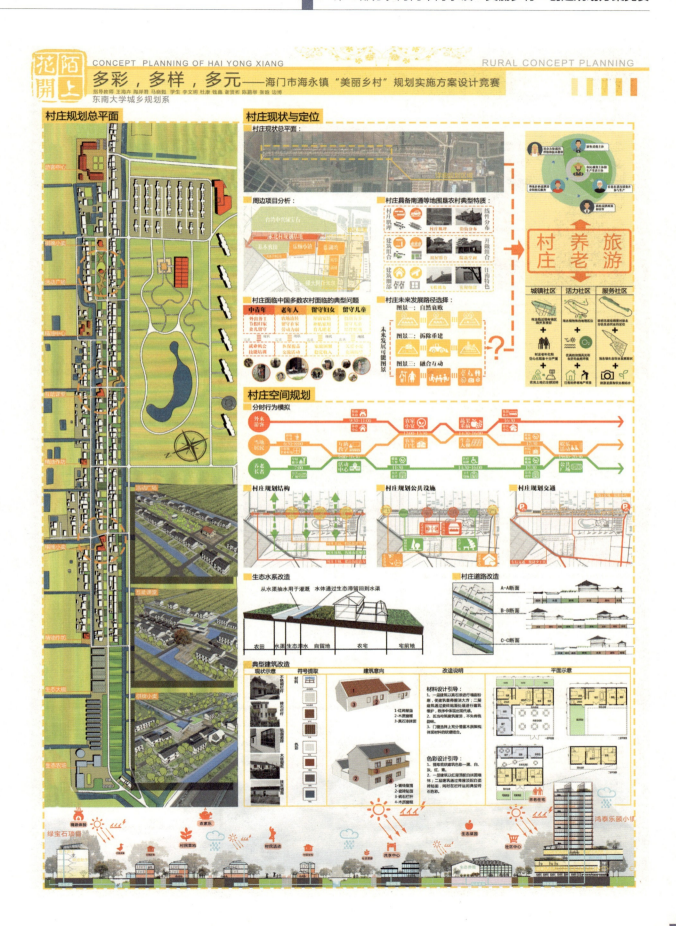

美丽乡村创建
—— 2015美丽乡村创建论坛报告暨长三角高等院校规划方案竞赛成果集

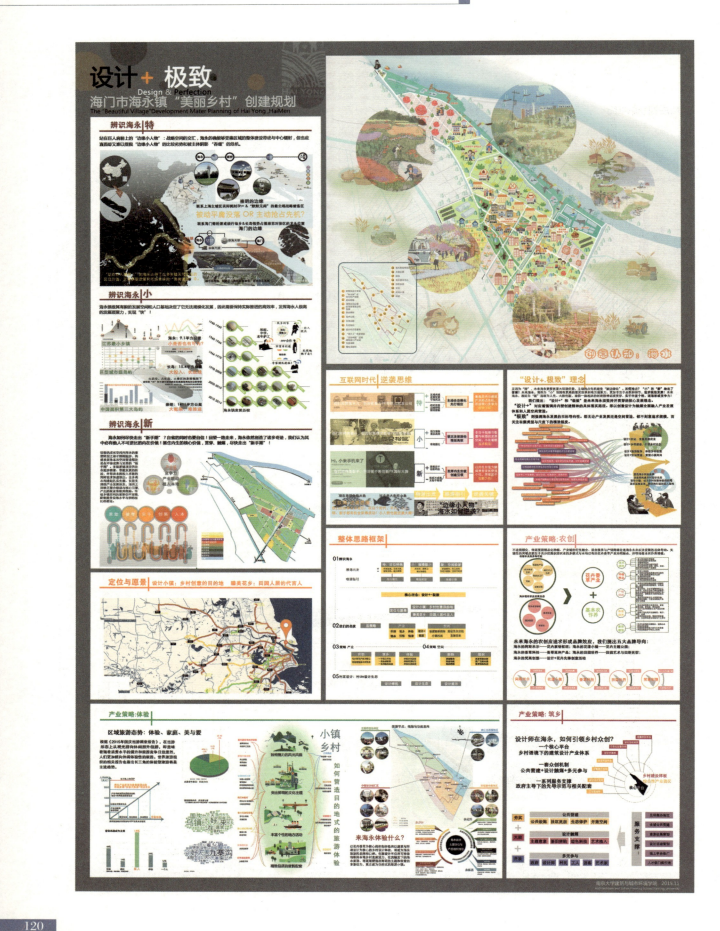

第二部分：海门市海永镇"美丽乡村"创建规划方案竞赛

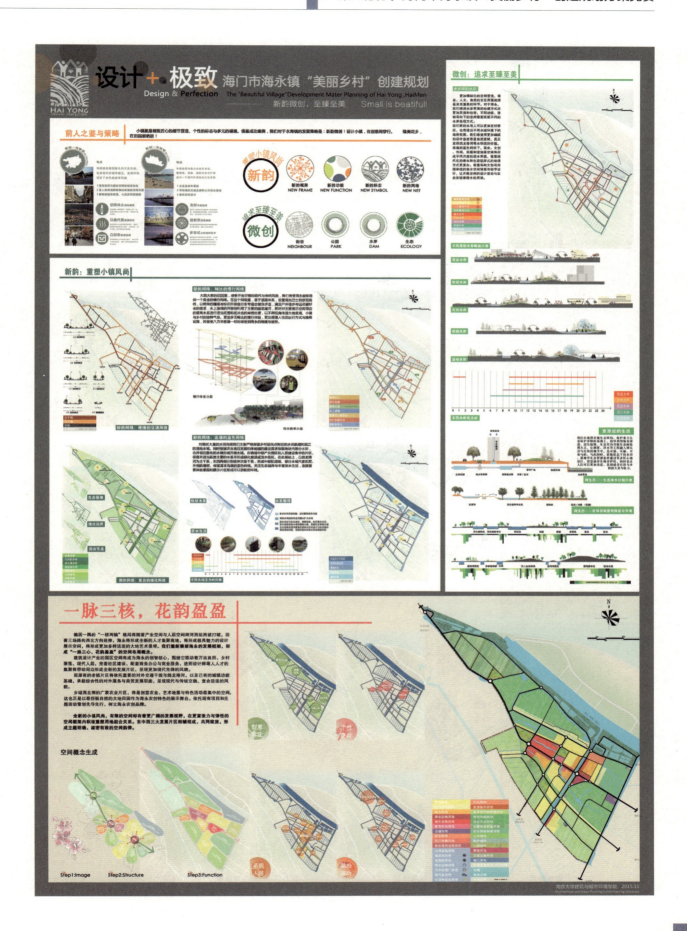

美丽乡村创建
—— 2015 美丽乡村创建论坛报告暨长三角高等院校规划方案竞赛成果集

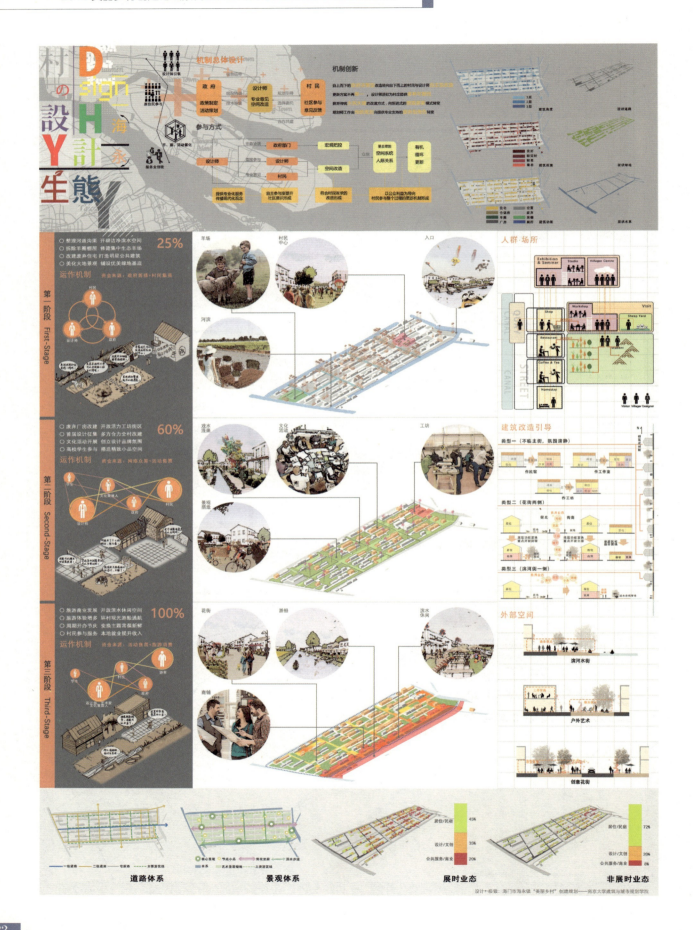

第二部分：海门市海永镇"美丽乡村"创建规划方案竞赛

向华村鸟瞰示意图

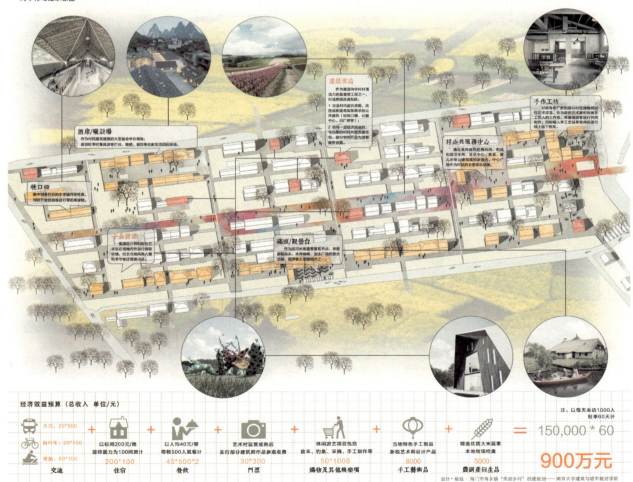

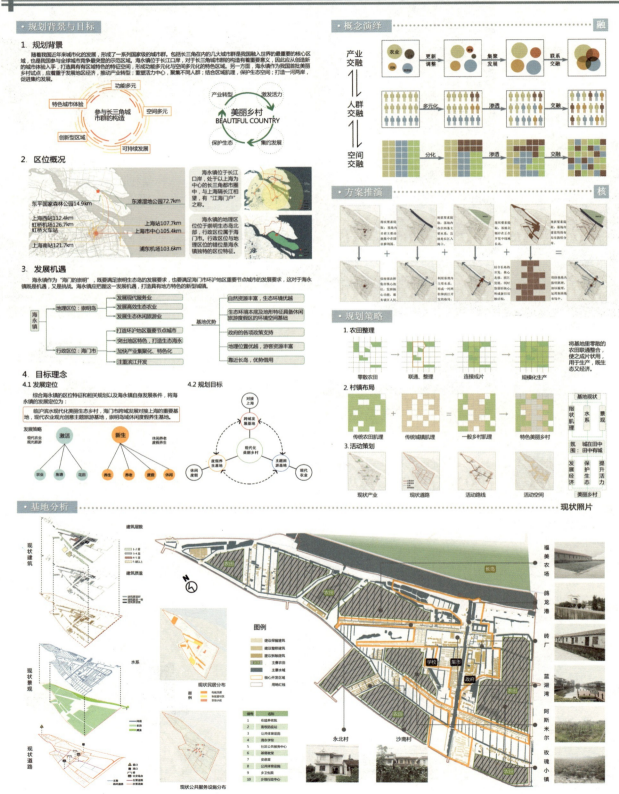

美丽乡村创建
——2015美丽乡村创建论坛报告暨长三角高等院校规划方案竞赛成果集

海门市海永镇"美丽乡村"建设规划

苏州大学　指导老师：冯立 陈培阳　小组成员：张婷 卓玛琪 瞿颖 张云飞 李向宇 曹宇佳 袁潇奕 雷悦 冯雪 曹鹏豪

融·核
FUSE AND CONCENTRATE

详细规划平面图

滨江公园 / 创客空间 / 居民公园 / 居民集市 / 民居改造 / 一河两街

- 产业发展模式
- 产业规划布局
- 产业发展定位
- 产业经济循环模式
- 产业发展策略
- 农产品产业链
- 农业衍生产业时序图

第二部分：海门市海永镇"美丽乡村"创建规划方案竞赛

海门市海永镇"美丽乡村"建设规划

苏州大学　指导老师：冯立　陈培阳　小组成员：张婷　卓玥琪　瞿颖　张云飞　李向宇　曹宇佳　袁潇奕　雷悦　冯雪　曹鹏豪

融·核
FUSE AND CONCENTRATE

• 开发时序分析

一期开发　二期开发　三期开发　四期开发　保留农田

一期：开发精致农产观光项目，完成居民区项目建设。　二期：一河两街滨水休闲街建设。　三期：滨江岸线建设。　四期：开发农家乐和民宿旅游产业。

• 生态旅游

乐龄度假游　婚庆三日游　骑行一日游　周末自驾游

生态旅游内涵：
以有特色的生态环境为主要景观的、以可持续发展为理念、以保护生态环境为前提、以统筹人与自然和谐发展为准则，依托良好的自然生态环境和独特的人文生态系统，采取生态友好方式，开展的生态体验、生态教育、生态认知并获得心身愉悦的旅游方式。

• 生态分析

生态河道
利用自然高差，在不同的高度上种植一些植物，经过滨江绿化滞后，使流入长江的水得到层层的生态净化，植物可种植一些乡土植物，便于村庄景观的管理。

生态护坡

生态民居
乡镇生态服务功能提升

民居生态技术路线
收集雨水　清洁水
家庭用水
中水利用
冲洗绿化
制作沼气

• 建筑单体分析

现状民居建造组合形态自由，整体村庄风貌需要提升整治。先规划提取民居院落组成元素，总结提炼经典院落形态，对需要整改和新建的民居建筑提供借鉴与参考。

提取院落元素　总结经典院落形态　参考与借鉴

附建在住屋后方　自留地　院子　主屋

两栋附建在主物前方　自留地　主屋　院子

附建在主屋前方　自留地　主屋　院子

附建在主物后面　自留地　主屋　院子

美丽乡村创建
——2015美丽乡村创建论坛报告暨长三角高等院校规划方案竞赛成果集

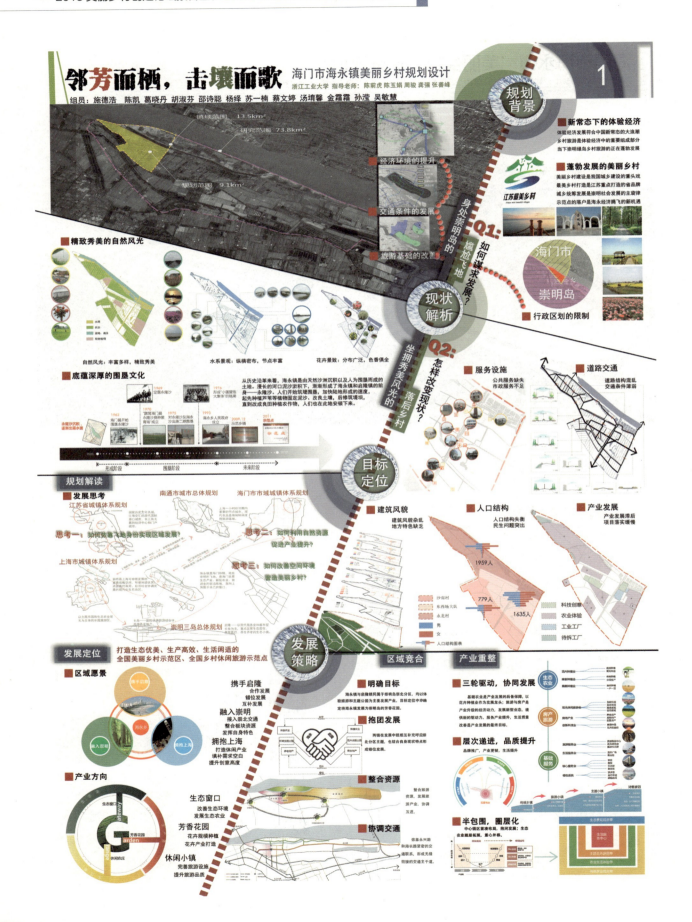

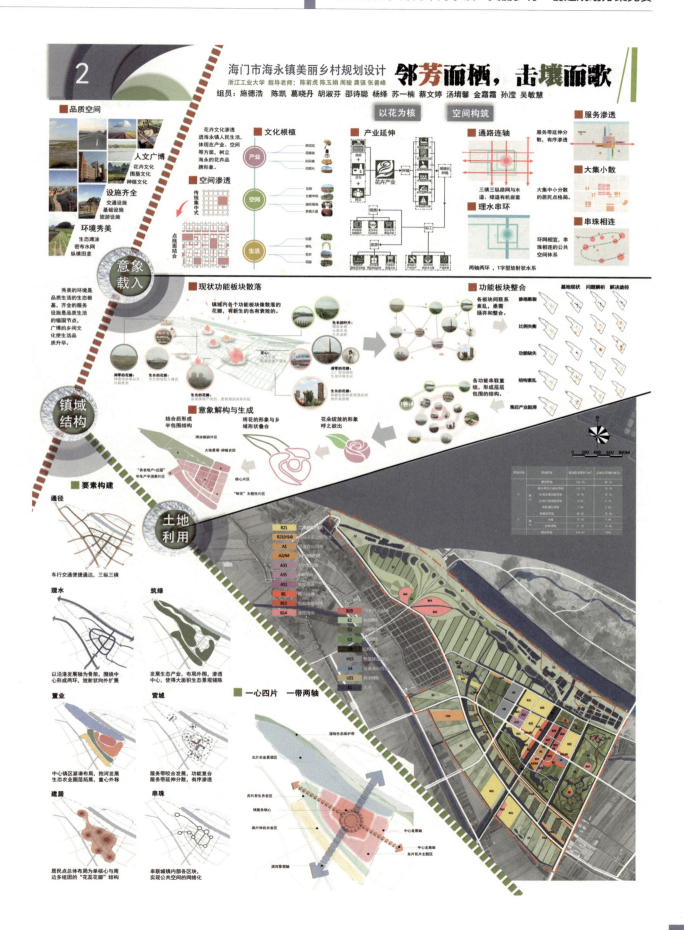

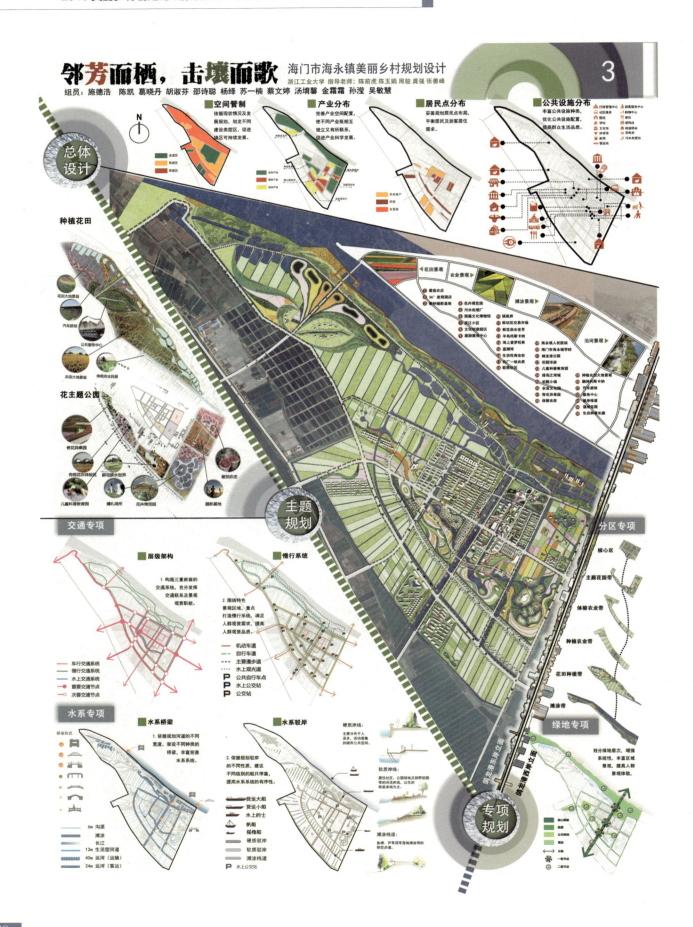

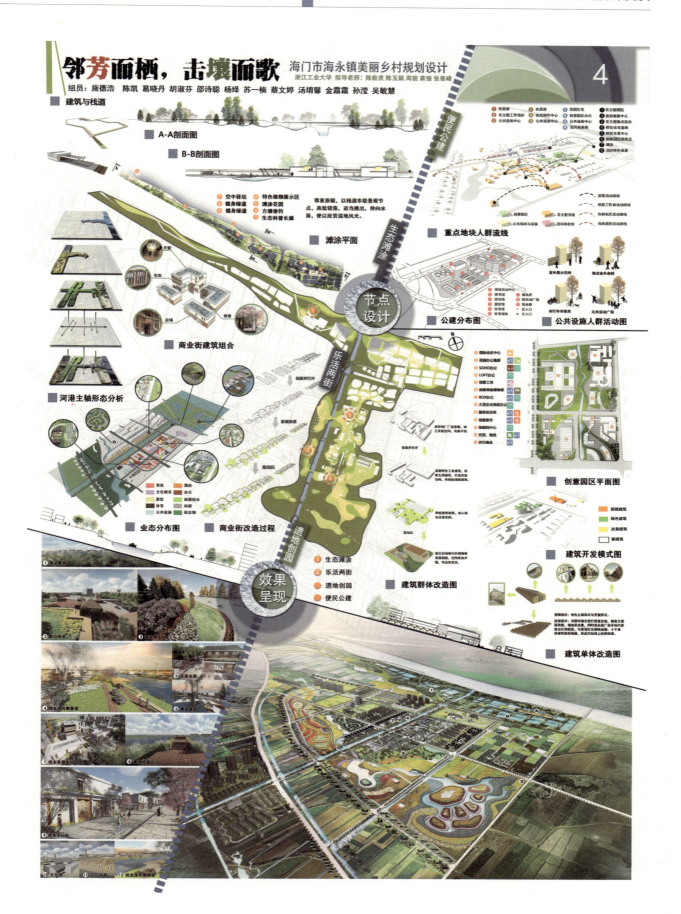

美丽乡村创建
——2015美丽乡村创建论坛报告暨长三角高等院校规划方案竞赛成果集

江苏省海门市海永乡发展规划 海永印象

中央美术学院 指导教师：虞大鹏 小组成员：张凝瑞 毛甜甜 马鑫 王文瀚 高鹏 汤铠纶

牵手看风景

牵手的地方 就是海永

粉鲸鱼和蓝鲸鱼无忧无虑的生活在广袤的大海中

"蓝鲸鱼，我们去远 游吧！"
"好啊，我陪你"

粉鲸鱼和蓝鲸鱼踏上了旅程，一路上，水中的风景悄悄地改变着

"看看不一样的风景，真开心" 粉鲸鱼开心的说
"你开心就好"

"可能我们到了入海口了" 这个时候，一股激流出现在了他们的面前

风景虽好，可是蓝鲸鱼一不小心陷入了淤泥中
粉鲸鱼回过神来，想要拉起蓝鲸鱼，可是越陷越深

"你继续旅行吧，可能我不能陪你了"
"不，有你的风景才好看"

就这样，粉鲸鱼每天陪着蓝鲸鱼，每天去抓新鲜的鱼给蓝鲸鱼吃

时间一天天过去，粉鲸鱼和蓝鲸鱼永远的留在了这里，留在了入海口，他们的手还紧紧的牵在一起

"有你的风景才好看"
"我陪着你"
牵手在海永……

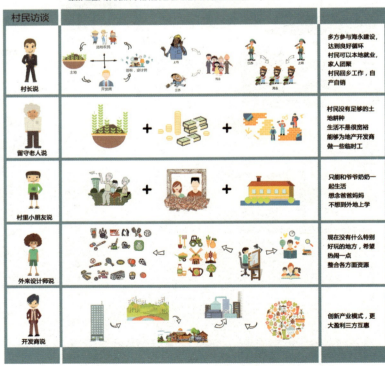

第二部分：海门市海永镇"美丽乡村"创建规划方案竞赛

江苏省海门市海永乡发展规划 海永印象

中央美术学院 指导教师：虞大鹏 小组成员：张凝瑞 毛甜甜 马鑫 王文瀚 高鹏 汤铠纶

基本情况

海永乡村民分布

全乡下辖1个大队和2个行政村，分别是东西场大队、永北村、沙南村。2013年各村常住人口中，规模最大的是永北村为2090人，其次是沙南村、东西场大队，分别为1682人和826人。

海永乡人口比重

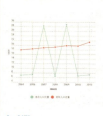

5470
2013年末，乡域总人口为5470人，比上年增加164人，本年度出生人口为7544人，人口平均增长率为11.71‰。

396
非农业人口为396人，占常住人口7.23%，与常住人口基本相近，平均增长率为14.46‰，略高于常住人口增长率。

1170
60岁以上老人为1170人，占常住人口21.39%，老年人口比重呈不断上升的趋势。

2004~2013年，海永乡常住人口增长较缓慢，人口平均增长率11.71‰。非农业人口增长情况与常住人口基本相近，2004~2013年间共增加非农人口48人，平均增长率为14.46‰，略高于常住人口增长率。乡域非农业人口占常住人口的比重基本保持在7%左右，没有产生较大的波动。与此同时老年人比重在持续增加。

海永乡人口流动情况

从乡域人口流动来看，迁入人口略高于迁出人口，人口的省外流动略高于省内流动，即省际间的人口流动现象比省内间的流动现象更显著。流动人口数量整体上呈上下波动状发展。

海永乡人口增长情况

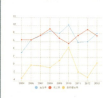

2004~2013年，海永乡域人口机械增长率波动较大。其中2004~2009年间波动较大，2010年人口机械增长到达波峰9.61‰，2013年下降到6.03‰。对比近年来人口的自然增长可以看出，机械增长是海永乡人口增长的主要原因

海永乡居民建设用地比重

从各村的空间分布情况来看，位于北部永北村的用地规模相对较大，城乡居民点建设用地65.79公顷；沙南村城乡居民点建设用地61.45公顷；东西场大队城乡居民点建设用地50.40公顷。

海永乡经济收入

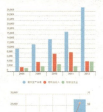

2012年，海永乡实现国内生产总值27695万元，比上年增长60.91%，人均GDP达到52196元，比上年增长60.19%。财政总收入4446万元，其中公共财政预算收入3069万元，减少4.27%；财政总支出4316万元，增长88.31%。全社会固定资产投资完成17300万元，比上年增长76.08%。农民人均纯收入14668元，比上年增长19.45%。

海永乡产业分布

2008-2012年间，第一产业占比处于10%的稳定状态；第二产业占比在前4年缓慢上升，在2012年急速下降；第三产业占比所占GDP比重从25.2%快速提升至71.6%。总体来说，产业结构在前4年处于二、三、一的稳定状态，2012年产生较大变动。

2012年，海永乡实现第一产业总产值3495万元、增加值2184万元，比上年分别增长10.95%、17.04%；其中种植业产值2419万元，增加值1516万元，比上年分别增长45.36%、53.91%。农作物以油菜、玉米、棉花、蚕豌豆、小麦、大豆为主，林果业主要以甘蔗、西瓜和甜瓜为主。常用耕地面积425公顷，农作物总播种面积750公顷，其中粮食播种面积284公顷。粮食总产量1536吨，比上年减少4.83%；棉花总产量131吨，比上年减少9.66%，蔬菜总产量1201吨。

海永乡区位分析

海永乡，属江苏省海门市管辖，位于我国第三大岛——崇明岛北部，南部与西部与上海市崇明县接壤，北依"黄金水道"——长江。

海永乡功能分布

水域
居住用地
旅游园区
商业金融用地
工业用地
湿地
乡政府驻地
旱地
水浇地

区位优势分析

周边高校分布

上海财经大学 上海体育学院
复旦大学
上海外国语大学 同济大学
上海外国语大学

海永乡毗邻上海、江苏两大经济发达地区，这里拥有许多国际、国内名校，无论是学校的教授还是在校学生，都需要很大的空间进行科研实践活动。而现在的大城市中由于紧张的用地和过高的地租使得许多的学校项目不能实现，得到发展。海永乡地广人稀，交通方便，可以在现有的文化创意产业的基础上，发展为东南地区高校学生活动创新的孵化器。

可以在现有的新兴农业体验园区，文化创意园区的基础上，为如同济大学建造节、中央美术学院大地艺术实践、建筑专业学生小型搭建构造实践、农业专业学生培育品种等需要场地和大空间的活动提供场地。使其成为海永旅游文化体验的新风景。

周边文化创意产品设计

海永旅游文化纪念品

海永APP 微信鲸鱼表情包 海永鲸鱼儿童读本 海永旅行纪念明信片

海永鲸鱼包装盒 海永旅行纪念文化衫

美丽乡村创建
—— 2015美丽乡村创建论坛报告暨长三角高等院校规划方案竞赛成果集

江苏省海门市海永乡发展规划
区域规划 建筑节点

中央美术学院　指导教师：虞大鹏　小组成员：张凝瑞 毛甜甜 马鑫 王文瀚 高鹏 汤铠纶

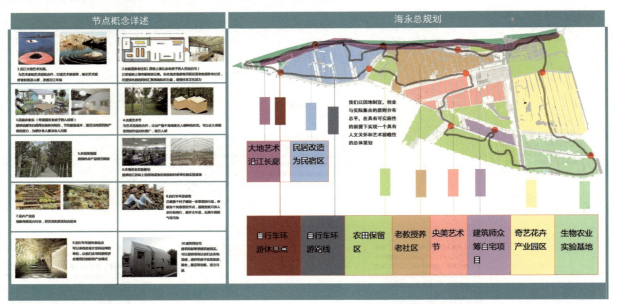

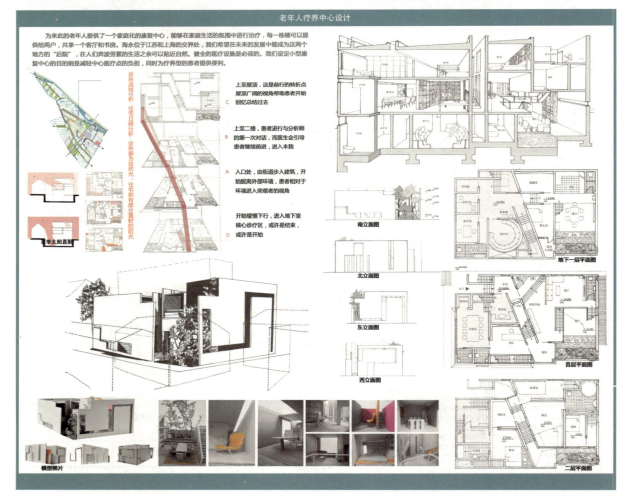

134

第二部分：海门市海永镇"美丽乡村"创建规划方案竞赛

江苏省海门市海永乡发展规划 建筑节点

中央美术学院 指导教师：虞大鹏 小组成员：张凝璃 毛甜甜 马鑫 王文瀚 高鹏 汤铠纶

牵手看风景

田野之养

养心·养身·养胃

江苏省海门市海永镇乡村规划设计

指导老师：张尚武 栾峰 杨辰
同济大学 居一帆 仔磊 彭艺 彭宇博 周嶶赳

乡村简介

海永镇，属江苏省海门市管辖，位于我国第三大岛——崇明岛。

海门市海永镇位于崇明岛的西北方位，是江苏省位于崇明岛上的两个飞地镇之一。海永镇在2015年9月撤乡建镇，占地面积13.9平方公里（包括北部新村沙围垦出的3.2平方公里），南部和西部与上海崇明连在一起，北依长江，东与江苏省启东市启隆镇相连，下辖2个行政村和1个农场大队，人口5000多人。

随着沪陕苏桥隧和崇启大桥的建成通车，海永镇距离上海市中心仅60公里，距南通机场80公里。根据规划，还将开通5条过江通道陆续建设中（崇海大桥、上海东长江隧道、ST西越江隧道、轨道19和9号线）。

海永镇逐步明确了坚持生态发展的道路，全力推进"休闲旅游景区、科技创意园区、生态宜居社区"三区同建，重点打造休闲旅游业、现代农业、创新创意产业、养生养老产业四大产业。

区位介绍

海永乡位于江苏省南通市海门市，地处崇明岛西北端，上海市与海门市交界处。从海永乡中心镇区出发，半小时交通圈可覆盖启隆乡等周边乡镇，一小时交通圈可覆盖崇明岛大部分区域，二小时交通圈内可到达上海市及南通市中心城区。

海永乡通往外界主要为陆路及水路两种交通方式。陆路方面，可通过启东大桥往启东市，或通过上海长江大桥往上海市。水路方面，海永乡可利用位于乡内的永临汽渡码头通往海门市，或利用崇明岛的南门港、新河、堡镇码头等往上海市。

海永乡与周边乡镇联系较为紧密。可通过永兴路向南接长征公路通往崇明岛，到达东平森林公园、陈桥镇、陈家镇等地。也可通过永兴路向东前往启隆乡。除此之外，乡内通往长岛的道路也将在不远的将来建成通车。

现状分析

水系结构图　道路结构图　居民点分布图　项目分布图　河堤地形图

海永乡境内的水网纵横交错，其整体流向以南北向及西东向为主。新开港河和白港河共同构成了海永乡内部主干道水体。

海永乡道路以北江堤道路、通江三厂及沙长为基本骨架，辅以网状的乡村级道路。大致情况较为良好，一些乡间小路路况较差。

目前海永乡内的各个居民点村庄分布较为零散，且各个居民点规模较小，缺乏公共基础设施。

海永乡未来发展定位为四大产业：休闲旅游、现代农业、科技创意产业、养生养老产业。针对这四大产业，目前已经结束一些项目入驻。

海永乡地势平坦，西北部稍高，西南和东部较低。西北沿河堤处高程较高，一般在6米以上。

问题分析

① 民居　② 民生　③ 民意

养老产业

A 房地产楼盘建设无序，高层破坏农村风貌
B 第三产业发展不均衡
C 房屋空置入住率低

定位为以长期疗养为目的的健康社区，以草本疗养为主题，利用已有的建成房屋和小区优势，改变经营种类和模式。

创意产业

A 与本地元素脱节
B 知名度很低，公司入驻意愿不高
C 与村民生活脱节，参与度不高

将设计创意行业转变为结合当地资源特色的文化创意，如民俗街、美食文化、大棚电影院等农田+时尚娱乐的组合，将更多本地元素和时尚活动融合。

旅游产业

A 缺乏特色，与周边雷同
B 名声不够，人气很低，对其他产业带动力弱
C 交通不便，配套不齐

发展特色稀缺旅游项目，鼓励自驾、房车等现代旅游方式，结合房车营地和极限运动。

农业产业

A 品种单一，形成的景观也较单一
B 产量较少，农民收益较低
C 土地流转失去耕地

发展衍生农产品，增加附加值，如农产品美食制作和农田劳作体验。

产业转型

养老产业
- 新元素：健康
- 本地资源：种植田、农田、养老房产
- 投资方：医疗、美容、中药养生相关领域企业入驻
- 政策：完善配套医疗设施、改变现状房地产经营模式
→ 草本疗养产业

创意产业
- 新元素：美食
- 本地资源：农产品、手工制品、特色建筑
- 投资方：餐饮类、创意设计类、文教类、娱乐类相关领域企业入驻
- 政策：场地建设、村民民居改造、村民自营项目补贴、举办活动、餐饮服务业村民入股
→ 美食疗养产业

旅游产业
- 新元素：运动
- 本地资源：地形地貌、农村风貌
- 投资方：运动类、餐饮类、文教类、酒店类相关领域企业入驻
- 政策：基础设施配建、运动场地建设、道路修整改造、村民民居改造、举办活动、村民合作项目
→ 运动疗养产业

草木养心　花果养胃　养老　创意　农业　旅游　泥土养身

当地资源

香花香草种植田　农田　养老房产

● 草本疗养资源
● 美食疗养资源
● 运动疗养资源

长江水产　老旧厂房　有机蔬菜　花卉

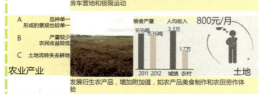

地形地貌　农村风貌

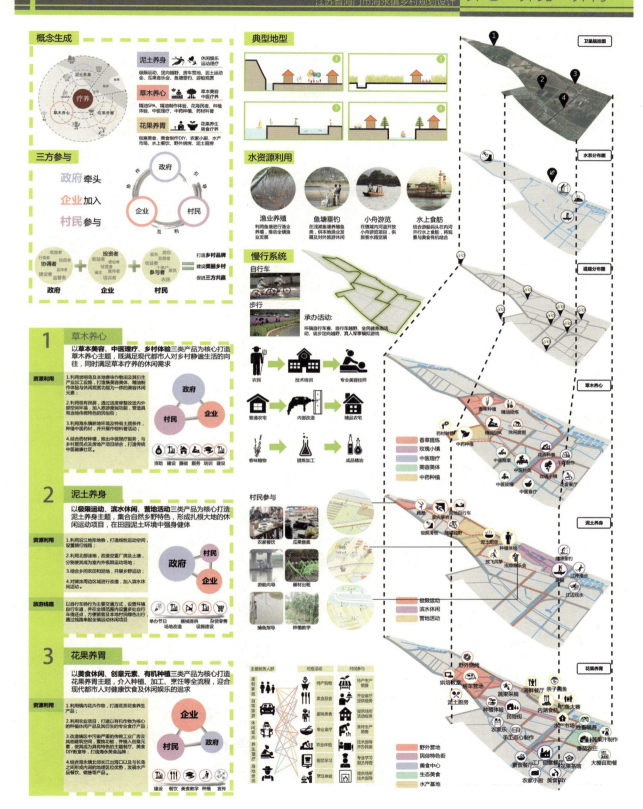

美丽乡村创建
——2015美丽乡村创建论坛报告暨长三角高等院校规划方案竞赛成果集

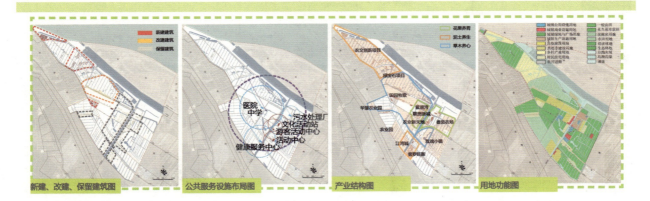

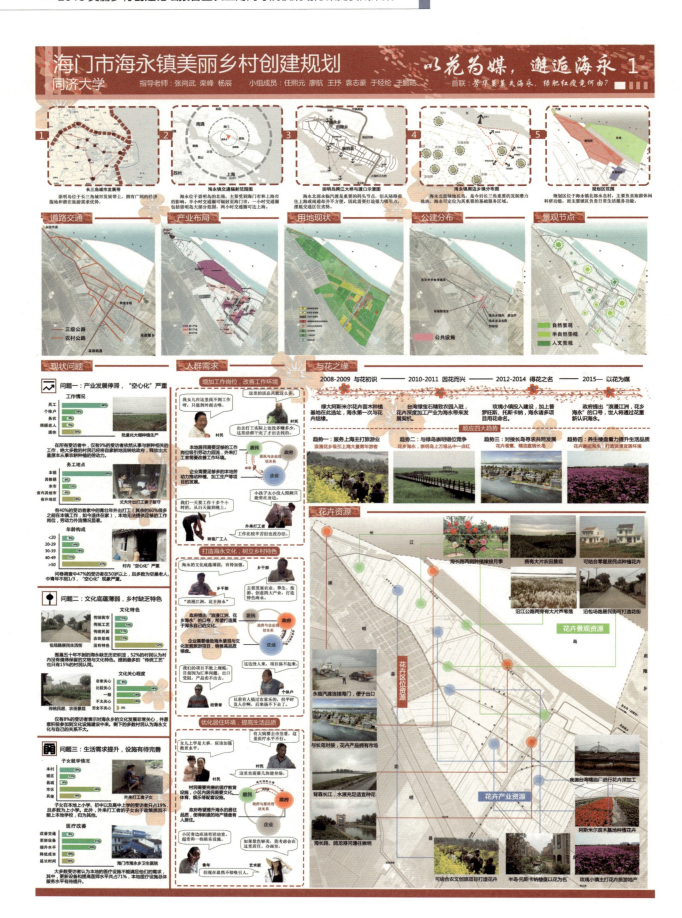

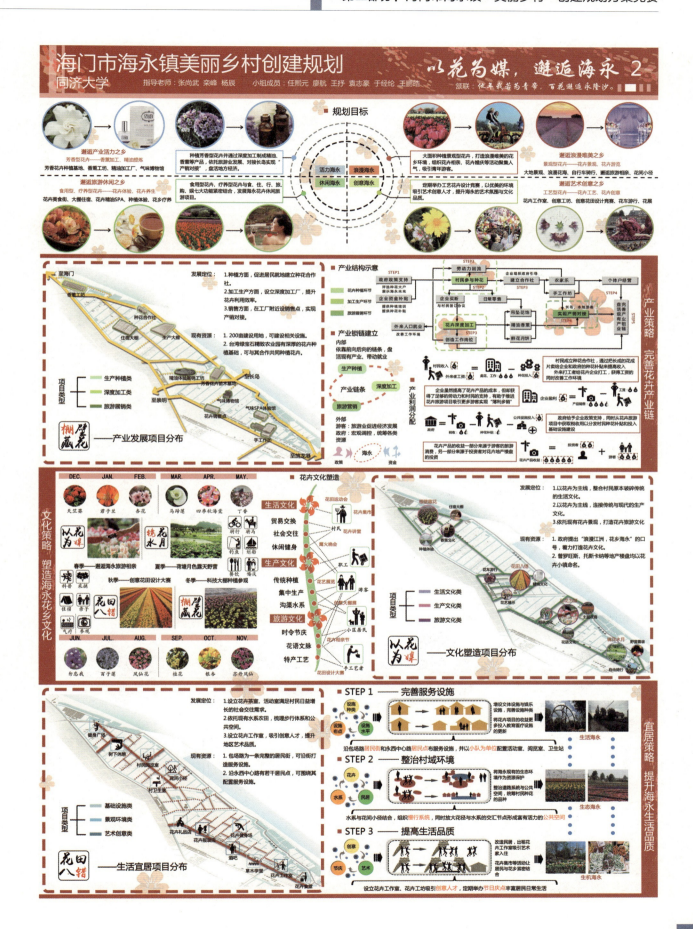

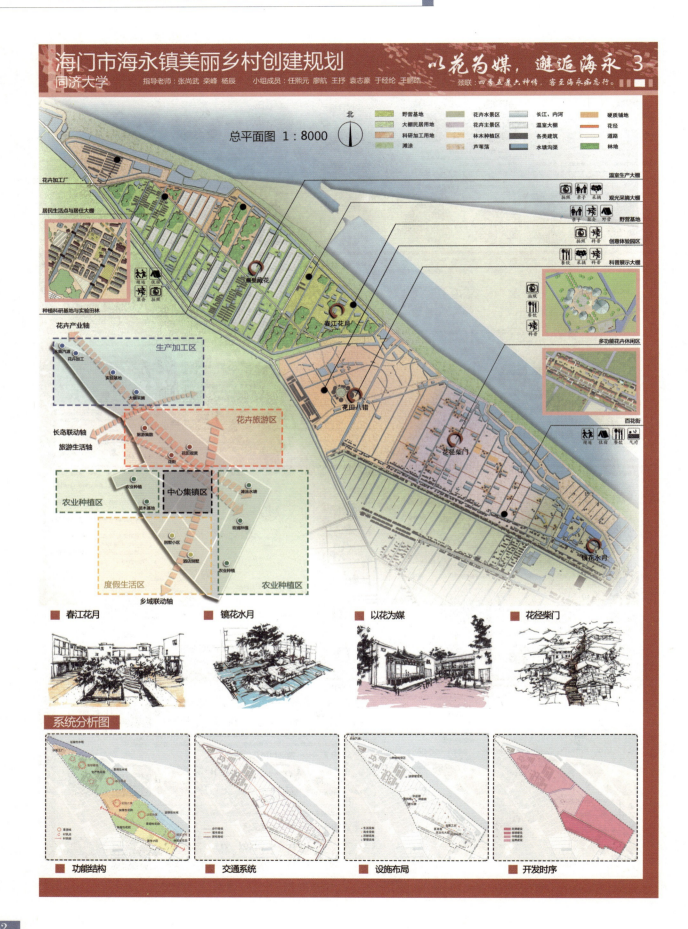

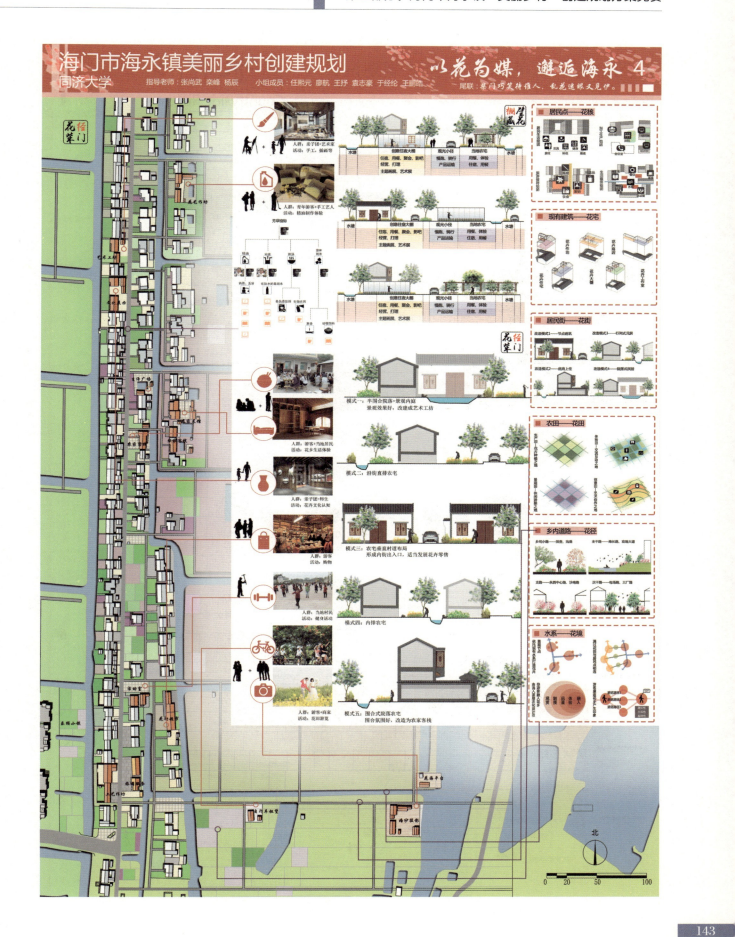

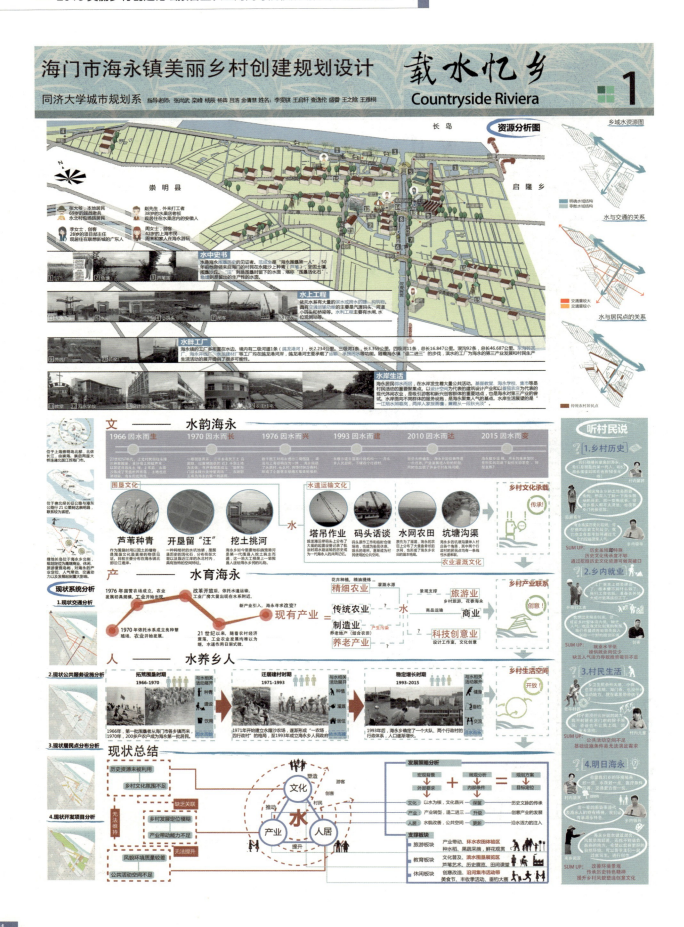

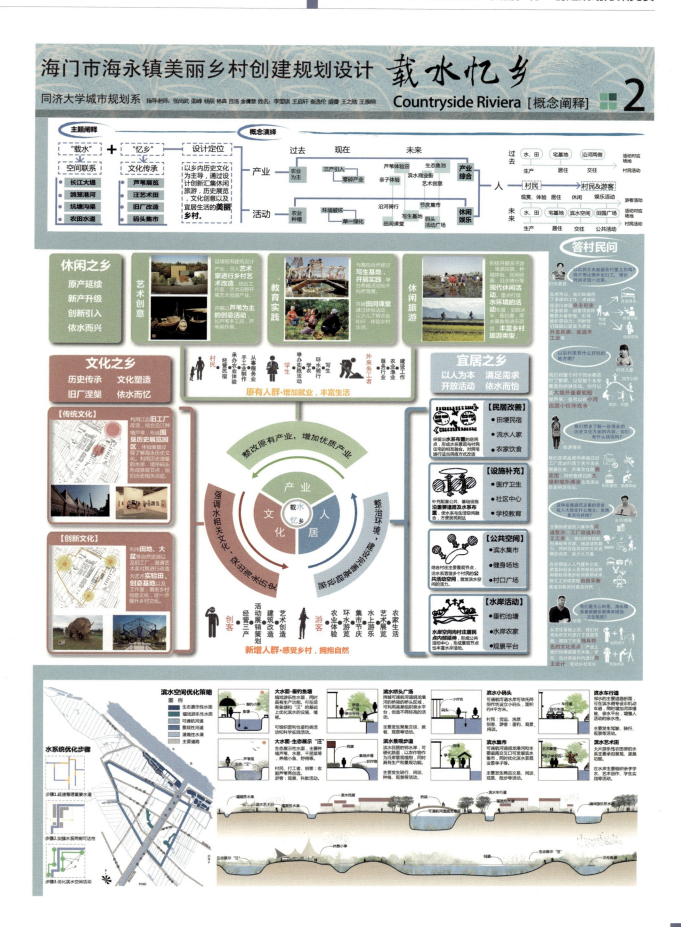

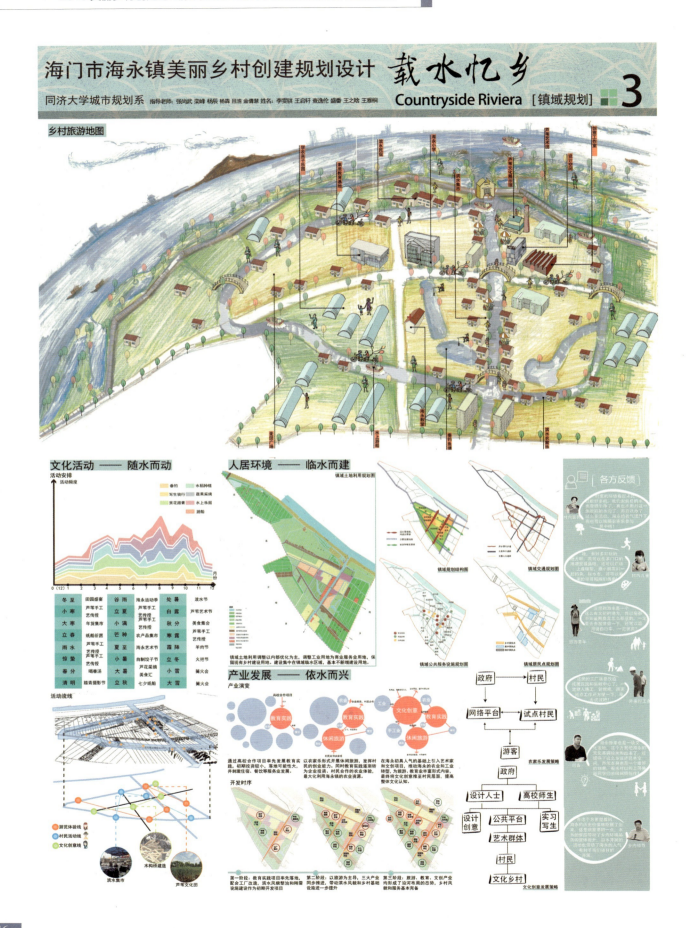

第二部分：海门市海永镇"美丽乡村"创建规划方案竞赛

海门市海永镇美丽乡村创建规划设计　载水忆乡

同济大学城市规划系　指导老师：张尚武 栾峰 杨辰 杨犇 吕浩 金倩慧　姓名：李雯琪 王启轩 查逸伦 盛潘 王之璐 王雅桐

Countryside Riviera [详细规划] 4

重点区域改造 | **详细节点设计**

A 水岸田居

B 旧厂新生

C 旅创新洲

比例尺 1:2500

147

美丽乡村创建
—— 2015美丽乡村创建论坛报告暨
长三角高等院校规划方案竞赛成果集

美丽乡村创建
——2015美丽乡村创建论坛报告暨长三角高等院校规划方案竞赛成果集

第三部分：
海门市海永镇调研报告

海永镇简介 // 150
励行崇明——花香海永学术考察 // 151
海永镇永北村调研报告 // 152
海永镇沙南村调研报告 // 168
海永镇东西场大队调研报告 // 190

海永镇简介

崇明岛是我国第三大岛，素有"江海门户东海瀛洲"的美名。岛上生态资源丰富，自然环境优美，是联合国环境规划署确立的绿色经济发展典范。

海永镇就是位于崇明岛西北部的一个美丽乡镇，享有着大自然恩赐的环境优势。水路交织，土壤肥沃，植被丰富，气候怡人。移民文化、围垦文化在这里扎根。第一代海永人从长江北岸移民至此，开荡造田，弄潮搏浪，建成海永良种农场，发展至今。

海永镇隶属于江苏省海门市，东至江苏省启东市启隆镇，南至上海市崇明区长征农场，西至崇明区新村乡，北依长江，总规划面积13.9平方公里，区域内户籍居民5400余人。

"浪漫江洲·花香海永"，这是海永镇着力打造"花香文化"的生动实践，将水的灵动与花的秀美相结合。走进海永，就是亲近自然、邂逅浪漫。以纵贯崇明岛境内的鸽龙港河为中轴，两侧布满玫瑰花的三厂路为腰带，花与水相得益彰。在绿大阿斯米尔花卉苗木及绿宝石精致农业园感受现代农业与科技的完美结合；在新村沙和沿江滩涂领略得天独厚的江海风情；在养生度假酒店、佛教文化园、养生养老产业园体验原生态养生养老模式；在美丽中国·空间（建设）设计产业园及SS1538触碰智慧创意生活。

建设中的国家"美丽乡村"示范区——海永镇，围绕休闲旅游、创新创意、生态农业、养生养老四大产业，正逐步发展为特色产业突出、生活环境宜居的具有独特发展模式的特色乡镇。

未来，海永镇周边交通日渐发达，3桥、2隧、2轻轨均已被纳入国家公路交通网和上海市轨道交通网规划。发展中的海永镇，将会以欧式新农村的旖旎身姿置身于崇明岛内，成为最具人气、最具潜质的浪漫之地。蓝图已经绘就，海永的未来正慢慢走来！

注：3桥：上海长江大桥、崇启大桥、崇海大桥；2隧：上海东长江隧道、ST西越江隧道；2轻轨：轨道1号、19号线。

海永风貌

励行崇明——花香海永学术考察

11月14号上午9点,"美丽乡村"创建论坛的学术考察活动拉开了帷幕。参加论坛的部分嘉宾和同济大学经济与管理学院EMBA中心学员一行31人,在同济大厦门前集结,共同搭乘大巴前往崇明岛上的海永镇,主要参观了海永镇绿大阿斯米尔苗木基地、永泰红礴乐颐小镇、福美农场和位于长岛上的绿地大型房产项目。

在海永镇绿大阿斯米尔苗木基地,总经理秦小明先生详细介绍了基地内的苗木种植状况,并对今后的花卉苗木产业发展前景和规划做了介绍。

在永泰红礴乐颐小镇项目上,大家对医养结合的养老地产表现出了极大兴趣,考察团的成员还兴致勃勃地在有机菜园大棚内购买了刚刚采摘的果蔬。

图1 参观绿大阿斯米尔苗木基地

图2 参观鸿泰乐颐小镇

在福美农场的温室大棚里,参观团成员饶有兴趣地观察了大棚网架和种植的各种香草,项目负责人介绍了农场的发展理念及规划,并对大家非常感兴趣的精油提炼项目进行了较为详细的介绍,宾主双方还共同探讨交流,现场气氛十分活跃。

在14平方公里的超级大盘绿地长岛,置业顾问详细介绍了这个海岛大盘的开发理念,并带领考察团成员参观了长岛内部的跑马场等已经建成的项目,展现了立足国际水准、塑造大上海地区标志性宜居休闲岛的风范。考察团成员为这一项目的发展规模和发展目标所震撼。

图3 参观福美农场

图4 参观绿地长岛

一天的考察活动虽然匆匆结束,但是考察团已经初步了解了海永镇的基本概况和美好印象,并对海永镇的未来发展表达了衷心祝愿。海永镇美丽乡村创建过程中的积极探索和所面临的问题,也引起了考察团成员的深入思考。

海永镇永北村调研报告

调研本科生：任熙元、廖航、王抒
袁志豪、于经伦、王鹏浩
指导教师：栾峰、杨辰
研究生：杨犇、金倩慧、吕浩
调研时间：2015年8月

目录

1 基本概况 153
  1.1 区位概况 153
  1.2 道路交通 153
  1.3 历史沿革 154
  1.4 人口及流动 154
  1.5 资源现状 154

2 经济产业 154
  2.1 第一产业现状 154
  2.2 第二产业现状 155
  2.3 第三产业现状 155
  2.4 土地流转与村集体收入 155
  2.5 重要项目发展情况 156

3 人居环境 157
  3.1 自然环境 157
  3.2 村庄形态格局 157
  3.3 风貌特色 158
  3.4 特色空间 158

4 村庄建设 159
  4.1 土地利用 159
  4.2 村庄居民点分布 159
  4.3 基础设施 160
  4.4 公共服务设施 161

5 农民认知及意愿 162
  5.1 住房情况 162
  5.2 设施及人居环境 162
  5.3 产业发展 163
  5.4 城乡迁移 163
  5.5 生活愿景 163

6 问题总结 163

7 调研认识 164
  7.1 区位概况 164
  7.2 发展定位 165
  7.3 改进策略 166
  7.4 远期愿景 167

1 基本概况

1.1 区位概况

永北村位于海永乡北部,背靠长江,南与崇明接壤,西至永临汽渡(图1-1)。

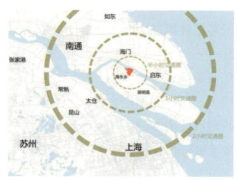

图1-1 永北村区位图

1.2 道路交通

永北村对外交通主要是连接着长征公路的海长路(长海公路),长度为2.7公里,分别通向崇明县和启隆镇。

永北村去往海门市主要靠镇域西侧的永临汽渡,每天有五班客船去海门,再走沿江公路,全程33.9公里,约1小时18分钟可到达。除永临汽渡,永北村水上对外交通还有鸽笼港北部的兴隆沙码头;永北村到崇明县走长征公路和港东公路21.9公里,约39分钟可到达;永北村到上海走陈海公路113公里,约1小时58分钟可到达。

客运公交方面,永北村每天有五班来往海门市的公交,到崇明、上海主要通过南隆专线坐到南门汽车站再换乘各路公交。

永北村基本实现了道路硬化,均采用水泥路面,路况良好,初步形成了以乡驻地为中心,以三厂路为主轴、以各乡镇道路为脉络的网络(表1-1、图1-2)。

永北村道路情况统计表　　　　表1-1

公路名称	起止地点	路面宽度(米)	长度(公里)	等级	路面材质
包场路	永北村	4	2.1	农村公路4级	水泥
三厂路	永北村	6	5.07	农村公路3级	水泥
永西路	永北村	4.5	0.46	农村公路4级	水泥
永西中心路	永北村	4.5	1.6	农村公路4级	水泥
平三路	永北村	4.5	1.1	农村公路4级	水泥
海长路	沙南村	6	2.7	农村公路3级	水泥
沿河路	沙南村	4.5	0.55	农村公路4级	水泥
沿江西路	永北村	4.5	4.63	农村公路4级	水泥
白港路	永北村	4.5	0.9	农村公路4级	水泥

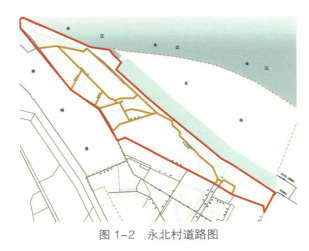

图1-2 永北村道路图

1.3 历史沿革

海永镇原为长江泥沙沉积在江中而形成的荒滩，1969年始围堤垦荒。1970年成立"国营海门县永隆沙良种繁育场"，是县属事业单位。由王浩、包场、东兴、厂洪、常乐等公社拆迁来的200多农户成为永隆沙的第一批居民——永隆沙农场职工。

1975年，海门县组织悦来、四甲、三厂三个区十几个公社的数千民工，以区为单位，分别对永隆沙的南沿、北沿以及西距仅几十米的海永乡沙实施二期围垦，使永隆沙成为崇明岛北沿的一部分。

1976年，海门县四甲、悦来、三厂片多个公社拆迁户在永隆沙定居，使得永隆沙海门部分形成了"小国营（农场）拖大集体（四个行政村）"的格局。

1993年3月，永隆沙建立基层行政机构——海永乡人民政府，与农场实行两块牌子、一套班子，下辖四个行政村。

2001年，四个行政村合并为两个，永北村与永西村合并为现在的永北村。

1.4 人口及流动

根据《海永乡永北村概况（2011）》，永北村户籍人口2101人，876户，下辖21个村民小组，常住人口约400多户，1500人左右。经访谈得知，村内有外来人口约10~20户，主要从事废品收购、建筑行业，但村内的几个农业项目会优先选用本地村民。外地人中又以安徽人居多，十几年前就有安徽人来此打工，一般会抱团结队而来。

1.5 资源现状

永北村的传统经济作物面积1500亩，主要种植油菜、棉花等；四青作物1500多亩（主要为日本大阪豆、小寒王青毛豆）；大棚西瓜160亩。

行政村面积360公顷。其中居民点用地7.7公顷，约占总用地的2.1%；耕地面积2551亩，约占总用地的47.2%，全部为旱地。

永北村的旅游资源包括自然风光、鸽龙港河、绿宝石农业园以及特色家畜禽和特色农作物种植，此外还有以人文活动为内涵的民间演艺、饮食风俗、农贸活动等。

2 经济产业

2.1 第一产业现状

2014年底，永北村耕地面积为2551亩，总收益为3832.03万元，其中传统经济作物面积1500亩，主要种植油菜、棉花，四青作物（主要为日本大阪豆、小寒王青毛豆）等，以及大棚西瓜160亩。

永北村共有三家落户农业企业，分别是海门市交博蛋鸡养殖有限公司、南通星岛种猪有限公司、江苏福美景点开发有限公司"绿宝石"精致农业园，但南通星岛种猪有限公司目前已停止经营。

2.2 第二产业现状

永北村共有三家落户工业企业，分别是海涛商品混凝土有限公司、海鹏建材有限公司和一家砖厂。

海门市海涛商品混凝土有限公司位于三厂路188号（图2-1），在永北村西北部的永临汽渡东边，经营期限从2014年12月08日至2034年12月07日，生产的水泥、混凝土等主要面向江苏南通，与汽渡口联系密切。

海鹏建材有限公司位于永北村一组东北部（图2-2），靠近鸽笼港北闸，规模较小，设备简陋，经营情况不佳。

还有一家私营砖厂位于鸽笼港北闸东岸（图2-3），生产青砖及红砖，主要供周边居民以及房地产开发商。近期由于长岛开发以及海永周边的发展，砖厂目前的经营情况较好，规模较大，但相应的也产生了一定的环境污染，村民在访谈中也对污水排放表示了不满。

图2-1 海门市海涛商品混凝土有限公司

图2-2 海鹏建材有限公司

图2-3 永北村砖厂

2.3 第三产业现状

永北村仅有一所小卖部，无其他零售商店或市场，也没有任何住宿餐饮、农家乐以及旅游服务配套设施。农贸市场、超市等主要商业配套依托海永镇驻地。

正在建设中的绿地长岛项目为包括永北村在内的周边区域提供了大量就业岗位，包括保安、建筑工人、接待、旅游车等，吸引了在本村的户籍人口和外来人口前往就业，对本村经济也形成很大影响。

2.4 土地流转与村集体收入

2011年永北村农村经济总收入为2530.47万元，农民人均收入1.238万元，截至2011年年底村集体净资产为400715.56元。2013年永北村集体总资产达119.20万元，农村经济总收入为3332.2万元，实现村营收入83.81万元，农民人均收入1.75万元，相比2011年增长了约40%。

2011年，永北村开始通过租赁方式将500亩农户承包地出租给台湾中兴集团，租期16年，2011年至2012年（差价100元/亩）每年为村集体增加收入50000元；集体部分（水面、道路）120亩，每年为村集体增加收入108000元。2013年至2015年（差价400元/亩）每年为村集体增加收入

200000元;集体部分(水面、道路)120亩,每年为村集体增加收入144000元。

永北十一组农户委托经营承包耕地100亩租赁给江苏林荫园林工程有限公司,每年给村集体带来10000元的收入。

星岛种猪场和交博鸡场这两个农业企业租赁农户委托流转土地168.5亩,每年给村集体带来16850元的收入。

永北村现有交镇代管款资金150万,出借给海门市城市建设投资有限公司,年利率15%,可以每年增加利息收入22.5万元,给集体经济增加砝码。

2.5 重要项目发展情况

2.5.1 房地产

2013年永北村房地产项目一览表　　　表2-1

序号	项目名称	投资主体	占地面积
1	国农·蓝湖湾	江苏国农置业有限公司	220亩
2	鸿泰·乐颐小镇	永泰红磡养老产业投资集团	105亩

国农·蓝湖湾项目总用地面积211亩,容积率1.2,包括小高层和别墅两种形式住宅。其中小高层户型销售良好,来自上海的客户所占比重最大,价格5500~6000元/平方米,小户型与大户型房源比例为7∶3,主要面向白领等客户群体;别墅销售量较低,总面积分180、220、260、276平方米4类。2012年投入1.3亿元,启动三期5万平方米房产开发。

鸿泰·乐颐小镇属于生态型健康养老社区,目前一期三幢高层公寓楼以及与政府合作的社区医院正在建设中,私家农庄也已部分建成(图2-4)。

2.5.2 农业园

绿宝石精致农业园项目由我国台湾中兴电工投资建设,公司成立于2011年4月,总投资一亿美元,注册资金1000万美元,占地面积2150亩。

作为海永旅游景点之一,绿宝石精致农业园以香草植物的种植为主,与上海交大芳香植物中心、新疆解忧公主项目等合作,引进台湾水蒸馏提取设备以及二氧化碳超临界设备提炼精油,目标定位为国内顶级精油提炼、展示、交易、认证平台和体验度假区。

园区引进我国台湾精致农业技术和管理经验,在大规模发展有机生态农业产品的同时,复合发展生态休闲旅游业。项目整体规划、分步实施,预计使用农业用地3000亩,目前已交付使用1700亩。

经过近三年的摸索调整,园区内种植了玫

图2-4　永北村房地产项目落点图

图 2-5　香花香草栽培区

瑰、薰衣草等近1000亩的芳香植物（图2-5），并引进30余种薄荷，计划打造华东地区最大的薄荷园，着力于高质量、高单价的精油加工技术的开发以及精油产品生产的有机认证工作。

农业方面，园区率先引进鸟巢大棚，已完成2个有机农产品的认证，试栽种我国台湾引进的火龙果、香蕉等热带水果。目前，园区景观已初步成形。

2.5.3　产业园

SS1538农文旅创基地位于我国台湾中兴绿宝石精致农业园项目的西北方，是海永以新型农乡生活为主题的体验经济新亮点，希望展现海永的"文创软实力"。该文创园获得了我国台湾云林科技大学的农业文创设计与大陆华中农业大学的农业研究科技的支持。该园占地1538亩，为农业用地，于2015年开始建设。

3　人居环境

3.1　自然环境

永北村背靠长江，气候温和湿润，雨水充沛，有大面积的种植农田与滩涂地区，耕地广袤、水渠池塘众多、水系发达，自然环境品质良好。鸽笼港东侧砖厂附近水质和空气质量较差。

永北村地形较高，地势平坦，土质属于游泥质亚砂土和亚黏土，地表土受降雨影响，容易被雨水冲刷导致水土流失。村内没有完善的排水管网系统，仅有多条地表沟渠供地面直排，防汛防暴雨的设施缺乏。

3.2　村庄形态格局

永北村居民点主要分两部分：一部分位于海永乡西北角，绝大部分的居民都已迁离；另一部分位于包场路两侧，沿村道线性分布（图3-1）。

西北部居民点原本有许多户人家，这些村民的房子多沿永西中心路及其多条支路分布，共有四个街区，房子多为南北朝向。但由于这里的土地流转给了我国台湾企业建造SS1538农文旅创基地，因此大多数居民已被政府迁走，只剩下极少数村民拒绝拆迁。目前该居民点只剩下约二十户人家，房子散落分布，村庄聚合感较低，没有一定的集体意识和公共空间，村民间邻里联系较弱，公共设施缺乏（图3-2）。

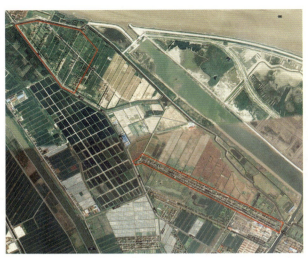

图 3-1 永北村村庄整体形态布局

图 3-2 西北部居民聚集点局部——永北村

位于包场路两侧呈线性分布的居民点的聚落感则相对较强，民居多为南北朝向，日照充足。房子面朝村道开放，多数村民住宅前有小面积空地，用于种植蔬菜瓜果以及乘凉聊天，邻里关系较密切，走在村道上有明显的亲切感和归属感（图 3-3）。

3.3 风貌特色

永北村是典型的传统村落风貌，大面积的露天农田作物按沟渠的划分呈条状梯级分布，构成"农田－渠道－住宅－田院－道路"的传统农村布局模式。村庄建筑多为砌砖低层住宅，质量多为二级与三级，没有统一的风貌特色，新老交错，沿街分布（图 3-4）。

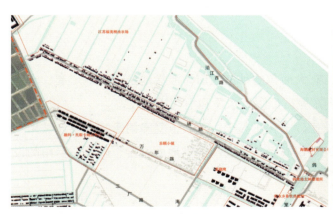

图 3-3 包场路居民聚集点局部——永北村

图 3-4 包场路

3.4 特色空间

村内没有广场用地，包场路以及永西中心路作为开放性最强的带状公共空间，承载着村民间的邻里来往活动，路旁的小菜田和自家宅院为永北村的主要特色空间。此外，东部村口临近鸽笼港水闸，是村民去镇上集市交易以及去水域捕鱼的主要通道，生活气息浓厚。西侧村口有一座小桥连通至场西路，人烟稀少，村民较少经过此处（图 3-5）。

图 3-5　西部村口、路边菜地、东部村口

4　村庄建设

4.1　土地利用

耕地分布相对较多，建设用地不多，城镇化进程缓慢，工业基础落后，经济发展水平较低。

存量建设用地潜力未得到充分挖掘，用地结构不尽合理。建设用地粗放利用比较突出，缺乏产业支撑和人口集聚，扩展的建设用地未能发挥相应效益。建设用地结构不尽合理，工业用地比例偏高、占地多、利用强度不高，道路交通、公共设施、市政设施和绿化用地不足（图 4-1）。

4.2　村庄居民点分布

永北村现有居住用地 7.7 公顷，占城乡居民点建设用地总量的 11.7%。城市居住用地主要分布于已建成的融科·托斯卡纳、联想社区（图 4-2）以及在建的乐颐小镇和蝴蝶湾。村庄居民点居住用地分布于包场路两侧。

现状城市居住用地基本为新建居住小区，整体建设情况及设施配套情况较好；部分居住小区与城乡道路的衔接不畅。居民点村庄的分布过于狭长，缺乏公共设施，在设施配套及集约用地方面存在一定程度的问题；不利于农业机械化和现代化。

图 4-1　永北村用地现状图

图 4-2　联想社区

4.3 基础设施

4.3.1 给水

水源及供水规模：海永镇目前采用2口地下深井供水，自来水厂北临海永田园风光小区，东临鸽龙港河。供水能力为2500t/天。

给水管网布局：永北村现状供水管网以枝状为主，供水干管管径（dn）为90~160mm，供水支管管径（dn）为50~75mm。

存在问题及分析：现状供水规模不能满足未来发展需要，预期需要供水能力5000t/天。

4.3.2 排水

排水体制：海永镇排水体制为不完全分流制，有污水管道系统，没有完整的雨水管渠，污水管道主要布局在镇域南部村庄及建设项目集中区。永北村修建了污水管道，但并未使用，排水仍为雨污合流制，缺少排水设施，主要为自由排放。

污水处理厂：海永镇现建成第一污水处理厂，自2010年12月开始运营。位于海永镇北部，处理工艺为A/O，现状污水日处理能力为500吨，规划日处理能力为1000吨，主要为南部提供服务。

4.3.3 电力

电源：海永东侧启隆镇建有35kV启隆变电站，是永北村的主供电源；还有110kV红星变电站和35kV东风变电站，提供部分电力。启隆站主变容量为$1\times10MVA$，红星站主变容量为$2\times20MVA$，东风站主变容量为$2\times5.6MVA$。

电网：海永镇内有5条10kV线路供电，分别为海永甲线、海永乙线、红长线、东长线和东启线。海永甲线、海永乙线均来自于35kV启隆站；红长线来自于110kV红星站；东长线、东启线均来自于35kV东风站。其中，海永甲线和海永乙线的电力全供海永乡，红长线、东长线和东启线还承担着其他区域的电力负荷，仅部分电力供海永镇。五条10kV线路规格及负载情况见表4-1。

海永镇内10kV线路规格及负载情况表　　　　表4-1

线路名称	所属变电站	导线规格（mm²）	极限电流（A）	负荷电流（A）2011年/2012年	12年负载率（%）	主干线长度（km）	送海永最大供电半径（km）
海永甲线	35kV启隆站	LGJ-120	300	69.48/78.66	26.2	6	7.3
海永乙线	35kV启隆站	LGJ-120	300	205.19/247.00	82.4	5.4	5.5
红长线	110kV红星站	LGJ-70	196	16/82	41.8	6.9	9.8
东长线	35kV东风站	LGJ-95	252	54/70	27.8	8.3	8.3
东启线	35kV东风站	LGJ-120	252	17/18	7.1	8.5	8.5

4.3.4 电信

电信设施：永北村电话（手机）普及率已达99%，宽带入户率则达到了75%，已经形成了信息传递方便快捷的生活环境。

邮政设施：村民一般去镇邮政所，位于海永乡场东路1号，海永国农大桥的东侧，占地约100m²。现有工作人员一名，半天营业，半天投递。经营业务主要有：出售邮票、信封、收寄挂号信、平信，收订报刊，投递包裹、特快专递、信函、报刊等。全年的报刊流转额7万元。

广播电视：海永镇设有广电站一处，30平方米，位于乡政府南侧。全镇约1100户2008年已经实现"户户通"。全镇2013年覆盖无线调频广播，设有80多个音柱。包场路两侧有多个音柱，完全覆盖了永北村。永北村的有线电视入户率达98%，基本每家每户都有有线电视。

4.3.5 燃气

永北村尚未覆盖天然气管道，仍以瓶装液化石油气作为主要气源，部分家庭还保留着柴火作为能源的生活方式。

4.3.6 环境卫生

生活垃圾2007年已纳入崇明县垃圾处理系统进行处理，共配备17名保洁员工，6辆人力三轮车，一辆专用垃圾清运车，2名管理人员，负责海永乡农村环境的"四位一体"保洁工作。

永北村生活垃圾收集机制为：户集中、村收集、县处理。具体环卫机制是：每户配2只垃圾桶，每村配两名保洁员，两个垃圾停放点。保洁员用人力三轮车上门小桶换大桶收集，再送到指定地点，每天由崇明环卫所派一辆专用清运车和两名工作人员清运并送崇明垃圾处理系统处理。环卫所专人负责督促检查。生活垃圾收集处理保证日产日清，100%无害化处理。

两个垃圾停放点位置：万年路东侧、永北村18组。

4.4 公共服务设施

4.4.1 行政办公设施

永北村的村委办公地与农场大队、沙南村的村委办公地设在一起，均位于联想社区内的海永乡文化中心大楼，建设品质良好（图4-3）。该大楼还内设了文化站、图书阅览室、棋牌室、综合活动室、健身房、舞蹈、乒乓球室等设施，属于组合布局方式。

4.4.2 文化设施

现状概况：海永镇驻地现状文化设施位于联想新城社区中，与村委办公地点在一起，总建筑面积1000㎡；建筑内设图书阅览室（70平方米），棋牌室（40平方米），综合活动室（300平方米），健身房（40平方米），舞蹈、乒乓球室（150平方米）。

现状主要问题：永北村缺乏独立的文化设施用地，村域内部也没有配套的文化设施。

4.4.3 教育设施

永北村村域内没有教育设施存在。海永镇的教育设施集中在三厂路和海永大道交接处东南侧的东洲中学教育管理集团海永校区，包括一个初级中学、一个小学和一个幼儿园。大部分村民选择了海永学校作为小孩读书的地方，少部分有条件的家庭直接选择了海门市的学校。

4.4.4 医疗卫生设施

海永镇有卫生所1处，现状基础设施较差，建筑面积300平方米，20世纪80年代建成。医院编制4人，

图4-3 联想社区海永乡文化中心

按海门市标准，按照服务人口的1.1%设置编制（无床位医院至少5个编制），上级划拨18个床位，人手不足，镇两会已提案增加编制。规划新医院正在建设，一级甲等医院，位于海永大道西侧，紧邻海永学校。占地面积7亩，建筑面积2652平方米。

5 农民认知及意愿

对永北村的18位村民进行了问卷式访谈调查，受访人中男性8人，女性10人，平均年龄53.1岁。

5.1 住房情况

村民住房都是自建房，房屋总体质量偏好；水电供给不断，使用旱厕居多，网络和空调由于费用偏高，使用率不是很高。村北的几处"钉子户"，位置偏远，房屋状况相对较差。未来几年里几乎没有村民有翻新整修的意愿（图5-1、图5-2）。

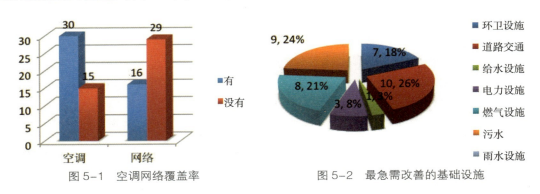

图5-1 空调网络覆盖率　　　　　图5-2 最急需改善的基础设施

5.2 设施及人居环境

村民对乡基础设施满意度偏低。反响最大的是镇卫生院规模小，药品少，医生力量不足。村民看病更多会集中在崇明南门（即崇明县城城桥镇）和海门的医院。其次是小学和初中，师资力量和规模都偏低，教育质量也不高，有能力的村民会选择送子女去海门的学校上学。本村及乡里的文娱类设施很少，村民还是很希望能多一些此类设施丰富他们的日常生活。目前到海门和崇明分别有轮渡和公交，但乘客较多，村民认为不是很便利。村内没有什么比较有特色的地点，村民反映除了水污染有点严重之外，村里的生活环境还是比较宜人的（图5-3）。

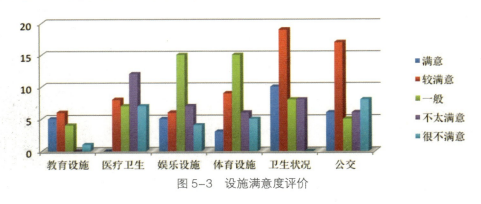

图5-3 设施满意度评价

5.3 产业发展

村里以农业为生的村民不是很多，村民自留地所种蔬果多以自食为主。女性以从事保洁、简单手工艺（手帕）为多，男性多在建筑工地、码头工作。村民对以砖窑厂为代表的污染较为严重的工厂比较抵制，更希望发展像种植园类既能带来收益又不会产生污染的产业。同时，村民对于海永的旅游业还是比较支持，认为像农家乐一类的旅游项目可以增加收入、带来更多的工作机会，专业人士所担心的环境问题、生活问题并没有得到很多反馈。但村民都认为目前海永的旅游吸引力相对薄弱，很难发展起来。

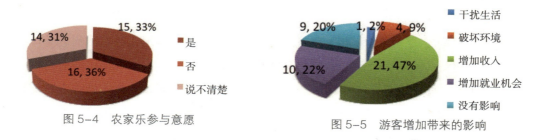

图 5-4 农家乐参与意愿　　　　　　图 5-5 游客增加带来的影响

5.4 城乡迁移

访问的本地村民中，大多数的老年人还是愿意生活在农村，有一块自留地自给自足，而不愿意搬离至新农村社区或是其他城市。一方面，现在物价较贵，自给自足能省下较多的生活花费；另一方面，乡村空气清新，生活自在，是他们更喜欢的生活方式。而镇里的年轻人更多地会在海门、南通市区或者上海等周边地区安置下来，镇里的配套设施和居住环境无法满足他们对生活品质的要求。

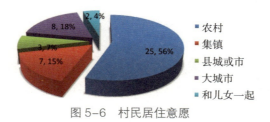

图 5-6 村民居住意愿

5.5 生活愿景

大部分村民希望未来政府能改善配套服务设施，特别是医院和学校以及对外交通。希望类似砖窑厂的污染型工厂能尽早搬迁，并能发展旅游业，吸引更多的外地人，解决本地的就业和收入，但不影响本地的环境质量。村民希望能维持现在的居住环境，而不是像新农村社区一样没有自留地，更希望政府能出资帮助他们改善现有的居住状况。

6 问题总结

结合上面各方面内容，总结得出永北村存在以下几方面问题：

在区位方面，永北村所处海永镇与上海以及海门的交通都不方便。海永镇处于崇明岛北片，从上海驾车经长江大桥到崇明岛还需2个小时才能驶至海永镇，而永北村又位于海永镇的北端，长征公路－崇启线从海永乡南段穿过，并不经过永北村；永北村和海门市的交通关系也较为不便，无论从东北端永临汽渡跨长江，或绕道"启隆镇－崇启大桥－启东市－海门"，时间成本耗费高。若无吸引点吸引外来人员专程前往，外来人员通常并不会较长时间停留。

在历史沿革方面，当地文化基础薄弱。永隆沙于20世纪60年代末开始围垦，1975年海门市开始组织拆迁户搬迁定居，发展不过40余年时间，本地特色文化难以成形，很难对现有文化进行重点发展。建议深入对农垦文化的挖掘，扩大花卉种植等现有特色产业，对有广泛宣传效应的农业文化产品进行宣传推广，提升自身的文化内涵，打响特色文化牌。

在人口方面，永北村人口自然增长缓慢，人口老龄化程度较高。访谈得知，近年来随着海永发展进程的加快、重大项目的带动（绿地长岛、房地产项目等），外流的本地人口有回流趋势。因此可以考虑通过产业置换升级，吸引劳动力回流，避免乡村空心化。

在村集体经济方面，集体资产收入单一、后劲不足，收入来源主要以集体土地或农户流转土地出租等发包收入为主。村级无集体主导产业，集体资产资源相对薄弱，对村民普遍关心的改水改路、村庄环境整治、农村公共服务等问题难以得到及时有效的解决。需要在当地引入特色产业，为村民提供就业岗位，丰富村集体收入渠道。

在公共设施与旅游配套业方面，房地产业的火爆与居高不下的空置率形成了鲜明的反差，其中很重要的原因是居住区周边的公共服务设施配套尚未跟上，目前周边所能提供的服务不能满足外地购房者较高的生活需求。同时，部分新建居住小区与乡建设道路的衔接不畅。当地的教育设施和医疗设施的等级和服务水平不高，不能满足当地居民的需求。

在现有工业企业方面，永北村境内有混凝土公司一家，产品面向绿地长岛项目，工业产品附加值较低，不利于今后的产业的可持续发展。应结合崇明生态岛的定位，选择可持续发展产业，退二进三，逐步撤销不符合"花香海永"定位的企业。

在品牌效应方面，海永镇处于崇明生态岛和长岛城市岛两块大建设项目之间，因此应该思考的是怎么树立自己特有的个性和定位，形成差异化营销，错位发展，避免与崇明或长岛形成同类竞争。

7 调研认识

7.1 区位概况

崇明岛地处长江口，被誉为"长江门户、东海瀛洲"。全岛地势平坦，土地肥沃，林木茂盛，物产富饶，是有名的鱼米之乡。崇明岛旅游发展的现实态势及其在上海大都市发展格局中的区域分工角色，客观要求崇明岛旅游保持其生态旅游发展的基本优势，低碳旅游发展方式是其必然的选择。

海永镇地处海永乡，位于崇明岛北部，未来发展的主题也将离不开生态、旅游、养生等关键词。然而作为上海的"尽头"、江苏的起点，地理位置比较偏远，与上海、海门交通都不便。区位上的劣势使得海永的发展需要与崇明岛其他地区进行错位竞争。

永北村位于海永乡北端，背靠长江、连接长岛，设有通往海门的码头，具有潜在的优势。此外，永北村拥有独特狭长的江岸线和苍茫的农田，具备发展旅游业的景观条件。目前海永镇拥有新增的

2000亩建设用地，使其较周边的乡镇更有竞争力。因此，依靠永北村的自身优势运用好宝贵的2000亩建设用地发展与崇明岛风格迥异的休闲旅游业将是海永摆脱经济发展瓶颈的机遇。

7.2 发展定位

综合永北村以及海永乡的现状来看，适合发展以花卉为主线的相关产业。包括花卉种植、花卉加工、花卉旅游以及花卉创意等多种产业。

首先，崇明岛是绿色生态岛，生态绿地、森林公园随处可见，随之产生的就是景观均质化的问题。地处崇明岛尽端的海永乡在这样的情况下如果要搞旅游就必须寻求差异化发展，否则将埋没在无数的生态绿色度假村中。目前崇明岛上的花卉产业总占地不足2000亩，仅相当于二分之一个永北村，集中发展花卉产业可以让海永从产业规模和产品种类上脱颖而出，成为崇明岛上"万绿丛中的一点红"。

其次，海永具有发展花卉产业的基础。一方面，现有的项目如台湾绿宝石精致农园、阿斯米尔花卉苗木基地、中天玫瑰园与花卉的种植和加工密切相关，花卉在这里有一定的产业基础；另一方面，海上·普罗旺斯、半岛·托斯卡纳这些现代楼盘均以花卉小镇命名，加之政府正在推广"浪漫江洲，花乡海永"的口号，花卉在这里有一定的文化积淀；与此同时，2016年将是海永围垦50周年纪念，海永在向人们诉说围垦的历史时同样可以展示海永现在和未来是怎样的，借此机会打响其花卉文化。因此，花卉在这里又有发展的契机。

第三，发展集种植、加工、旅游、创意于一体的花卉产业有助于更好地实现海永美丽乡村的建设。目前政府推广"花乡海永"遇到阻碍，很大程度上是因为对"人"本身的考虑不够。在乡内生活的人群大致有三种，每种人群又面临不同的问题。其一是村民，对于他们来说，自家耕地已经轮转给企业，而本地工作岗位不足，导致大量青年外出打工，村内空心化严重；其二是外来打工者，他们从事着本地村民不愿从事的艰辛工作，就医、子女上学很成问题，而随着两个砖窑厂的拆迁，又将有一大批外来人口失去工作，他们将何去何从；其三是个体户，这些人家里耕田多、养殖家畜、生活富足，他们最不愿意的就是搬去联想新城从而失去原有的土地，因此永北村北部有20余户钉子户拒绝拆迁。集种植、加工、旅游、创意于一体的花卉产业不再局限于旅游地产项目的建设，而是从村民合作种植花卉、雇佣外来人口进行花卉深加工，到培养个体户发展农家乐、吸引创意人才提升地区生活品质的全过程。把"人"的需求和发展放在重要位置（图7-1）。

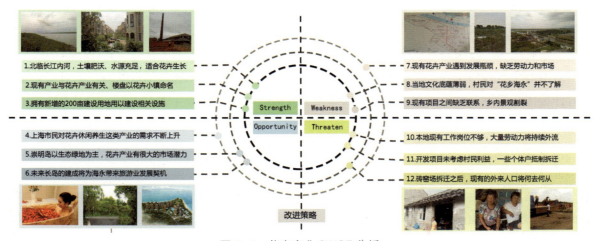

图7-1 花卉产业SWOT分析

7.3 改进策略

政府现阶段发展花卉产业受阻,并不是说海永不适合发展花卉产业要另辟新径,究其原因有三方面,为花卉产业发展瓶颈、花卉文化底蕴薄弱和花卉景观支离破碎。针对这三方面问题,在这里提出了相应的改进策略。力求做到产业经济、社会文化、空间环境的三位一体(图7-2)。

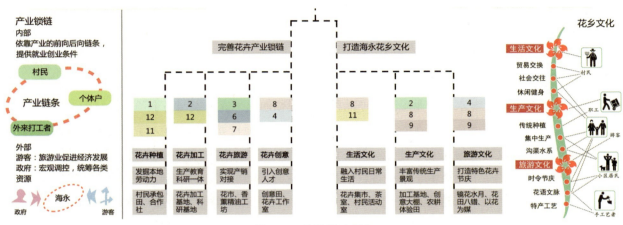

图7-2 改进策略示意

7.3.1 完善产业锁链

现有花卉产业发展遇到瓶颈,主要是与其前向产业和后向产业的连接受阻。以永北村内台湾绿宝石精致农业园为例,一来长岛的建设吸引了本地大量劳动力,村民情愿到岛上打工也不愿给企业种花,使得花卉种植的劳动力缺失;二来农业园的产品由于人民币升值而出口受阻,导致企业看不到市场,不肯投资。总体来说,现有的花卉产业向前没有出口市场,向后缺乏劳动力支撑。针对这样的困境,可以通过重新连接前后向锁链来盘活现有的花卉产业。劳动力缺失方面,企业可以转变方式,组织村民建立种花合作社,承包自家土地用来种花,企业提供培训,花成熟后企业将其定量买断,多产的花居民可以用于零售。这样村民不再是以职工而是以合作者的身份投入到花卉的种植中,有助于充分调动村民的积极性,吸引劳动力回流;出口受阻方面,企业可以借助长岛的发展、本地旅游业的兴起为长岛、为游客提供产品,这样一来产品加工生产后就地销售,可以实现产销对接,获得价格优势。

7.3.2 塑造花卉文化

经过调研发现,村民们对"花乡海永"的口号并不了解,日常中除了看到海长路两边的嫁接月季之外不知道海永有其他花卉。不仅花卉文化如此,整个海永乡的文化底蕴都很薄弱,调研中凡是问道村内有什么传统习俗、有什么文化活动时,村民一概都说没有。1976年才有人迁入的海永缺少历史积淀,文化破碎,要想塑造海永的花卉文化,必须以花卉为主线,串联起海永自身破碎的文化。海永乡自身文化可分为两类,一类是生产文化,包括传统的农业种植、家禽养殖、大棚集中式生产等。村民会在耕种时唱田歌,在沟渠边交谈。另一类是生活文化,包括贸易交换、社会交往、休闲健身,海永定期会有集镇,三两家相互认识的村民会一起喝茶、打麻将。花卉不应作为侵入者取代他们,而是形成无形的纽带将他们串联,比如村民们可以在花田中耕种歌唱、在喝着花茶聊聊天、沿着花间小路回到自己的家。同时花卉旅游业的发展为海永带来时令节庆、花语文脉、农耕体验等旅游文化,三种文化以花为媒,将共同充实海永的文化底蕴。

7.3.3 统筹空间资源

要打造花乡海永,在空间资源上也要进行整合。一方面,现有的景观资源需要整合,可以结合现有的居民街、水系、农田、乡间小路打造花街、花镜、花海、花径等花卉景观,使其更契合花卉的主题;另一方面要结合现有的公共建筑配套居民服务和旅游接待设施。一些废弃的厂房如养猪场、仓库略加改造可以成为创意工坊、花卉工作室来吸引艺术人才。具体的空间资源如何统筹将是我们进一步设计所着重考虑的。

7.4 远期愿景

海永乡的两村一大队各有特点。永北村地理位置优越、景观资源丰富,适宜发展旅游产业;东西场大队位于海永中心,承担着满足居民日常需求的职能;沙南村安逸淳朴,建有很多地产楼盘项目,在花卉旅游产业发展成熟后可以主打生态养生产业。三个村在发展时序上是一个连续的整体。先是永北依靠资源优势率先发展花卉旅游产业,接下来东西场大队对内对外的配套设施要同步建设,解决居民日常生活和游客集散的需要,最后沙南村利用现有地产楼盘发展花卉生态养生,盘活地产、拓展原有的花卉产业。

花卉产业的发展也不应仅限于海永,若其能和隔壁的启隆镇联手,模仿成都三圣花乡"五朵金花"的发展模式,将永北、沙南和启隆乡的南沿、三八、闸港、兴农几村联合发展花卉产业,给长岛带上一条"花环",那么不仅可以解决花卉旅游的季节性问题,长岛加上两乡的花卉产业规模在很大范围内都将极具竞争力(图7-3)。

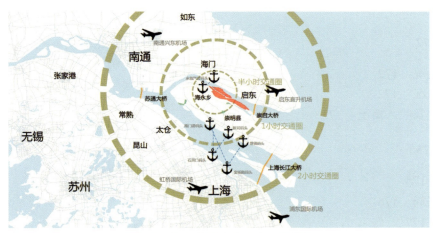

图7-3 环长岛花卉产业发展区位图

海永镇沙南村调研报告

调研本科生：彭宇博、彭艺

指导教师：张尚武、栾峰、杨辰

研究生：杨犇、金倩慧、吕浩

调研时间：2015 年 8 月

目录

1 基本概况　169

1.1　区位概况　169
1.2　道路交通　169
1.3　历史沿革　170
1.4　人口及流动　170
1.5　资源现状　170

2 经济产业　172

2.1　第一产业概况　172
2.2　第三产业概况　172
2.3　村集体土地及收入概况　175

3 人居环境　175

3.1　自然环境　175
3.2　村庄形态格局　176
3.3　风貌特色　177
3.4　特色空间　179

4 村庄建设　180

4.1　土地利用　180

4.2　村庄居民点分布　181
4.3　宅基地、农房建设　181
4.4　基础设施　182
4.5　公共服务设施　183
4.6　村庄治理　184

5 农民认知及意愿　184

5.1　住房情况　184
5.2　设施及人居环境　185
5.3　产业发展　185
5.4　城乡迁移　186

6 问题总结　186

6.1　产业发展问题　187
6.2　村民生活环境问题　187

7 发展建议　187

7.1　整体发展定位　187
7.2　具体措施　188

1 基本概况

1.1 区位概况

海永镇隶属于江苏省南通市海门市，位于崇明岛北首，北依中国的"黄金水道"——长江。海永镇位于海门市东南部，东接启东市良种繁育场，南与上海市长征农场接壤，西邻崇明县合作乡和新村乡，北和临江乡隔江相望（图1-1）。

图1-1 沙南村区位

沙南村隶属于海永镇，地处海永镇南部。村域面积4505亩。总体而言，沙南村因其地理区位相对偏远，承载旅游功能相对较少，知名度也不高。但是，由于沙南村在海永镇南部，紧邻上海崇明县，直接使其成为从崇明县进入海永镇的门户地区。对于从上海进入海永镇的游客来说，沙南村是其必经之处。除此之外，村中部分道路还可以联系东部启隆镇，交通较为便捷。

图1-2 对外道路

1.2 道路交通

沙南村对外交通主要联系启隆镇（沿沙南南路向东）、海永镇东西厂大队（沿海长路与海永大道向北）以及海永镇永北村（沿三厂路向西）。镇域范围内共七条道路，均为4级农村公路，除悦来路路面宽度4米外，其余道路均为4.5米。所有道路基本实现道路硬化，均采用水泥路面，路况良好（图1-2、表1-1）。

现状海永镇道路情况统计表　　　　表1-1

公路名称	起止地点	路面宽度（米）	长度（公里）	等级	路面材质
悦来路	沙南村	4	1.2	农村公路4级	水泥
沙南南路	沙南村	4.5	1.28	农村公路4级	水泥

续表

公路名称	起止地点	路面宽度（米）	长度（公里）	等级	路面材质
向华中心路	沙南村	4.5	0.79	农村公路4级	水泥
沙长路	沙南村	4.5	1.4	农村公路4级	水泥
沙中路	沙南村	4.5	0.25	农村公路4级	水泥
沙南西路	沙南村	4.5	0.93	农村公路4级	水泥
常东路	沙南村	4.5	1	农村公路4级	水泥

1.3 历史沿革

1975年，海门县组织悦来、四甲、三厂三个区十几个公社的数千民工，以区为单位，分别对永隆沙的南沿、北沿以及西距仅几十米的海永镇沙实施二期围垦。

1976年，四甲片七个公社拆迁户到海永镇沙定居，组建永西村；悦来片六个公社拆迁户在永隆沙北沿定居，组建永北村。嗣后，临江公社拆迁户又分出一半到永隆沙西南沿，组建向华村。三厂片的汤家、厂洪、常乐三个公社拆迁户在永隆沙南沿定居，组建沙南村。从此，永隆沙海门部分形成了"小国营（农场）拖大集体（四个行政村）"的格局。

1993年3月，永隆沙建立基层行政机构——海永镇人民政府，与农场实行两块牌子、一套班子，下辖四个行政村。

2001年，原永北村与永西村合并为新永北村，原沙南村与向华村合并为新沙南村。

1.4 人口及流动

1.4.1 人口概况

2014年末沙南村常住人口总户数750户，总人口1696人，人口密度560人/平方千米，按《镇规划标准》，沙南村属特大型村庄。村男性人口807人，女性人口889人，男女比例1：1.10。18岁以下184人，占总人口的10.85%；18~35岁376人，占22.17%；35~60岁727人，占42.87%；60岁以上409人，占24.12%，老龄化现象较为突出。2014年沙南村人口自然增长率1.01%，人口自然死亡率0.89%，人口机械增长率0.89%。

1.4.2 人口流动

沙南村人口空心化现象明显，青壮年劳动力常年外出打工以赚取收入。村内留守人员以中老年人及幼儿为主，打工地多集中于长岛、上海与海门，少量前往全国各省份。外来人口相对较少，主要来自上海。

1.5 资源现状

1.5.1 农业资源

沙南村村域范围内的土地大多是耕地，主要农业项目共4处，分别为绿品源农庄（占地面积100亩）、华慧农业园（占地面积100亩）、双爱·生态有机农业园（占地面积150亩）、绿岛·开心农庄（占地面积264亩）。耕地按其现状使用情况可分为四类，其中规模最大的是村民自耕农田和企业规模化种植农田，其余还存在少量提供给当地商品房购房者的农田及游客体验的旅游性农田。其中提供购房者的农田由房地产开发商提供，免费提供给每户在绿岛·江湾城购房的业主20平方米农田以供耕种（图1-3~图1-6）。

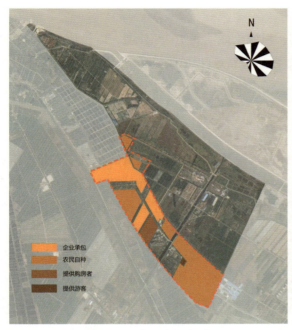

图 1-3 农业资源类型

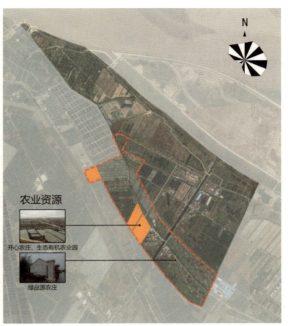

图 1-4 农业项目

图 1-5 绿品源农庄

图 1-6 双爱·生态有机农业园、绿岛·开心农庄

1.5.2 水资源

沙南村全年无霜期约为 229 天；雨水充沛，全乡年均降水量为 1055 毫米，但降水量年季间分配差别明显，季节性变化也较明显，降水主要集中在 5~9 月份，约占全年降雨量的 60% 多，雨量最大的是 6 月，雨量最小的是 1 月，最大年雨量是最小年雨量的 2.38 倍（由于海永镇位于崇明岛上，所以降雨量采用崇明的气候资料来概述）。

流经沙南村的鸽龙港河是沙南村主要水资源，村域范围内总长约 600 米，其余次级沟渠若干。因周边农田及住宅的污水直接排入鸽龙港河，故其水质较差；河道两侧滨河空间环境品质较差，存在生活垃圾抛掷现象，有待进一步治理（图 1-7）。

图 1-7 鸽龙港河

1.5.3 土地资源

沙南村属平原地形，地面高程 3.21~4.2 米之间。村域土地面积 162.8 公顷，以耕地为主，其余多为住宅。沙南村土地偏碱性，pH 值大致在 7 至 8.2 之间。靠近江边的土地 pH 值达到 8.9。土地偏碱性是不利于植物生长的，所以农作物种植一年将会消耗三年的肥料（海永镇农业部门对土壤的检测一般看三项：（1）pH 值；（2）含盐量；（3）有机质）。

1.5.4 旅游资源

沙南村旅游资源主要分为两大类，分别为农业体验资源及当地社会人文资源。其中农业体验资源以农田为基础，可提供给外来旅客来体验传统农耕文化，尝试亲手种植。而社会人文资源则在沙南村的农村居民点得以体现，反映了长三角地区乡村较为典型的面貌，体现了乡村居民的原生态社会生活状态。

除此之外，沙南村中近几年陆续建成的房地产项目可作为次一级的准资源。城市人对于远离喧嚣，接近自然的需求使沙南村房地产项目受到追捧。从这个角度而言房地产项目的开发可以为沙南村乃至海永镇带来旅游及定居人口。但是由于受当地基础设施不完善且房地产开发无序等因素影响，其整体面貌并不尽如人意，同时，其实际入住率极低，呈现"鬼城"现象。房地产项目共 3 处（图 1-8），分别为绿岛·江湾城（建成于 2013 年，占地面积 109565 平方米，总建筑面积 234755 平方米，容积率 1.70，绿化率 30%）、半岛·托斯卡纳（建成于 2010 年，占地面积为 21000 平方米，总建筑面积为 34000 平方米，容积率 1.43，绿化率 35%）及海上·普罗旺斯（建成于 2011 年，占地面积为 120000 平方米，容积率 1.2，绿化率 40%）。当地人文资源主要为居民的曲艺广播及健身操活动。

图 1-8 房地产资源

2 经济产业

2.1 第一产业概况

沙南村 2011 年耕地面积为 2478 亩，人均耕地 1.51 亩，总粮食产量 199 吨。现有耕地 2282 亩，但是大部分已经流转，主要用于大规模的农业项目，承包给大户种粮食，因此大部分村民已无自家耕地。沙南村经济主要以种植甘蔗、外出劳务为主，有一个甘蔗专业合作社，种植面积为 200 亩左右，亩产值达到 1 万元，部分村民从事棉花加工、粮食收购。

2.2 第三产业概况

2012 年海永镇第三产业国内生产总值 19830 万元，比上年增长了 356.39%。2008 至

2012年间均保持上升的趋势，增幅也保持在较高水平。沙南村第三产业表现出强劲的增长势头，对推动全镇经济和社会发展起到了重要作用。

2.2.1 房地产业

海永镇2012年实现新开工7万平方米，当年销售15450平方米，为海永镇贡献税收1822万元。其中沙南村开发的房地产项目占大多数，建设项目有海上·普罗旺斯、半岛·托斯卡纳以及绿岛·江湾城。这些房地产项目大多以养老为主题，且入住率非常低。其中绿岛·江湾城，投入1亿元，启动三栋多层楼盘以及地下车库建设，实现开工建设面积4.2万平方米（表2-1）。

沙南村房地产项目信息　　　　　　　　　　　　表2-1

序号	项目名称	投资主体	占地面积
1	海上·普罗旺斯	上海兴和房地产开发有限公司	120亩
2	半岛·托斯卡纳	江苏荣海置业有限公司	32亩
3	绿岛·江湾城	江苏省绿岛置业有限公司	164亩

2.2.2 旅游业

近几年，海永镇以生态休闲产业开发为重点，打造生态旅游项目，番茄农庄、绿岛开心农庄等一批景点项目相继竣工。现已先后建成生态旅游农业项目10个，新型创意产业15个，总投资超10亿元。到2011年海永镇入境旅游人数达到20万，直接或间接带动消费达百万。

沙南村的旅游项目相对较少，只有绿岛开心农庄以及绿品源农庄。绿岛·开心农庄主要为绿岛·江湾城的业主提供耕地，每户20平方米。位于沙南村3组的绿品源农庄，是海永镇第一家家庭农场。农场流转了近150亩的土地，实行家庭作业经营。目前，农庄已经栽种20余亩苗木，20亩瓜果蔬菜，打造一片循环垂钓水系。农庄内设农家乐，接待能力可达100余人。在旅游配套方面，沙南村的普罗旺斯酒店由于其星级服务标准和60个床位数，是目前全乡服务水准最高的住宿设施。其余的旅馆多为乡民个体经营，质量得不到保障。在餐饮配套设施方面，除普罗旺斯大酒店服务水平较高外，其余小型农家乐、吃吧饭店等个体经营的中餐馆服务对象主要是乡民、长岛务工人员、外来工人等，消费水平以及质量较低，难以成为游客旅客餐饮消费的首选。

2.2.3 重要项目发展情况

沙南村项目分布情况如图2-1所示。

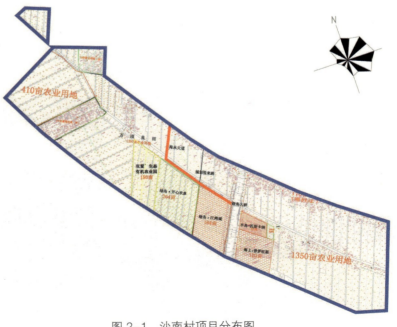

图2-1　沙南村项目分布图

海上·普罗旺斯：海上·普罗旺斯位于崇明岛的中北部，2006年开发2万平方米，2007年开发4万平方米，2008年开发3.6万平方米，目前已竣工。占地面积120000平方米，绿化率40%，规划户数600户（图2-2）。

半岛·托斯卡纳：半岛·托斯卡纳位于崇明区崇明岛长征农场北首，紧邻申崇线和南隆线。占地面积为21000平方米，容积率1.43，总建筑面积为34000平方米。该案共有25栋，其中一梯两户8栋，一梯三户16栋，酒店式公寓1栋，同期开工同期入住。游泳池、儿童嬉水乐园、网球场、篮球场、高尔夫练习场高档配套齐全。但是小区入住率很低，目前小区整体呈现老旧的态势。

图2-2　海上·普罗旺斯实景图（来源：房天下网）　　图2-3　半岛·托斯卡纳实景图（来源：吉屋网）

绿岛·江湾城：位于崇明岛中北部核心区域，占地面积109565平方米。项目东沿鸽龙河，北面沿规划中悦来路，地势平坦、视野广阔、以优美的周边天然生态环境成就崇明首席24万平方米生态城邦。整个项目由4幢高层、8幢小高层、4幢酒店公寓以及24幢联排别墅组成。在项目的内部，居住者立于崇明的独有高处，不仅可将长江湾口、森林公园、生态田园景观收纳视野之内，绿岛·江湾城还在绿岛·开心农庄赠送业主20平方米的菜地，供业主种植。

绿岛·开心农庄：绿岛·开心农庄总占地面积264亩，内有农田80亩，可亲身种植各类庄稼、时令蔬菜；有果园60亩，栽种了梨、橘、桃、枇杷等果树，既可赏花，也能采摘；苗木100亩，种植了广玉兰、紫薇、红枫、红叶李、榉树等色彩斑斓的苗木；还有人工开挖的灌溉水渠，可供养殖垂钓。

图2-4　绿岛江湾城实景图（来源：房天下网）　　图2-5　绿岛·开心农庄实景图

绿品源农庄：位于沙南村3组的绿品源农庄，是海永镇第一家家庭农场。农场流转了近150亩的土地，实行家庭作业经营。目前，农庄已经栽种20余亩苗木，20亩瓜果蔬菜，打造了一片循环垂钓水系。农庄内设农家乐，接待能力可达100余人。

2.2.4 存在问题

目前，沙南村第三产业发展对房地产业的依赖度过高，承受市场波动风险的能力较弱，从房地产业发展条件看，海永镇所处的地理位置偏僻，医疗、银行、康体、教育、娱乐休闲等服务配套设施依旧较差，难以吸引常住人口。许多户主购房的主要目的为投资以及作为假日度假用房，导致这些新兴房地产的入住率极低。再加上目前绿地长岛的开发具有极强的竞争力，沙南村的房地产发展受到了极大的挑战。

从旅游业发展来看，沙南村旅游项目不多，旅游产业基础设施薄弱，存在规模小、发展缓慢，特别是缺乏统一规划、特色不明显、知名度低、经济效益较差等问题。沙南村休闲旅游项目服务单一，皆为农家乐、生态农业形式，在主打生态农业旅游的崇明岛上竞争优势极弱，绿品源农庄等农家乐旅游项目生意较为惨淡。同时，海永缺少非物质文化资源，由于土地流转与房屋拆迁，一些具有特色的民俗乡村文化与传统也从农村居民的生活中渐渐消失，没有得到有效保护与传承。现仅有一些妇女手工制作的手绢在一定意义上可以作为有地域特色的相关旅游产品，对异地游客可能会产生吸引力。

2.3 村集体土地及收入概况

沙南村大部分土地已经流转，流转面积在1300亩左右。80%的村民希望把承包地流转掉。房地产开发的用地前期以征地出让为主，后期以土地出租为主。全村累计征地约300多亩，主要集中在20世纪90年代中期。目前村集体土地流转以农业项目为主，大包户种粮食。预留建设用地有10多亩。2013年村集体收入58万，主要来源于土地租金，58万元中包含了36万元的利息收入。

由于科学技术的发展以及生产力的进步，产业的集约化和规模化是沙南村农业发展的自然趋势。土地承包给大户种植提高了农业生产的效率，同时解放了农村劳动力，使村民能够从事第二、第三产业，促使沙南村的产业结构发生变化。土地的流转给村民带来了收入，但是同时使绝大部分村民失去耕地，为了增加收入，青壮年普遍外出打工，导致农村空心化，同时也改变了沙南村传统乡村的生活方式。

3 人居环境

3.1 自然环境

由于海永镇处于崇明岛的西北部地势较高的区域，所以沙南村地势也较高，地势平坦；崇明岛的土质属于游泥质亚砂土和亚黏土，地表以上是黄褐色，地表以下是褐灰色，属于第四纪疏松沉积物，地表土受降雨影响，容易被冲刷导致水土流失，所以排水系统应该作为一项较为重要的工程实施，但是据实际情况而言，当地并没有完备的排水管道，村民大多采用地面直排的方法，暴雨来袭也没有防范措施。

鸽龙港从沙南村中横穿而过，是海永镇与崇明水系接轨规模最大、标准最高的河道，也是最主要的引排河道。整体的路、田、宅形成规整的方格网状。水渠将农田整齐切块，村庄分布在主要道路和水系两侧，形成了沙南村的主体景观格局。

3.2 村庄形态格局

沙南村村庄形态可分为两种,一种是沿主要村道线性分布的较为分散的居民点,另一种则是聚落感更强、呈面状集聚的居民点(图3-1)。

不论是线状还是面状分布,房屋形式都是坡屋顶、两至三层自建砖混房子,一般都有粉刷,基本没有翻修过,门口一般都留有几分口粮地,种一些常见的蔬菜供自家采摘。83%的居民都是自住,少数出租,并且61%的住户安装了空调,44%的住户有网络,几乎每家都有电视,基本的生活必须设施都较完善。不少家庭虽然房屋外部崭新干净,但是房内陈设较为简陋(图3-2、图3-3)。

图3-1 沙南村村庄整体形态布局

图3-2 沙南村居民住房状况

图3-3 居民家中内部陈设

对线状聚集的居民点而言,他们的住宅基本以山墙面正对道路,相互平行布置,并且由于道路和河道的限制,沙南村南部的这些条形村庄一般两户并列,只有前后有邻居而左右不多,横向面宽窄而纵向较长,所以对外开放度较高,和道路关系更密切。同时这样的布局使得村庄聚合感较低,没有一定的集体意识和公共空间,住户们的属性也以外来打工人员为主,尽管邻里关系和睦但是缺少一定的归属感和组织意识,事实上南部的几组村庄点也没有组织过大型集体活动(图3-4、图3-5)。

图 3-4　线状居民聚集点局部——沙南村

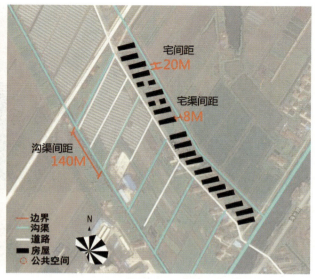
图 3-5　线型空间位置关系详解

对于北部的几组面状村庄居民点而言，面状成组团聚集使得居民点内部更有集体感，这些房屋平行于主要村道，正门面对道路，使得行走体验更为友好，走在路上能和每一户村民打招呼，而监视感也更强烈。村头有公共空间，房屋组团整体的面宽较大而进深相对较小，并且前后左右都有房屋分布，数量也较多，所以向心感很强（图3-6、图3-7）。

图 3-6　面状居民聚集点局部——沙南村

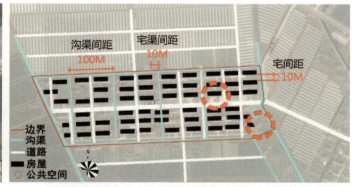
图 3-7　面状空间位置关系详解

3.3　风貌特色

沙南村作为传统村落，保持着农家自然的宅、田、渠、路一体的形态，"房前屋后种瓜种豆"。在村庄建设用地之外有大片水田种植水稻和大片白色大棚种植西瓜等作物，田埂和沟渠相互交错，形成了鲜明的棋盘式田野风貌（图3-8）。

沙南村的村民民居前后都有口粮地，一般是按一人三分地的标准保留，前田一般种植简单的菜叶和低矮的挂果类农作物，由于正门开在前院，需要保证视线的通达，并且较为精心地修整过，每家每户自己的田整整齐齐，排列分明；后田一般种植爬架类作物和半人高的树木，也有农作物，起到了一

图 3-8 农田风貌

 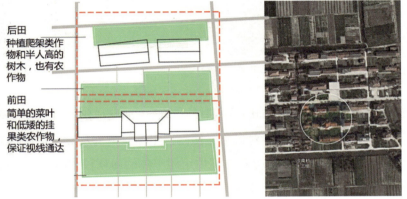

图 3-9 宅、路、田、渠关系

图 3-10 村民住宅的前田和后田

定的隔离作用，自然地划分出私人领地，并且由于位处后门，比不上前门精心修剪，作物长势较为随意杂乱（图 3-9、图 3-10）。

据了解，沙南村的房屋是村民自建，在询问的 18 位村民中，一半是 2000 年之后建成的，有 2 位建于 20 世纪 70 年代，5 位建于 20 世纪 80 年代，3 位建于 20 世纪 90 年代；宅基地面积在 90~200 平方米之间不等，房屋外墙多为砖砌粉刷或瓷砖贴面，色彩为比较统一的灰色或者灰红灰绿色，而屋面多为红色瓦屋面。

3.4 特色空间

沙南村存在一些特色空间，这些空间有的是实体的公共广场，有的是由于村民自发的行为活动而形成的。

如在鸽龙港上的一座桥就是一种特色空间，承载了许多村民的日常活动。据采访，一些村民每天下午4点都会带着自制的渔网在桥上捕鱼，更有甚者自己做筏子划到河中间捕鱼。河道和桥形成的空间加上村民自发的生活模式产生了具有村庄特色的景象（图3-11）。

图3-11 桥下河道捕鱼空间

由于农村本身的自然特征和务农现实，农村依然以种田为主要日常活动，而村民也依然很依赖田地带来的粮食蔬菜，所以每家每户都保留几分自家的口粮地（图3-12），这也表明即使海永现在发展了许多房地产、创意项目等现代产业，其乡村本质并没有被摒弃也不应该被摒弃，农村依然需要农田的支撑。这样的空间不仅维持了一个普通农家的日常需求，也组合形成了一个普通农村最本质的风貌特色。

图3-12 传统的宅田一体空间

此外，还有一些由于其功能的特殊性而形成的空间，如沙南村西北部有一座不起眼的小庙，里面供奉着观音菩萨。虽然从空间本身而言毫无特色，因为这只是一个由农居改造的庙，但是由于宗教特色使得它也承担了一部分的村民公共活动和集聚功能。

西侧与崇明交界处形成的带状树林带也是一种特色空间。由于崇海交界的道路通过此处，树林不仅作为崇海两地的分隔带，也为往来的车辆行人提供了良好的景观，这条林荫道不仅作为行政边界有特殊性，也具有观赏性和实用性（图3-13）。

图 3-13 寺庙和林荫道

4 村庄建设

4.1 土地利用

沙南村的行政区面积一共有 4505 亩，其中耕地面积 2478 亩，村庄建设用地 813 亩，城镇居住用地 316 亩（表 4-1）。城镇居住用地包括海上·普罗旺斯（120 亩）、半岛·托斯卡纳（32 亩）、绿岛·江湾城（164 亩）。另外还有数量非常少的生产用地（图 4-1）。

土地利用现状表　　　　　　　表 4-1

村庄名称	行政区面积（亩）	耕地（亩）	建设用地（亩）	
			城镇居住用地	村庄用地
沙南村	4505	2478	316	813

图 4-1 土地利用现状图

4.2 村庄居民点分布

沙南村的传统居民点主要分布在万年路和常东路上，布局呈面状分布，村路交错，乡村住宅与菜地相间（图4-2）。

沙南村近年来大力发展旅游地产，有绿岛·江湾城，海上·普罗旺斯，半岛·托斯卡纳为首的住宅景观。截至2010年人口一共有1635人，其中男性785人，女性850人。

各个居民点分布零散，规模较小，缺乏公共设施，不利于土地的集约化；不利于农业机械化和现代化，使人民生活水平提高受到限制，不利于乡村的进一步发展，难以彻底改变落后的生活环境和生活方式。

图4-2 沙南村居民点分布图

4.3 宅基地、农房建设

主要建设时期分为两个时间点。

1976年，三厂片的汤家、厂洪、常乐三个公社拆迁户在永隆沙南沿定居，组建沙南村，沙南村正式有人居住，农房建设也开始于该时期，万年路和常东路上的农房多数是20世纪90年代以前建造的，其中小部分民居质量较好，多数质量一般，也有部分至今未经修缮的老房子，质量很差（图4-3）。

海上·普罗旺斯、半岛·托斯卡纳、绿岛·江湾城（开盘时间依次为2009年、2010年、2013年）则是近年来才新建的楼盘，结构以钢筋混凝土为主，风格较为现代（图4-4、图4-5）。

图4-3 沙南村民居

图 4-4　已建成的绿岛·江湾城房地产项目

图 4-5　已建成的半岛·托斯卡纳项目

4.4　基础设施

4.4.1　水

自来水由乡里供应，自来水入户达到了100%。但据村民反映，现状供水水质不是很好，自来水有时会有异味，所以有的家庭会将深井水作为备用水源使用。一些房地产楼盘的住户也有此类问题，如绿岛·江湾城居民家中还要自备过滤器。

沙南村供水线路及设施情况统计表　　　　表 4-2

管线名称	起止点	长度	管径	服务范围
沙南村	水厂	5400 米	¤110	沙南村

4.4.2　污水

沙南村的现状污水厂处理规模难以满足其要求，农村地区污水管网有待配套完善。

村庄尚缺污水管，为雨污合流制，缺少排水设施，主要为地面自由排放，村民大多将生活污水直接就近排入水沟里，而港龙河两岸的居民多将污水排入鸽龙港内。

4.4.3　电

海永镇内有 5 条 10kV 线路供电，分别为海永甲线、海永乙线、红长线、东长线和东启线。供沙南村的主要是海永甲线。

沙南村供电线路及设施情况统计表　　　　表 4-3

线路名称	电力来源	输电能力	线路长度	供电范围	变压器数量
海永甲线	南门供电所	4360kVA	14500 米	沙南村、永北村及东西场大队	26 台

4.4.4 通信

沙南村对外通信主要依托海永镇驻地内的基础设施。对于电信用户，海永镇内设有电信所，位于海永镇政府的南侧，海永农商行东侧。而对于移动用户的通信来说，中国移动公司在海永镇共有 GSM 通信无线网络基站 7 座，2013 年新建 5 座。

4.4.5 燃气

海永镇现状气源以天然气为主，液化石油气为辅。天然气气源为启东市启隆乡燃气站，通过乡域东侧的输气管给海永镇供气。沙南村由于未覆盖天然气管道，以瓶装液化石油气作为主要气源，村民需自行前往启隆乡为罐装液化石油气充气。

4.4.6 环卫

海永镇的生活垃圾已于 2007 年纳入崇明县垃圾处理系统进行处理，每天产生的生活垃圾量约为 5 吨。乡内共配备 17 名保洁员工，6 辆人力三轮车，一辆专用垃圾清运车，2 名管理人员，负责海永镇农村环境的保洁工作。每天由保洁员用人力收集车上门小桶换大桶收集，再送到指定地点。沙南村的垃圾停放点位于沙南村 14 组（图 4-6）。

图 4-6　沙南村垃圾停放点

4.5 公共服务设施

4.5.1 村委大楼

沙南村的村委办公地均位于联想社区内的海永镇文化中心大楼（图 4-7），该大楼内还设了文化站、图书阅览室、棋牌室、综合活动室、健身房、舞蹈室、乒乓球室等设施，属于组合布局方式。

4.5.2 文体设施

沙南村的娱乐休闲、文化活动设施比较稀缺，分布较凌乱。本地居民的公共文化活动设施多为居住区广场，如：海上·普罗旺斯前广场和沙南村口广场，乡里的公园是乡民开

图 4-7　沙南村政府驻地

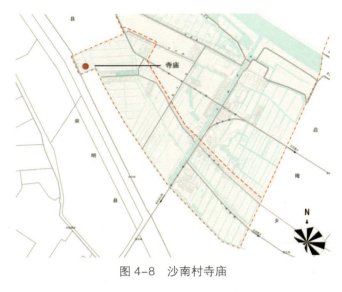

图 4-8 沙南村寺庙

展各类文化活动的主要集中地。足浴店、农庄和娱乐城等休闲娱乐设施较少，且经营状况较差。

沙南村有一个寺庙，尽管都是由民居改建，规模较小，但据了解远近居民都会来这里进行活动，对于了解农村居民的宗教活动具有重要的意义（图4-8）。

4.5.3 养老设施

沙南村在医疗卫生、基础设施方面比较落后，医院、超市不能满足村民的需求。外出打工者多选择回乡养老；而本地居民普遍愿意在家乡养老，主要是比较看中这里的环境。养老金的标准是 60 岁以上老人每月 80 元。

4.5.4 学校

目前村中无小学，需要去位于乡驻地的海永镇学校就读。目前有 1/3 的学生会去海门市区读小学，主要来自经济条件好的家庭，有一半的家长送小孩去海门市读初中。

4.6 村庄治理

4.6.1 合作社

近年来，海永镇以农民专业合作社为载体，让更多的农民加入到休闲农业中来。目前，海永镇成立了农民专业合作社 13 个，其中种植业合作社种植面积达 1487 亩。沙南村经济来源主要为种植甘蔗，有一个甘蔗专业合作社，种植面积为 200 亩左右。

4.6.2 环卫保洁组织管理

海永镇生活垃圾收集机制为：户集中、村收集、县处理。具体环卫机制是：每户配 2 个垃圾桶，全乡共 180 个 240 升垃圾桶。每村配两名保洁员，两个垃圾停放点，全乡共 6 个垃圾停放点。每天由保洁员用人力收集车上门小桶换大桶收集，再送到指定地点，每天由崇明环卫所派一辆专用清运车和两名工作人员清运并送崇明垃圾处理系统处理，环卫所专人负责督促检查。生活垃圾收集处理保证日产日清，100% 无害化处理。

5 农民认知及意愿

本次调研对沙南村的 20 位村民进行了访谈及问卷调查，受访者中男性 12 人，女性 8 人，平均年龄 49.8 岁。通过对访谈问卷的整理，我们对村民在住房、设施环境、产业发展和城乡迁移等方面的认知和意愿进行了如下分析：

5.1 住房情况

海永镇沙南村的村民住房多是农民自建房，建成年代多集中于 20 世纪 80 年代至 20 世纪 90 年代，近年来少有新建房，但翻修的情况较为普遍。就我们所访谈的村民样本中，约65%的家庭近年有过翻修，翻修原因多是由于房屋建成年代较为久远，屋主希望改善居住条件。但也有个别村民表示由于缺少经费，无力进行房屋的修缮和改造，偶有漏水情况发生。

由于房子是由村民自行建造，基本都能够满足各自家庭的生活需求，近年来，许多村民都针对各家不同的需要对诸如厨房和厕所等进行了翻修布置，许多人家中也购置了空调、电脑等设备，如今生活比较方便，因而村民对于现状住房的满意度比较高。

另外，各家屋前均有一小块自留地，多是用来自己种植一些供自家食用的蔬菜瓜果。多数被访村民对宅前屋后的自留菜地感到满意，村民普遍认为这免去了他们日常买菜的麻烦，也替他们省下了一些额外支出。

在后续的规划改造中，考虑到村民的意愿，我们可能会倾向于保留这种传统的房屋形制，保留居民宅前屋后的自留菜地。

5.2　设施及人居环境

沙南村里没有学校，被访村民孩子上学主要去海永镇的学校，也有部分村民的孩子为了追求更好的教育条件去了海门的学校上学。由于海永镇的学校建成年份较新，基础硬件设施比较好，多数村民对学校的满意度比较高，但也有部分村民反应教师质量还有待提高。平时村民主要用电瓶车接送孩子上学，比较方便。

医疗是沙南村村民普遍认为亟须改善的问题之一。沙南村之前曾设过卫生室，但由于利用率较低等原因已被取消，现今村民看病要去海永镇卫生院或者海门或崇明南门的医院。然而，海永镇卫生院没有急诊，晚上也无人值班，并且医生水平不高，药品也少，村民遇到急病大病只能前往海门和崇明南门的医院，但这些医院又距沙南村较远，交通非常不便，因此看病就医成了沙南村民的一大难题。采访中，多数村民希望本村可以有卫生室，但他们同时也承认，村卫生室的使用频率可能不高，并且受制于村里的环境条件，村卫生室的医疗水平也不会高，因此，村卫生室究竟是否应该设立是一个非常尴尬的问题。

沙南村内有村民自家经营的小卖铺，主要经营各类日常杂货和一些小零食，平时客流不大，但已经基本能够满足村民的日常购物需求。由于离家近且方便，多数沙南村民会选择去村中小卖铺购买一些日常用品。村民也会选择去乡镇中心采购一些村中小卖铺无法提供的物品，从沙南村骑电瓶车过去大约一刻钟，耗时在村民的可接受范围内，还算比较方便。

受访村民大多认为沙南村的卫生环境较好，每天定点会有环保工作者前来收垃圾，村内也设有专门的垃圾收集点。但村中缺少污水排放设施，目前村中的污水大多直接向河道中排放，此类基础市政设施尚有待后续加强改善。此外，沙南村的大部分村民目前仍在使用瓶装液化石油气，村民需要自行前往启隆乡充气，往返耗时较久，极为不便，将来可考虑是否能将天然气管道铺设到更大的范围，覆盖沙南村的居民点。

5.3　产业发展

目前大部分村民的主要经济来源是外出打工。一方面是由于沙南村如今的农业发展并不算太好，对就业带动不明显，务农的收入不高，粮食价格下跌；另一方面也是因为村民家中的土地大多数已经流转出去，每亩每年能有800至1000元的收益，村民普遍对此不太满意，认为收益过低。

对于未来的产业发展，村民对旅游业的看法存在很大的差异：一部分人十分支持旅游业的发展，认为本村现在就业机会过少，发展旅游业能够带来更多的就业机会；另一部分人持无所谓的态度，认为村里发展或者不发展旅游业都不会给自己带来好处。但村民普遍认为沙南村并不适合开农家乐，一是由于来往交通不便，游客较少，二是游客普遍倾向于去海永镇东边，一般不会选择沙南，另外由于目前村民年纪都比较大，也没什么精力做农家乐的项目。

目前沙南村有绿岛·江湾城等项目，对于房地产的开发，村民们的态度普遍比较漠然，甚至有部分村民对此比较反感。村民大多认为房产开发与他们没有任何关系，他们无法从中获取实际利益，既无法得到经济条件的改善也不会对他们的生活有什么影响，还有部分村民将其视作某种入侵，认为房产开发破坏了村里的环境。

受访村民表示，他们把土地流转出去，政府负责管理土地上的建设项目，村民实际上并没有参与到任何项目之中，这些项目对他们的生活就业并没有任何实质贡献，这是他们比较不满的问题所在。事实上，村民在意的并不是村里的产业应该怎么发展，他们更关心的是村里产业发展对他们会有什么样的影响，因此，在后续的产业发展规划中，村民能以一种怎样的身份参与其中甚至可能从中获利，是一个值得思考的问题。

5.4 城乡迁移

关于拆迁问题，大部分村民表示他们不希望拆迁，一方面是由于拆迁的后续保障还不够完备，目前村里有拆迁后安置房还未建成，村民只能被迫在外租房的现象存在，另一方面也是由于村民都习惯于原有的生活环境，认为搬进新房子之后就没有门前的自留地可以种植蔬果，会使生活成本有所增加，因而不愿意拆迁。

年长一些的受访者大多愿意在农村居住，主要原因在于农村空气较好，同时这些村民已经习惯于乡村的居住环境和人际关系，觉得在农村更有依靠。但大部分青壮年则期望或者已经在城镇定居，主要原因在于城镇的生活条件更好，设施更完善、便利，同时就业机会更多，收入较高，也能给子女提供更好的教育。

就访谈结果来看，与城市相比，乡村有其本身的特质，这种特殊性有好的方面，也有对其发展不太有利的部分。乡村良好的生态环境和慢生活节奏可能是其优势所在，但同时乡村在基础设施、教育、医疗水平等方面仍然相对比较落后，而这也是制约乡村发展和致使乡村青年人口外流的关键原因所在。

在之后的规划中，我们倾向于利用乡村原本的大地景观和生态环境，同时对基础设施、人居环境进行一定的改善，在保留乡村特质的基础上，改善乡村的生活条件，增加乡村的就业岗位，希望能够吸引一部分年轻人回乡发展。

6 问题总结

根据实地调研我们总结出沙南村存在以下几方面的问题：

6.1 产业发展问题

（1）房地产业：房地产开发建设较无序，沙南村开发了大量中高层住宅，虽然大部分房产已出售，但是大部分空置，常住居民极少。虽然近几年房地产的开发为沙南村的第三产业带来了巨大的提升，但也导致了第三产业发展对房地产业依赖过高，承受市场波动风险的能力较弱。在有限的土地开发完毕后，房地产业将难以继续带来收益。房地产开发建设的高层住宅也对农村风貌造成一定破坏。

（2）旅游业：沙南村的旅游业主要为生态休闲旅游，以农庄、农家乐为主要项目，形式单一、规模小而且缺乏特色。与崇明岛其他主打生态旅游的地区相比，沙南村的旅游业在偏远的区位以及较差的交通可达性的影响下并无优势，导致开心农场、绿品源农庄等主要旅游项目人气不足。

（3）农业：沙南村农业种植以甘蔗为主，品种较为单一，收益不高。大部分村民的耕地已流转，大部分村民不再从事农业生产，因此中青年外出打工带来一定的农村空心化问题。

6.2 村民生活环境问题

（1）沙南村各居民点规模较小，分布较为零散，公共设施较为匮乏，居民生活需频繁进出海永镇中心。居民点缺少公共空间，公共活动较少。还有部分房屋需要修缮，质量较差。

（2）沙南村基础设施配套较差，公共设施服务等级较低，无法满足外来人口对生活条件的需求，这也是新建楼盘入住率低的原因之一。

（3）沙南村缺乏污水管，村民的生活污水排放方式大多为地面自由排放，污水大多直接进入鸽龙港，对环境造成一定影响。沙南村自来水水质不佳，时而出现异味，绿岛·江湾城居民需自备过滤器。

（4）沙南村无天然气管道，居民家中的燃料大多使用瓶装液化石油气，但海永镇无加气站，村民需要前往启隆乡充气，较为不便。

（5）沙南村医疗条件不佳，海永镇卫生所的医疗条件与医疗水平不高，只能看小病，而前往崇明和海门的医院则交通不便。

（6）沙南村部分居民拆迁后未能得到及时安置，旧房子拆了而新房子还没建好，只能在外租房子住。

（7）沙南村村民对村中建设项目参与度不高，村民希望村庄建设能给他们带来直接的收益与生活的改善。

7 发展建议

7.1 整体发展定位

基于对于沙南村以及海永乡整体情况的分析，我们认为在现状条件下经济、人文等各方面无法形成良性循环，要改善沙南村现状必须从调整海永乡整体定位入手，寻找并建构真正适合海永乡的产业结构体系。

根据海永乡现状产业发展情况，全乡主要打造现代农业、创新创意、养生养老与休闲旅游四大产业。但是，四大产业的提出从概念上较为空泛，如果不对其进行进一步细化，则可能导致开发无重点、无计划性。而从实际情况来看，产业与产业之间相对孤立，缺少联系，从而无法达到"相辅相成"的状态，同时各种产业本身的支撑也相对薄弱，综合产业发展情况并不理想。由此更进一步引发了如知名度低、人口空心化、居民生活水平较低等一系列人口社会问题，极大地制约了海永乡的发展。

重新调整海永乡的产业发展定位，首先必须严密考虑其外部环境与内部资源。

从外部环境来说，海永乡位于长三角地区，经济发展水平相对较高。同时，海永乡位于上海市与江苏省边界，是连接上海与江苏的重要纽带。其次，海永乡位于崇明岛北端，崇明"生态岛"的发展定位为海永乡提供了一片极为难得的"净土"，从一定程度上首先排除了海永以生产制造业为核心的第二产业发展。而从第一、第三产业的角度来看，海永乡本地经济不足以支撑起全乡的发展，既是由于本地资源条件的限制，也是源于本地相对较小的人口基数及相对偏低的居民消费水平。因此，对于海永而言，外部经济是全乡发展中的重要一环。一方面，海永毗邻上海，享有一定的区位优势，但是另一方面，也应当认识到，由于交通条件的限制，从上海到海永的时间也并非能够以其直线距离进行计算。从上海出发，单程两个小时的车程可覆盖较大范围，囊括了如西塘、乌镇等著名旅游目的地，因此，海永乡并不享有绝对的交通便捷优势，这要求海永乡通过发展适合的产业，错位竞争，填补上海周边旅游目的地种类的空缺。

从内部资源来说，海永乡固有的乡村基底应当成为其产业发展的基础，既体现乡村环境的本质，又承载了海永乡成陆以来所积淀的历史文化基因。同时，海永乡位于长江入海口，江河资源将可以成为海永有别于其他乡村的独有特色。第三，绿岛集团对于长岛的大规模开发也为拉动海永整体经济水平提供了良好的机遇。除此之外，作为海永乡现状四大产业定位的延伸，已有许多项目开始建设或已经建设完成，对于已有项目（其中以已开发建设的房地产项目为代表，如绿岛·江湾城、半岛·托斯卡纳等），合理有效地进行利用，而非完全拆除再建设，才是最具经济性的选择。

因此，基于以上分析，我们建议将海永乡原有产业结构进行调整，细化产业与产品类型。我们提出将打造以休闲疗养为核心的自然疗养产业，根据产品类型的不同，又可细分为"草木养心"、"花果养胃"、"泥土养身"三大主题。

其中，草木养心主题以草本美容、中医理疗、乡村体验三类产品为核心，旨在满足现代都市人对于乡村静谧生活的向往，同时也满足了草本疗养的休闲需求。花果养胃主题以美食休闲、创意元素、有机种植为核心，引入种植、加工、烹饪等全流程，迎合现代都市人对健康饮食和休闲娱乐的追求。而泥土养身主题以极限运动、滨水休闲、营地活动三类产品为核心，集合自然乡野特色，形成扎根大地的休闲运动项目，在田园泥土环境中强身健体。

结合全乡产业发展定位，沙南村在其中主要承载草木养心主题中的一部分产品，如中药种植与科普、中医理疗养生等。

7.2 具体措施

（1）村域自然环境整治

主要为农田与水环境整治，科学规划农田作物种植，并整治以鸽龙港及其沿岸为主的水环境。

（2）完善村域基础设施建设

完善村域市政管线建设，重点满足居民点供水、供电等需求。规范污水排放，收集并进行统一处理。

（3）推进产业发展

贯彻沙南村在海永乡整体产业发展定位中所扮演的角色，开展中药种植、中药科普、中医理疗等项目，并对中医理疗项目进行重点关注，通过政策优惠及宣传等方式，使中医理疗项目与本地居民点形成长期的对接关系，借此吸引购房者入住，解决现有房地产项目空置的情况。

（4）加强村民参与，共建多方合作机制

在吸引外来经济的同时，加强本地村民与其的联系，为本地村民提供就业岗位，逐步逆转人口空心化的现状，切实提高本地居民的生活水平。同时，多方共同协作，形成政府、企业、村民三方良性互动的良好机制。

海永镇东西场大队调研报告

调研本科生： 查逸伦、盛番、王之晗
　　　　　　 王启轩、李雯骐、王雅桐
指导教师： 栾峰、杨辰
研究生： 杨犇、金倩慧、吕浩
调研时间： 2015 年 8 月

目录

1 **基本概况** 191
 1.1 区位概况 191
 1.2 道路交通 191
 1.3 历史沿革 192
 1.4 人口及流动 192
 1.5 资源现状 192

2 **经济产业** 194
 2.1 第一产业概况 194
 2.2 第二产业概况 195
 2.3 第三产业概况 196
 2.4 土地权属概况 197

3 **人居环境** 198
 3.1 自然环境 198
 3.2 水环境 198
 3.3 其他环境 199
 3.4 东西场大队形态格局 199
 3.5 特色空间 200

4 **村庄建设** 201
 4.1 土地利用 201
 4.2 农业用地 202
 4.3 基础设施 205
 4.4 公共服务设施 207

5 **农民认知及意愿** 210
 5.1 住房情况和家庭结构 210
 5.2 产业发展和村庄建设 211
 5.3 基础设施 212
 5.4 迁移意愿 213

6 **问题总结** 213
 6.1 水系资源的保护与利用 213
 6.2 交通状况差 213
 6.3 公共服务设施水平低 213
 6.4 工业用地布局不合理 214
 6.5 缺乏文化特色 214
 6.6 人口结构老龄化 214
 6.7 村民对现有项目的了解度、参与度都不够 214
 6.8 农业项目与当地的嵌入性不足，定位不明确 214

7 **发展方向分析** 214
 7.1 发展定位 214
 7.2 具体目标分析 215
 7.3 资源整理 215
 7.4 远期愿景 217

1 基本概况

1.1 区位概况

东西场大队隶属江苏省南通市海门市海永镇，处崇明岛东南一隅，位于海永镇的中部，距海门市区约 20 公里，距崇明县城约 18 公里，海永镇政府驻地位于大队界内（图 1-1~ 图 1-3）。

图 1-1 东西场大队区位图（江苏省）

图 1-2 东西场大队区位图（崇明岛）

图 1-3 东西场大队区位图（海永镇）

1.2 道路交通

目前东西场大队与海门市区方向的连接，主要通过镇级道路三厂路到达镇西侧永临汽渡，渡过长江后再走沿江公路，全程约 80 分钟左右；到崇明县走长征公路和港东公路 21.9 公里，约 39 分钟可到达；到上海走陈海公路 113 公里，约 1 小时 58 分钟可到达。

东西场大队水上对外交通包括镇域西侧的永临汽渡用于客运，还有鸽笼港北部的兴隆沙码头用于货运。

客运公交方面，海永镇每天有五班来往海门市的公交，到崇明、上海主要通过南隆专线坐到南门汽车站再换乘各路公交（图 1-4）。

村庄内部的主要道路为南北向的海永大道、沙南路和通江路以及东西向的三厂路、场东路（图 1-5）。南北向鸽龙港河具备行船条件。

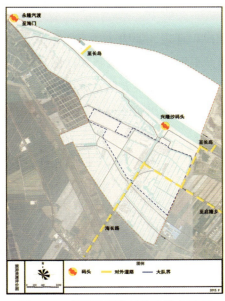
图 1-4 东西场大队对外道路交通图

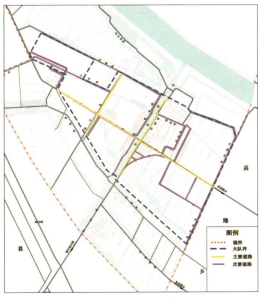
图 1-5 东西场大队内部道路图

1.3 历史沿革

海永镇原为长江泥沙沉积在江中而形成的荒滩，1966年第一批人通过种芦苇（俗称种青）的形式固定、改良土壤，对这块沙土进行改造，后进行围垦。1970年成立"国营海门县永隆沙良种繁育场"，作为县属事业单位。由王浩、包场、东兴、厂洪、常乐等公社拆迁来的200多农户成为永隆沙的第一批居民。1971年建立国营农场，以连队形式进行垦荒。

1975年，海门县组织悦来、四甲、三厂三个区十几个公社的数千民工，以区为单位，分别对永隆沙的南沿、北沿以及西距仅几十米的海永镇沙实施二期围垦，使永隆沙成为崇明岛北沿的一部分。

1976年，海门县四甲、悦来、三厂片多个公社拆迁户在永隆沙定居，使得永隆沙海门部分形成了"小国营（农场）拖大集体（四个行政村）"的格局。国营农场垦荒时选择离江边盐碱地距离适中土壤较好的土地进行开垦，逐渐形成了现在的镇驻地片区。

1993年3月，永隆沙建立基层行政机构——海永镇人民政府，与农场实行两块牌子、一套班子，下辖四个行政村（2001年合并为两个）。设镇后农场改制为企业，转变为现在的东西场大队。

现大队四十岁以上居民为职工身份，仍为事业单位编制。四十岁以下居民为普通农村户口。

1.4 人口及流动

东西场大队户籍人口为800多人，常住人口为500~600人左右，流出人口主要前往上海、海门。同时，还有一个通江居委会位于东西场大队的行政范围内，人口有600~700人，户口在通江居委会的居民不能自建房屋（即没有宅基地），户口在居委会的主要由两部分人组成，一部分为在镇政府上班的机关工作人员及其家属约100多人；另一部分为在绿岛·江湾城、半岛·托斯卡纳、融科·托斯卡纳、普罗旺斯、田园风光等住宅买房的外来迁入人口，约有300~400人。另有100多人的户籍介于东西场大队与居委会之间，该部分人口主要为国营农场改制之前将户口迁至镇内的砖瓦厂等企业中，成为集体户口的人口，目前也统一划归居委会管理。

户口在农场大队里的职工即使到外地居住也不会把户口迁走，原因主要有两方面，第一，家中有宅基地，不迁户口就可以翻新老宅；第二，有退休身份，不想放弃农场编制和社保。

据2014年统计，东西场大队共349户，总人口823人。2013年大队迁入7人，迁出3人；2014年迁入2人，迁出3人。人口机械流动幅度较小（资料来源：海永派出所——人口及其变动情况统计表）。

1.5 资源现状

1.5.1 农业资源

东西场大队农业主要包括种植业、养殖业。

大队农作物种植以棉花、玉米、大豆、小麦为主。水果以西瓜、甜瓜为主。

东西场大队还建设了一批生态农业，以发展特色农产品为主，具体包括：绿大阿斯米尔花卉苗木基地出产的月季、木槿、连翘等；中天玫瑰园出产的玫瑰及玫瑰精油、玫瑰香皂等玫瑰衍生产品；番茄农庄、国农热带植被观光温室出产的有机蔬果等（图1-6）。

大队养殖业除小规模的家庭自主养殖的家禽外，还有江苏福成公司设立的养鸭场。

1.5.2 土地资源

海永镇土地偏碱性，pH 值大致在 7 至 8.2 之间，不利于植物生长，土地肥力较差（海永镇农业部门对土壤的检测一般看三项：（1）pH 值；（2）含盐量；（3）有机质）。

东西场大队界内耕地面积 1700 亩，全为旱田。其中设施农用地 500 亩，种植西甜瓜、蔬菜。镇政府驻地位于大队中央位置，农业用地集中在大队西北和东南方向。

1.5.3 水资源

崇明岛内雨水充沛，年均降水量为 1055mm。降水量季节性变化也较明显，降水主要集中在 5~9 月份，约占全年降水量的 60% 多。

东西场大队境内二级河鸽龙港河长 2.7 公里，是海永镇与崇明水系接轨规模最大、标准最高的河道，也是最主要的引排河道。另有三级河白港河和多条四级河、泯沟（图 1-7）。

东西场大队水资源总量较为丰富，但工程型、水质型缺水问题凸显。由于三级以下（含三级）河道普遍淤积，往往是大河有水小沟干，造成工程型缺水。随着经济社会的不断发展，水污染状况较为严重。

大队水资源利用方式粗放，节约技术水平偏低。农业节水灌溉技术和节水灌溉工程尚未全面推广，农业用水浪费严重；部分中小企业生产技术落后，设备陈旧，水的重复使用率偏低，造成了水资源浪费。

1.5.4 旅游资源

东西场大队界内旅游资源基本可以分为自然风光、建筑和设施、旅游商品、人文活动四大类，包括：

（1）以自然风光为内涵的鸽龙港河（图 1-8）等；

（2）以建筑和设施为内涵的玫瑰小镇、番茄农庄（图 1-9）等；

（3）以旅游商品为内涵的特色农作物等；

（4）以人文活动为内涵的农贸活动等。

东西场大队旅游资源构成种类较少，价值表现较低，且缺乏历史文化类资源和特色非物质文化遗产。同时资源未经开发或开发时间短，相关项目宣传力度小，缺乏正常运营的人力物力，对游客的吸引力小，难以带来收益。

图 1-6　东西场大队农业项目分布图

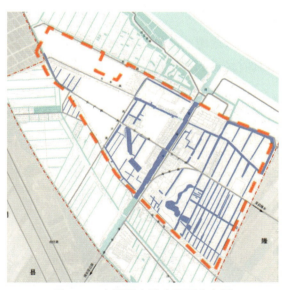

图 1-7　东西场大队水资源分布图

图 1-8　鸽龙港河　　　　图 1-9　番茄农庄

大队自然类资源集中在水系资源上，特征性强，尚未进行相关项目开发，开发潜力大。比较适合休闲度假旅游产品，可以与生态农业旅游相结合，对旅游者具有一定的吸引力。而鸽龙港河现有景观环境一般，沿岸道路维护较差，缺乏亲水性。其他河流、泯沟存在淤积情况。自然资源的开发需要大量的前期工作。

大队界内多个生态农业项目投资较大，但目前多以生产目的为主，旅游配套设施、服务机构建设较差。农家乐项目缺乏人气，也缺乏人员管理，构想中的旅游、餐饮、住宿等多种功能没有展开。

大队旅游商品类资源大多为特色农产品，经济效益较低。阿斯米尔花卉苗木基地出产的特色花木具有较高的经济价值，但在海永镇内无直接购买渠道，基本直接销往海外，与旅游者没有建立联系。

东西场大队目前的农贸、文化活动缺乏地方特色，与周边镇同质化较为明显。

总结：东西场大队旅游产业基础薄弱，资源类型少，需深入开发。目前个体独立发展，缺乏核心竞争力，要加强整合。非物质文化资源缺乏，要引入培育特色产业。

2　经济产业

2.1　第一产业概况

海永镇的西瓜主要出产于东西场大队。东西场大队的耕地面积约1700亩，全部为旱地。耕地基本都被承包，土地租金也是大队的主要集体收入。耕地收益属于承包者。现有设施农用地500亩，主要种植西瓜和蔬菜。花卉苗木依托海永绿大花卉公司，采取"公司+合作社+农户"的形式，由绿大花卉公司提供种苗和技术，农民以户为单位加入合作社，并按照公司标准进行种植，最终由合作社统一收购并送往绿大花卉公司出口创汇，海永镇成为江苏花卉出口第一乡镇。

海永镇农业现状基本是以发展特色农产品为主。在东西场大队行政范围内的农业在建项目主要有玫瑰小镇、番茄农庄和绿大阿斯米尔花卉苗木基地等（表2-1）。

农业在建项目一览表　　　　表2-1

名称	主要功能	规模	投资商
玫瑰小镇	打造以玫瑰为主题的休闲、观光、旅游园区，包括玫瑰婚庆广场、玫瑰餐饮，同时开发玫瑰精油、玫瑰香皂等玫瑰衍生产品	999亩	澳大利亚蔚蓝建设集团投资建设，总投资达1亿元

续表

名称	主要功能	规模	投资商
番茄农庄	绿色景观休闲庄园，由精致农业、花卉种植、园林艺术、中草药培育、原生态水产、有机蔬菜、有机果园、香草园等组成。形成一个有机农产品丰富、观赏性强、集餐饮住宿于一体的农业旅游集聚区	内分40个特色庄园，占地总面积454亩，其中设施种植面积达220亩，观光面积达234亩	总投资6000万
绿大阿斯米尔花卉苗木基地	主要种类有月季、树状月季、木槿、连翘等，是江苏省第一家获得苗木自营出口权的基地，也是南通唯一一家苗木远销至荷兰、德国等欧洲国家的企业。目前，项目在打造玫瑰休闲园区，在建设景观拱门、玫瑰墙等	总面积近377亩	

图2-1　东西场大队鸟瞰照片

从风貌景观的角度来看，东西场大队内现代居住小区和传统民居并存，呈片状集中布局，农田分布在外围（图2-1）。但是农业的组织生产方式已经发生了改变，大片农田流转，开展"现代农业"。村民不再参与到农田活动中，仅在门口的自留地种些蔬果满足自家餐桌需求，搬入楼房的村民则是彻底离开了土地。目前"现代农业"的运转也差强人意，除了给大队带来了土地租金的收入，并没有如预期拉动人气、提升海永的知名度和影响力。在空间上，各个项目各自圈一块地，项目之间、项目与村民之间缺乏联系。在农业景观方面，没能改善海永的景观环境，如绿大阿斯米尔的花卉利用自己的嫁接技术，将经过树状嫁接的月季作为行道树，是富有想象力的尝试，但实际效果远不达"花香海永"所期望的美景。综合来看，东西场大队的第一产业期待改善并做出了一些尝试，但是在目标人群的定位、不同项目之间的互动、项目和村民的互动等方面仍有待提升。

2.2　第二产业概况

2013年海永工业企业共9家，其中3家位于东西场大队行政范围内（表2-2、图2-2）。

工业企业一览表　　　　　　　　　　　表2-2

序号	企业名称	占地面积（亩）	主要产品
1	南通忠联精密锻造有限公司	73	挖掘机，火车链接件等
2	海永并线厂	30	暂停生产，目前对外出租（包括南通荣裕有色金属铸造有限公司、海门市同舟铸件有限公司）
3	海门市永龙沙建材厂	100	砖、瓦

图2-2　东西场大队工业企业分布图

东西场大队的工业企业多依托鸽龙港河的货物运输功能而沿河布置。随着海永"退二进三"的产业调整，滨水的工业将逐渐置换。其中精密铸造厂已谈妥，需补偿1个亿左右。并线厂（图2-3）正在交涉，拆迁后的用地主要作为设计产业园区的发展备用地，重点发展上述相关企业的总部经济。现在具有特色的工业生产方式等工业文化和独具风貌的工业厂房将给海永文化挖掘和空间重塑带来可能性（图2-4）。

图2-3　海永并线厂鸟瞰照片

图2-4　鸽龙港西岸鸟瞰照片

2.3　第三产业概况

位于东西场大队行政范围内有两大农业园区，即番茄农庄和绿大海永阿斯米尔农业新天地。在旅游配套方面，海永镇的中等水平酒店住宿业项目有番茄农庄度假村酒店和鼎杰快捷酒店。其中鼎杰快捷酒店在联想新城附近，是小型宾馆，有20个房间，有来上海旅游的人和外地来此工作的人居住。前台介绍，暑假是入住的淡季，清明节、五一劳动节是旺季。

餐饮设施主要位于番茄农庄。其定位是水准较高的食品烹饪，且对游客具一定的吸引力。目前番茄农庄的经营状况不尽如人意，缺乏人气。其余小型农家乐、吃吧饭店等个体经营的中餐馆服务对象主要是乡民，消费水准低，质量不高，难以成为游客、旅客餐饮消费的首选。

2.4 土地权属概况

东西场大队的土地均属于国有土地，卖给房地产公司的价格大约为160万元一亩。目前共有2000亩左右的农业用地，租给番茄农庄450亩，租给美丽中国空间（建筑）设计产业园650亩，每年每亩1200元的收入作为农场集体经济，主要用于职工工资、农场管理、养老金及医保支付等，其中从番茄农庄每年约收100万租金，用于农场职工社保与医保。

2008年前，为解决上级财政困难，镇政府将农场的700多亩土地租给国农置业，租期从2008年到2027年，共计20年，共收租金1600万左右，但收入不归东西场大队（图2-5、表2-3）。

图2-5 重点项目分布图

重点项目一览表　　　　　　　　　　　　　　　　表2-3

项目名称	项目类型	占地面积
玫瑰小镇	特色农业	996亩
番茄农庄	特色农业	454亩
绿大阿斯米尔花卉苗木基地	特色农业	473亩
美丽中国空间（建筑）设计产业园	创意设计园区	232亩
联想新城	房地产	97亩
36度·阳光假日酒店	房地产	70亩
国农·蓝湖湾	房地产	220亩
融科·托斯卡纳	房地产	38亩
鸿泰·乐颐小镇	房地产	103亩

玫瑰小镇：打造以玫瑰为主题的休闲、观光、旅游园区，包括玫瑰婚庆广场、玫瑰餐饮，同时开发玫瑰精油、玫瑰香皂等玫瑰衍生产品。是海永乡目前"花香海永"主题的重要组成部分。

番茄农庄：其定位是绿色景观休闲庄园，由精致农业、花卉种植、园林艺术、中草药培育、原生态水产、有机蔬菜、有机果园、香草园等组成。形成一个有机农产品丰富、观赏性强、集餐饮住宿于一体的农业旅游集聚区。但目前番茄农庄人气不足，各个片区未得到充分利用。

绿大阿斯米尔花卉苗木基地：是江苏省第一家获得苗木自营出口权的基地，也是南通唯一一家苗木远销至荷兰、德国等欧洲国家的企业，主要种类有月季、树状月季、木槿、连翘等。目前，项目在打造玫瑰休闲园区，在建设景观拱门、玫瑰墙等。土地目前是租用的村里土地，当时共租用473亩，目前已种植200亩左右，租期为20年，从2008年至2027年。土壤呈碱性及企业的技术支持等问题是绿大的发展瓶颈。

美丽中国空间（建筑）设计产业园：由广东同天投资管理有限公司投资建设，采取总体规划，分步开发的方式，项目一期占地232亩。从承接两地、承载设计、对接产业、服务产业的角度出发，并以此为核心形成设计产业集群区，为美丽乡村和城镇化发展相融合设立示范，并带动相应的会展、教育培训、创新材料、观光旅游、养生养老等新兴产业。目前设计空间共有20家企业入驻，其中15家已经挂牌，另外5家正在注册审核。目前真正在这里办公的企业很少，公司也不强制要求企业在此办公，大部分以展览空间为主。其成立初衷是希望依托上海和南通的优势，在建筑设计和建筑施工方面，实现设计施工一体化。但是就目前实践来看，当初的设想不够成熟。

联想新城：行列式多层居住小区，和一般城市中的居住小区类似。最初为永北村居民拆迁后的安置房，现在社区中也有在此租房的外来打工者和房屋拆迁暂时租住在此的本地居民。联想新城的入住率较高，社区及社区周边正是海永居民经常活动的地方。

国农·蓝湖湾：于2014年完工的房地产项目，包含多层、小高层和独栋别墅等多种类型的房产，目前还在销售。目标客户群来自上海，期待长岛开发为地产带来增值空间。和崇明县的房地产项目相比主要的优势是房价较低。

融科·托斯卡纳：于2011年完工的房地产项目，多数投资者是基于绿地"长岛"投资升值的预期买房，非房产刚需居民。面临房屋空置的问题。

鸿泰·乐颐小镇：正在建设的养老地产，主要面向来自上海有意愿在海永镇养老的老人，目前通过上海房展会的途径组织上海消费者实地考察。项目本身同样面临交通瓶颈和公共服务设施不足等问题，房屋未来的销量以及销售后的入住情况仍是一个问号。

3 人居环境

3.1 自然环境

东西场大队的自然环境总体来说以农业种植形成的苗圃和以鸽龙港河为中心的水网为主调，缺乏对自然环境的系统性整合、规划和利用，原始淳朴的环境使得景观的建设有很大潜力。

3.2 水环境

东西场大队地表水资源丰富，水网交错（图3-1）。二级河鸽龙港河是海永镇与崇明水系接轨规模最大、标准最高的河道，也是最主要的引排河道，它由南至北穿过东西场大队，全长2.243公里，在东西场大队域内有约1.1公里。河道边有简单的绿化种植，没有形成完整的河畔景观。除了鸽龙港河，

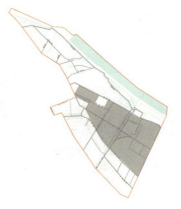

图3-1 东西场大队水环境

图3-2 鸽笼港河

域内还有若干条四级河，许多泯沟，主要的水域基本形成环状，域内处处见水。鸽龙港河的水质达到《地表水环境质量标准》GB 3838-2002 Ⅲ类水质标准，其他地表水水质良好，少部分受到农业影响，略有污染（图3-2）。

3.3 其他环境

东西场大队南面主要为农业用地，种植有水稻、小麦、玫瑰等作物，保持着乡村田园风貌，域内主要道路海长路两边种植有嫁接月季作为行道树，因其体积较小，形不成连绵景观。除农田外，还有一片片的鱼塘散落在各处（图3-3）。在东西场大队区域北部社区中，绿化率都较高，除社区绿化外，大队域内还有一些零星的街头绿化。

域内较为干净整洁，人为污染少，但南部旧砖窑厂对空气有一定污染，经过时偶有异味。

大队西侧的玫瑰小镇地块在花季遍布玫瑰，有一定观赏价值，但目前并没有形成较大规模（图3-4）。

图3-3 农田、鱼塘

图3-4 玫瑰园

3.4 东西场大队形态格局

东西场大队现在的建成区基本集中在鸽笼港河两侧，以国农桥为中心向四周扩散，目前呈现一个"T"字形（图3-5），东面是乡政府和设计空间以及一些工业厂房，西面主要是联想新城及其他居民点。其中一些居民点中村宅呈现长条状，如珍珠项链般排列在水道边，富有特色。

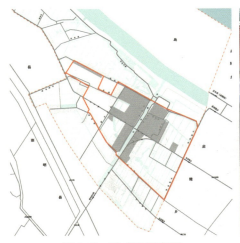

图 3-5　建成区示意图　　　　　　　　　　　　　　图 3-6　农民街

3.5　特色空间

3.5.1　农民街

由于海永镇总体缺乏供乡民活动的公共活动空间，鸽笼港河西侧国农桥畔的小空地以及与之衔接的较多小商业聚集的农民街就显得十分珍贵，人气很旺。尤其是每周四，此地会举办集市，水果摊、小吃摊、杂货摊一字摆开，成为乡里不多的热闹非常的景象。农民街一侧靠水一侧有店，独具特色，但作为商业一条街，品种不够完善，店面住宅的外观也略显破旧，沿河景观特色没有得到强调，整体来说十分具有改造开发的潜力（图 3-6）。

3.5.2　国农桥

作为连接海永镇鸽笼港河东西两侧最主要的通道，国农桥成为东西场大队域内重要的空间节点，国农桥形态简洁大气，桥墩上刻有介绍十二节气内容的图形文字，体现了海永镇的农业特色氛围，给人以强烈的空间意象。从崇明县方向进入海永镇后，视野开阔，远远可以望见国农桥，是海永镇的一个地标（图 3-7）。

3.5.3　码头

鸽笼港河东侧有数个小型的凸堤式码头，供来往运送生活物资和建材的船只使用，码头上有岗亭和吊车，视觉印象深刻（图 3-8）。

图 3-7　国农桥　　　　　　　　　　　　　　　　　图 3-8　码头

3.5.4 海门市永隆沙砖窑厂

在东西场大队东南部有海门市永隆沙砖窑厂，砖窑厂建设于海永成立初期，历史颇为久远，厂房建筑由红砖砌成，体量大，特征显著，现在处于半停运状态，未来可做改造将其进行功能置换，发挥其空间特色（图3-9）。

图 3-9 砖窑

4 村庄建设

4.1 土地利用

东西场大队全村占地共284.57公顷，现状耕地面积1405亩（93.67公顷），人均耕地面积1.8亩（0.12公顷）。

4.1.1 居住用地

（1）现状居住用地布局

东西场大队现有居住用地33.84公顷。城镇居住用地主要分布于新建的联想社区以及正在建造二期的滨江小区。村庄居民点居住用地主要分布在三长路南北侧以及永兴西路北侧。

（2）存在问题

现状村庄居民点居住用地整体分布较为分散，到达乡镇公共设施服务点距离较远。

4.1.2 工业用地

（1）现状工业用地布局

东西场大队内现状工业用地26.21公顷。工业用地主要分布在通江东路以东，三厂路以北，园区路以西的地区。主要单位有2个砖窑厂、南通忠联精密锻造有限公司（50亩）、设计空间、海永并线厂（32亩）以及永隆沙建材厂。

（2）存在问题

现状工业企业多为金属机械设备加工、建材等企业，工业产品附加值较低，并存在一定污染性；工业用地集中于乡驻地核心空间，土地使用集约性和经济性均较差。

（3）后期规划

由于"退二进三"的导向，乡政府正在对上述工厂进行逐步拆迁，其中精密铸造厂已谈妥，需补偿1个亿左右。并线厂正在交涉，拆迁后的用地主要作为设计产业园区的发展备用地，重点发展上述相关企业的总部经济。

4.1.3 公共设施用地

（1）现状公共管理与公共服务用地布局

东西场大队村域内现有公共管理与公共服务设施用地 3.69 公顷。其中行政管理用地 1.3 公顷，镇政府驻地用地 1.1 公顷；教育科研用地 2.13 公顷，集中布置了海永学校初中部、小学部以及幼儿园；医疗卫生用地 0.12 公顷，为海永乡卫生站；宗教设施用地 0.14 公顷，为一所基督教堂。公共服务设施用地面积普遍偏低。

（2）存在问题

海永镇现状公共管理与服务设施配套大多集中在东西场大队行政区域内，但普遍用地面积较小，乡驻地缺乏独立的文化设施用地。村域内配套体育、医疗设施条件较差。

在联想新城小区内有一定面积的社区活动场地以及社区活动中心，但其他村庄居民点基本没有公共活动场地。整个东西场大队村域内无社会福利设施，公共管理设施服务水平较低。

4.1.4 商业服务业设施用地

（1）现状商业服务业设施用地布局

东西场大队现状商业服务设施用地面积为 5.1 公顷。

（2）存在问题

东西场大队现状商业服务设施主要集中在沿鸽龙港河两侧以及三长路两侧，对农村居民点的服务均好性较差。

4.1.5 物流仓储用地

海永镇驻地物流仓储用地 9.5 公顷，零散分布在鸽龙港河两侧，以砂石、粮食堆场为主。

4.1.6 交通设施用地

（1）现状交通设施用地布局

到 2012 年底，东西场大队已通达道路里程数为 4 公里。已通达道路中，行政级别为三级、四级公路，级别较低；三级公路中三厂路宽 6 米，四级道路宽度包括 4 米、4.5 米两个级别。

（2）存在问题

东西场大队现状已基本实现进村道路硬化，但仍有部分村庄道路为石子路，道路的连接、服务功能未能充分发挥。镇驻地缺乏独立的停车设施。

4.1.7 绿地

（1）现状绿地布局

东西场大队的主要绿地集中在镇政府驻地。镇驻地绿地面积为 1.70 公顷，其中包括公园绿地以及广场用地。

（2）存在问题

镇驻地绿地、广场用地总量严重不足，居民缺乏公共活动的开敞空间。

4.2 农业用地

东西场大队现有农业用地共 2000 亩左右，截至目前，村域内正在开发的现代农业项目有：绿大阿斯米尔花卉苗木基地（占地473亩）、玫瑰小镇（占地995亩）、田园牧歌（占地384亩）以及番茄农庄（占地454亩）。未来规划将剩余农业用地中的650亩地租给美丽中国创意空间产业园（表4-1，资料来源：海永镇政府，图4-1）。

东西场大队主要现代农业企业项目一览表　　　　　　　　　　　　　　　　表4-1

序号	项目名称	投资主体	占地面积
1	绿大阿斯米尔花卉苗木基地	江苏绿大海永农业发展有限公司	473亩
2	玫瑰小镇	澳大利亚蔚蓝建设集团	996亩
3	番茄农庄	番茄农庄有限公司	454亩
4	田园牧歌	联想集团	384亩

4.2.1 村庄居民点分布

东西场大队村域内共有集中居民点4处，分别为联想新城、西场一队、东场一队以及东场。其中共包含了31.66公顷的城镇居住用地以及13公顷的村民住宅用地，对应的村落形态及其特征各有不同（表4-2）。

图4-1　东西场大队土地使用现状

东西场大队村庄居民点分布及其特征　　　　　　　表 4-2

居民点	村落形态遥感图	村落特征	分区
联想新城		建造于 2010 年，占地 97 亩，主要为拆迁安置房。建造年代较近，建筑质量较高，均为多层住宅，配有社区活动中心以及多处健身器材，环境较好。住宅行列式布置	村域西部
西场一队		住宅多为 20 世纪 80 年代所建，西侧大部分居民对老房进行改建重整，因此现状房屋多为低层独栋住宅，由一条主路进入居民点内部。住宅两侧为每户自留地，供居民种植少量蔬果。村落保留较为完整，住宅质量一般	村域西南部
东场一队		住宅沿河布置，多为低层独栋，年代较久，建筑质量一般。由主路进入村民点内部，布局方式较为原始传统。村民点内部自留地面积较多，形成绿化院落的良好景观。整体村落肌理保留较为完整	村域东北部 
东场		村落占地面积较小，建造年代大多为 20 世纪 80 年代，均为低层独栋住宅。村落沿河道展开，由中间主路进入，院落体系较好	村域中部

4.2.2 农场住房建设

东西场老一队（位于海长路东端）已被拆迁安置到了滨江小区一期，拆迁后的建设用地用于酒店项目的建设。

东西场大队的户籍人口可分配宅基地用以建房，按 3 人及以上户 94.5 平方米、2 人户 80.5 平方米，单人户 63 平方米的标准，大队统一安排的宅基地位于滨江小区东侧。2015 年已批了 6 户新建宅基地，已开工 3 家，待开工建设的也有 3 家。目前正在申请的有 6 户。2012~2014 年，两年共批了 8 户宅基地，其中有 7 户已建设。2011~2012 年约有 2~3 户已批宅基地。2010 年前由于村民普遍不看好海永镇的发展前景，外出寻求发展机会，因此申请宅基地新建住房的职工并不多。目前宅基地申请条件如下：户籍必须在东西场大队；此前未享有自建宅基地的待遇；家中已自建的住房（申请人父母建的住房）面积未超标。同时符合上述三个条件才可申请宅基地新建房。

大队现集中建房点（备用宅基地）紧挨已建成房屋的东北部，最多约能容纳 18 户。在较早的已建宅基地中，道路一侧一排可建设 2 户，前后房屋 25 米，现在因用地紧张，一排必须容纳三户，前后房屋 23 米。在已建宅基地有一块大面积的晒场，现已用于新建民房建设（图 4-2~ 图 4-4）。

图 4-3　东西场大队的集中居民点示意

图 4-2　东西场大队的现有村庄居民点　　　　　　图 4-4　东西场大队在建的民房

4.3　基础设施

东西场大队主要基础设施如图 4-5 所示。

4.3.1　给水工程

（1）水源及供水规模

东西场大队采用 2 口地下深井供水，水厂（图 4-6）位于东西场大队北侧，北临蓝湖湾小区，东临鸽龙港河，供水能力为 2500 吨 / 天。2012 年开始已对接崇明供水管网并建设相应泵站，纳入崇明供水管网。

图 4-5　东西场大队主要基础设施　　　　　　　　图 4-6　海永镇水厂

（2）给水管网布局

现状供水管网以枝状为主，镇驻地沿鸽龙港河两侧部分为环状管。供水干管管径为 dn90~160 毫米，供水支管管径为 dn50~75 毫米。

（3）现状问题

村民反映现状供水水质不是很好，自来水有时会有异味，所以有的家庭会将深井水作为备用水源使用。一些房地产楼盘的住户也有此类问题，如绿岛·江湾城居民家中还要自备过滤器。

4.3.2 排水工程

（1）排水体制

东西场大队排水体制为不完全分流制，有部分污水管道，雨水自由排放。

（2）污水处理厂

第一污水处理厂自 2010 年 12 月开始运营，位于东西场大队北侧（图 4-7）。处理工艺为 A/O，现状污水日处理能力为 500 吨，规划日处理能力为 1000 吨。

（3）污水管网布局

污水管流向大致从南向北，流至污水处理厂经处理后排放，管径 dn400~600 毫米。

（4）存在问题及分析

未来随着经济社会发展及建设项目的落实，现状污水厂处理规模难以满足其要求。东西场大队作为全镇主要建成区域和镇政府所在地，污水管网急需配套完善。

鸽龙港附近还存在砖窑厂、电镀厂、居住小区等污染源，污水直接排放，对鸽龙港水质造成污染，也给村民用水带来不便。

4.3.3 电力工程

东西场大队的供电一直由 35kV 启隆变电站、110kV 红星变电站和 35kV 东风变电站提供。2015 年 5 月海门市海永乡委托由上海市崇明县供电公司直接供电，用上了上海直供电，并且建成了 35kV 变电站，破除了海永用电难、用电贵的瓶颈，而且能够满足海永几十年后不用升级变电站（图 4-8）。

图 4-7　污水处理厂

图 4-8　35KV 海永变电站

4.3.4 邮政设施

（1）邮政设施

东西场大队有邮政所一处，位于场东路1号，国农大桥的东侧，占地约100平方米。现有工作人员一名，半天营业，半天投递。经营业务主要有：出售邮票、信封，收寄挂号信、平信，收订报刊，投递包裹、特快专递、信函、报刊等。全年的报刊流转额7万元。

（2）广播电视

东西场大队设有广电站一处，30平方米，位于乡政府南侧。现在供全乡约1100户，2008年实现"户户通"。

4.3.5 燃气工程

（1）现状概况

目前东西场大队已采用天然气管道供气，燃气管道的投资、运营和管理由海门华润燃气有限公司特许经营。

（2）气源

东西场大队现状气源以天然气为主，液化石油气为辅。天然气气源为启东市启隆乡燃气站，通过乡域东侧的输气管给东西场大队供气。

（3）燃气管网布局

现状燃气管网大致呈T字形，沿长海公路–国农桥–同西路布局，覆盖东西场大队主要交通线路。输气干管管径为dn110~160毫米，通向用户的支管管径为dn63毫米。

4.3.6 环境卫生设施

（1）现状概况

生活垃圾2007年已纳入崇明县垃圾处理系统进行处理，每天产生的生活垃圾量约为5吨。共配备17名保洁员工，6辆人力三轮车，一辆专用垃圾清运车，2名管理人员，负责海永镇农村环境的"四位一体"保洁工作。

（2）垃圾点位置

东西场大队共有3个垃圾停放点：长海路东侧加油站南侧、东场路滨江小区西侧、三厂路北侧海永幼儿园南侧。

无垃圾填埋场，有公共厕所两处。

4.4 公共服务设施

东西场大队主要公共服务设施如图4-9所示。

4.4.1 村委

东西场大队村民委员会与其他两个村村民委员会共用一个村委大楼办公，位于联想新城内（图4-10）。

4.4.2 学校

（1）现状概况

幼儿园、小学、初中都集中于东西场大队内部三场

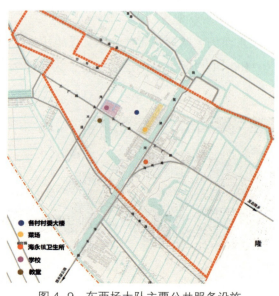

图4-9 东西场大队主要公共服务设施

图 4-10 村委会

图 4-11 学校

路与海永大道交叉口东北侧,由东洲中学教育管理集团(海永校区)统一管理,集中建设(图4-11)。

据学校老师介绍,现有学生约300人,老师近100人。

(2)存在问题

无高等中学,并缺少其他教育机构,且由于户口问题,海永学生须到江北海门就读高中,其中很多不再回乡,导致了年轻一代在海永镇的断层。

4.4.3 商业服务

(1)现状概况

东西场大队的鸽笼港西岸、国农桥北侧区域,是海永镇最重要的商业街。根据海永镇个体工商户登记台账(商业),海永镇有商业网点136个,主要以小超市、餐饮店或其他杂品店为主,大部分都在东西场大队这条滨水的商业街上,并以底层商业为主要形式,其中有一个小型菜场(图4-12)。

(2)存在问题

现状小超市及小商店数量较多,但集中于一点,分布不均。缺少商品类型齐全、辐射面积较大的大中型购物场所,游客消费服务配套滞后。

4.4.4 体育设施

(1)现状概况

东西场大队现状无独立体育设施用地(图4-13)。现有体育设施四处,其中滨江小区周边有面积为3500~4000平方米的运动场地,为篮球场和绿化用地;联想社区中有健身活动室;番茄农庄内设网

图 4-12 菜场

图 4-13 沿河健身场地

球等运动场地设施。

（2）存在问题

海永镇无独立体育设施用地，居民缺乏体育健身空间。

（3）规划建议

新建体育活动中心一处，选址位于海永中学以东、联想新城以西、三厂路以北的地块。

4.4.5 文化设施

（1）现状概况

东西场大队现状文化设施主要位于联想新城社区中（图4-14），总建筑面积1000平方米；建筑内设图书阅览室70平方米，棋牌室40平方米，综合活动室300平方米，健身房40平方米，舞蹈、乒乓球室150平方米。

（2）存在问题

缺乏独立的文化设施用地，现状文化设施的用地较为局促。

（3）相关规划及主要部门建议

拟新建文化中心，选址位于学校周边。

4.4.6 养老卫生

（1）现状概况

东西场大队内部现有卫生所一处，为海永镇卫生院（图4-15）。现状基础设施较差，建筑面积300平方米，1980年代建成。医院编制4人，按海门市标准按照服务人口的1.1‰设置编制（无床位医院至少5个编制），上级划拨18个床位，人手不足，乡两会已提案增加编制。

图4-14 海永社区文化中心

图4-15 海永镇卫生院

卫生院主要功能为辅助检查，现主要仪器设备已具备，缺少人手。乡65岁老年人健康卫生体检需从市里借调人手；乡医保可以覆盖到海门就医。

现无养老和社会福利设施。

（2）存在问题

卫生所建筑陈旧、空间局促、在编医生人数过少，无法满足居民基本医疗保障需求，也阻碍了海永镇未来养老休闲产业的发展。

5 农民认知及意愿

我们对东西场大队的 23 位村民进行了访谈及问卷调查,其中受访者中男性 14 人,女性 9 人,平均年龄 53.2 岁。

5.1 住房情况和家庭结构

5.1.1 个人和家庭情况

受访村民平均年龄 53.2 岁,其中男性平均年龄 54.6 岁,女性平均年龄 52.9 岁,年龄结构如图 5-1 所示。受访人群整体年龄偏大,60 岁以上占比 43%。户均人数 3.15 人,其中多数为"祖辈+孙"类的家庭,也有少量单身家庭或三代同堂家庭。在访谈过程中我们了解到,"祖辈+孙"家庭普遍情况为家中的青壮年劳动力在长岛或外省市工作,孙辈年龄较小,由祖辈照顾。

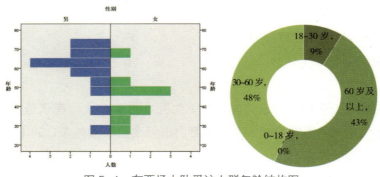

图 5-1　东西场大队受访人群年龄结构图

受访人群整体文化程度不高(图 5-2),仅两人接受过高等教育,接近一半的人没有接受九年义务教育。其中拥有本科学历的两人为镇政府东西场大队的村支书夫妇二人。在目前从事的工作方面,务农比率极低,与近年农产品价格下降以及海永的整体开发策略有关。在访谈中一些村民提到,"现在干什么不比种田赚钱多?哪还有人愿意种田啊"。由于村内有玫瑰小镇等大型农业项目,村民手中的土地基本上以流转形式租出。在退休村民中,一部分人由于原先东西场大队的特殊职工身份,拥有 2000 元每月的退休金,整体生活水平较高,访问中他们也说,"有退休金,我们平时的生活基本能够保证了"。青壮年以打工和个体经营为生,打工地点多在长岛或崇明岛的工厂,外出打工的原因通常

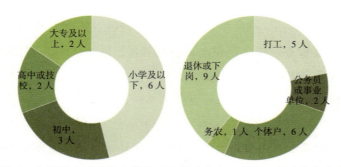

图 5-2　东西场大队受访人群教育水平(左)、从事工作(右)分布图

是经济原因,"在海永乡没什么地方招人,工资还低,只有到外面去工作",长岛的大规模开发吸纳了大量海永的劳动力。

5.1.2 住房情况

受访的村民均居住在宅基地自建的住房中,建成年代差异较大,平均建成 14.6 年,多建成于 2000~2005 年,一些比较破旧的单层平房建于 20 世纪 80~90 年代,建筑质量较差,条件较好的家庭住房建设及维护较好,面积也较大,他们也将其中的部分房间整修供出租。村民的住房建筑面积集中在 50~200 平方米,为 2~3 层的平顶或坡顶建筑,除年代久远的平房外,外观均有粉刷,风貌尚可,村民对住房的满意度也较高(图 5-3、图 5-4)。我们注意到,村民对居住质量的敏感度较低,而对土地的依附较强,村民普遍对"上楼"十分抗拒,因为他们对宅基地感情较深,"我就喜欢家门前那块地,平时可以种种蔬菜什么的,还可以活动"。然而部分村民的居住条件仍较差,在对一户村民的访谈中我们了解到,她家的平房仅 40 平方米,建成于 1982 年,她家的经济状况并不允许新建一个住宅。

图 5-3 东西场大队村民住宅

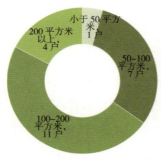
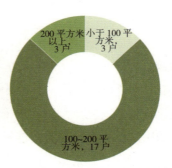

图 5-4 受访人群住房建筑面积(左)和宅基地面积(右)统计

在对住宅内的配套设施调查中,村民对基本电器的拥有率较高,电灯、电视等覆盖率基本为 100%,其中 23 户中有 6 户没有空调,仅有 8 户通了宽带网络。对于网络的需求,村民通常认为"平时看看电视就够了,不会上网,也没有什么特别的需要要上网"。

5.2 产业发展和村庄建设

5.2.1 产业发展

村民对目前海永镇村庄的产业发展情况了解程度很低,对乡村旅游等产业的发展持模糊的态度。在村庄历史和文化特色上,几乎所有村民均认为这里的历史文化特色"基本上没有",村民也缺乏文化的共同记忆和认同感，觉得这里是一个没有价值的地方。

村民目前最关心的仍是自身的经济状况改善，受访村民的主要收入来源为打工和土地流转，因此他们十分关心本村以及附近的招工情况和国家土地流转政策的改变。他们对本村普通工人的工资并不满意，认为土地流转时每亩的补偿金也需要提高，目前补偿金每年仅有800元/亩。在询问村民对发展旅游的态度上时，村民也以经济利益为主要评判标准，"如果赚钱那我们肯定做，但是目前做不起来，赚不到钱"。对于乡村目前发展的产业，村民的了解甚少，特别是科技创意产业"美丽中国"项目等，他们仅仅知道名字，对具体是什么、做什么毫无了解。

5.2.2 村庄建设

村民对目前的村庄建设情况和村容村貌都比较满意，大部分村民也愿意加入乡村建设中，前提是政府给予足够的支持和经济援助。村民主要的不满是海永镇无法提供他们满意的就业岗位和薪水，导致他们必须去外地谋生（图5-5）。

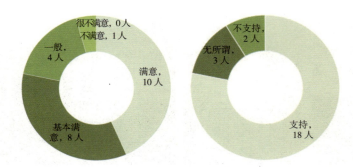

图5-5 受访人群对村庄建设（左）和美丽乡村建设（右）的态度

5.3 基础设施

5.3.1 公共服务设施

村民对公共服务设施的满意程度较低，不满集中在医疗、教育、出行和活动四个方面（图5-6）。村民对海永镇的卫生室评价较低，主要是医疗水平低，"感冒都看不好"，村民生病之后只能选择海门市的医院或崇明岛上的医院，村民迫切希望能够改善卫生室的条件，引进一些先进的设备和药品。村民对本镇的教育水平同样诟病，海永镇目前仅有一所小学——海永学校，就读人数很少，在采访村民时他们说，"不放心把孩子送到那儿去读书，老师教得不好"，大部分稍有财力的村民在孩子小学或初中阶段就把孩子送到海门市区去读书，这也是本村人口流失的另一大主要原因。另外，村民反映供他们娱乐与运动的设施很少，偶尔有一些海门市组织的巡回演出，平时只能在家，和村民的交流也

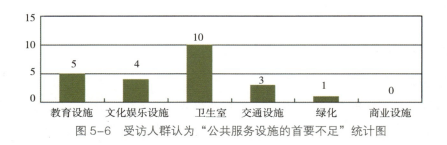

图5-6 受访人群认为"公共服务设施的首要不足"统计图

仅限邻居。最后，村民普遍认为海永的交通状况较差，对外联系的道路太少，公交班次太少，出行很不方便。

5.3.2 市政设施

村民对村内市政设施的现状基本满意，唯一不满来自于对村庄水系污染的担忧，村民通常认为是"村子东边的砖窑厂把废水排到河里，河很臭很脏"。几年前村民还把河里的水作为生活杂用水，现在已经不行了。目前村子里并没有统一的排水系统，村民生活用水的循环很大程度上依赖水系。

5.4 迁移意愿

大部分老龄受访村民并没有迁出的意愿及打算，他们仍认为农村是最理想的居住地，有少量老人希望迁出跟子女同住，而青壮年的迁出意愿强烈，一方面他们希望享受更好的公共服务，另一方面他们觉得城市的工作待遇更好。

6 问题总结

通过现状调研，我们总结分析得到东西场大队内目前主要存在着以下几方面的问题：

6.1 水系资源的保护与利用

在东西场大队内，水资源较为丰富，形成以鸽笼港为一级水系、沿路水渠为二级水系、结合田间坑塘沟渠的完整水系。但现状对水资源的管理不足以及工厂直接排放污水入河导致水质较差，部分渠道堵塞，水资源没有得到充分保护与利用，水环境整体情况较差。

6.2 交通状况差

目前东西场大队对外道路少，仅通过一条三级道路连接汽渡码头通向海门市区、一条公路连接上海市区。对外交通不便，使其与海门与崇明岛的连接都不够密切，制约其后续发展。

而内部道路虽基本实现硬化，但部分连接乡驻地的道路仍没有进行硬化，使居民点与主要公共场所之间存在通行上的阻碍。

此外村域内缺乏慢行交通，非机动出行存在较为明显的安全隐患，不利于其后续规划旅游活动的展开。

6.3 公共服务设施水平低

东西场大队内仅有一处卫生站，且村民普遍反映医疗卫生设施条件差，无法满足日常需求。此外，镇内教育设施仅一所小学和初中合并的学校，教育水平低，使镇内大部分学生前往海门上学，进一步造成人口流失。

另一方面，镇内村民娱乐活动设施不足，商业类型少，且布置相对集中在三长路两侧，而居民点则较为分散，现有的公共服务设施无法均好地覆盖到村域内的各个居民点，使部分居民使用并不方便。总体呈现公共服务设施数量、种类不足，质量水平低的问题。

6.4 工业用地布局不合理

东西场大队内工业用地较多集中在鸽笼港两侧，紧邻村庄居民点，规模相对较大且大部分为砖窑厂等，易对周围居民点的环境以及水质造成污染，影响生活。

从整个村域范围来看，工业用地相对集中于镇驻地核心空间，占据滨水空间，制约乡村滨水商业活动的展开，使得土地使用集约性和经济性均较差，不利于乡村第三产业的建设。

6.5 缺乏文化特色

东西场大队为海永围垦后第一批建设的农场大队，是海永镇发展历程中的一个重要部分，同时村域内尚存国农桥、围垦纪念石碑等具有历史价值的资源。但这些资源均未被重视及充分利用，使得乡村缺乏文化特色。

6.6 人口结构老龄化

东西场大队内的常住人口以老年人为主，年轻人群大多离开本镇外出打工，仅在周末或节假日回到海永镇看望父母。整个乡村对年轻人的吸引力不足，既体现在村内就业能力不足，无法提供足够的就业岗位留住年轻人在此打工；又缘于村内无法为年轻人口提供满足其需求的公共服务等设施，因而也造成乡村老龄化人口情况逐渐加剧。

6.7 村民对现有项目的了解度、参与度都不够

通过访谈了解到，村内的项目规划未曾征集过村民意见，使得村民对村内产业项目建设具体情况普遍不清楚，也无法参与其中。产业项目与村民之间的脱节现象也造成现有项目规划未将村民纳入利益集体，无法体现民意亦无法有效改善居民生活的状况。

6.8 农业项目与当地的嵌入性不足，定位不明确

村内现有多处农业开发项目，但这些项目运营现状呈现人气明显不足的现象，经济效益也较低，没有对村庄的发展起到积极带动作用。房地产开发中出现房屋空置率较高的情况，整个村的项目开发与村庄的嵌入性不足。

且项目之间的联系较弱使得村庄发展定位不够明确。从整个镇域角度看东西场大队位于其核心地位，却缺乏明确的发展定位以及足够的建设利用，无法拉动海永镇整体的规划建设。

7 发展方向分析

7.1 发展定位

海永镇地处江苏海门市与上海崇明县之间，随着近几年上海崇明岛旅游项目不断开发，休闲农业、生态旅游成了其周围所辐射到的乡村离不开的发展主题。目前海永自身通过不少现代农业项目发展旅游业，努力提升第三产业能力，目标为打造"浪漫江洲、花香海永"。而海永作为江苏在崇明岛上的飞地，

一方面为其带来两岸人群在此会聚的优势，同时也由于其上海"尽头"江苏"起点"这一较为偏僻的地理位置，使得海永必须充分挖掘自身特色作为发展突破口，与其他邻近乡村进行错位方向发展。

东西场大队位于全镇的中心位置，以鸽笼港为中轴东西而分，为海永第一批围垦建立的农场大队，有着最长的历史，同时也是如今海永建设核心之地。作为镇政府驻地，其本身承担着镇内公共服务设施及商业、产业等集聚的职能，学校、商业街、菜市场、卫生院、银行等村民日常所需设施均布置于其行政范围内。同时，由于早期建设需求，河道作为交通要道成为全村发展命脉。在大队东北部依河大面积建立的工厂，如今面临迁址转型，为东西场大队的发展提供了契机与空间。因此，通过现场调研，我们希望充分挖掘东西场大队历史文化资源、物质空间资源，提出以水系为空间架构、以历史文化及其衍生的创意文化为发展引导的美丽乡村规划方案。

7.2 具体目标分析

东西场大队内目前开展的现代农业项目其初始愿景均十分美好，但现实却收益甚小，也没有赚得足够的人气。究其原因除了项目本身可能存在的问题之外，项目之间存在明显的关系断裂，分散地布置在整个村域之中，没有被良好地一体化组织。基于此，我们认为目前的东西场大队乃至海永镇均不再适于大规模的新建项目，而是对现存的项目进行梳理整合，以水系作为物质空间上的串联，再次赋予其新的活力。

此外海永的独特之处其中之一即在于其围垦历史，留下了芦苇、水汪等有历史价值的遗存，海永的历史文化值得挖掘并且保留传承，以此作为文化改造的突破点，发扬海永的文化特色。

村民居住建设方面，我们希望保留现状村落沿河线性的布置方式，对社会资本进入农村加以正确引导，如进行农家乐、体验农庄、村民指导采摘种植等，从而进行合理规划管控下的保留和发展。

7.3 资源整理

7.3.1 文化整理

海永的围垦历史自1966年始，而东西场大队则始于1971年建立的国营农场，1993年后海永正式更改围垦时期的"永隆沙"一名，成立海永镇人民政府，东西场大队遂改制为企业。而如今，上一代的围垦历史却不再被现代人所重视，但却代表着海永不同的文化特征。位于江边的芦苇以及水汪印证着围垦记忆，除此之外还有与之相关的水道运输文化以及农田灌溉文化（图7-1）。

图7-1 海永文化整理分析图

7.3.2 产业整理

目前海永镇的产业发展以精细农业、养老产业、旅游业以及科技创意业为四大支柱产业，而在东西场大队行政区域内同时覆盖了这四大产业。因此我们重点梳理了这四大产业之间的关系以及其与水空间的联系，其中除了精细农业利用水源进行灌溉外，其他产业与水资源的关联度相对均较弱，彼此之间也缺乏强有力的协同发展联系。因此我们希望水系不仅能够作为物质空间纽带将这些分布零散的产业在路径上联系起来，同时也加强产业各自与水的紧密度，将水资源充分利用，渗透到产业的发展中，形成一个以水为要素紧密联系的产业网络（图7-2）。

图7-2　海永产业整理分析图

7.3.3 人居活动整理

在早期历史发展过程中，以鸽笼港为代表的水系不仅承担着重要的运输、灌溉等实用功能，同时也与村民的生活息息相关，因此我们同样以时间为维度整理出村民基于水的活动，从早期"种青、建设及饮用"到第二阶段"种植、灌溉、沿河居住"发展到如今村民依水而"健身、垂钓及交流"，水对于村民已经逐渐从生产实用性功能发展到作为休闲娱乐的公共空间，水系同时也承载着人居生活（图7-3）。基于此，我们希望能够传承并丰富这种水岸活动，不仅能够为本地村民带来更多的活动交流空间，同时也能用于旅游项目的组织。

图7-3　海永人居活动整理分析图

7.3.4 水资源空间整理

海永镇的水资源主要包括长江部分流域、鸽笼港、沿路沟渠、田间水渠以及坑塘。其空间分布整体为"环+轴"的布局，即环绕东西场大队边界沿路的水环以及鸽笼港。因此我们提出疏通现状堵塞水系，使之成为完整连通的"环+轴"，并根据各水系不同的断面尺寸赋予其不同的功能性质，除交通功能外更能成为公共活动、景观及文化展示等平台（图7-4）。

第三部分：海门市海永镇调研报告

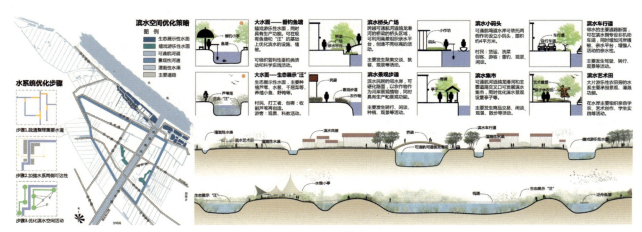

图7-4 水系整理图

7.3.5 现状资源整理总结

通过对现状资源的分析以及现场的直观感受，我们选取水资源为主要打造的文化空间依托，形成以鸽笼港为主，村庄内鱼塘、水塘为次一级的水体系。利用完整的水系作为物质联系纽带，建立环水的慢行廊道，使其在空间位置上串联起分散的农业项目、公共空间以及海永镇的三个村庄，成为村内重要的空间结构骨架。由于现状居民点即沿水建设，因此将新建的基础与公共服务设施沿水环布置，以多个空间节点支撑水环的作用，同时方便居民使用。充分改善美化水环境，使其成为舒适的交流空间，并积极打造与水有关的项目活动，如水上乐园、踩水车，鱼塘垂钓等，丰富水环境的娱乐活动。整体用水要素对东西场大队进行文化、产业以及人居三方面的改善（图7-5）。

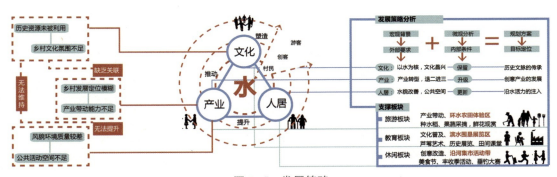

图7-5 发展策略

7.4 远期愿景

海永镇由于建造年代较近，缺少一定的传统文化，然而在特色产业中出现了现代农业、建筑设计等有待挖掘的产业。因此产业上我们希望仍以现有的大量的农业产业为主要产业，引入文化创意产业，组织以儿童体验农村、学生学农基地、写生基地、设计师创意实验基地、文化集市等多种形式的文化创意活动，将旧工厂改造为设计事务所、实习教室，新建文化展览馆并可作为村民的教育点。

217

引导村民主动开展小商业、农家乐、民宿，积极地参与到这类活动之中。逐步形成海永的独特文化氛围。累积一定人气后大力发展旅游业，开展亲子旅游、农村体验以及临江的休闲商业，逐步实现产业的升级。

东西场大队不仅是全镇基础设施、商业设施集中建设之地，同时也是沿水环活动较为集中的部分，需要重点打造并作为核心发展力量带动人气，提升知名度，推动全乡其他项目的展开。

后记

自从 2012 年正式开设乡村规划设计课程以来，同济大学乡村规划教学团队就积极推进了多种方式的教学探索。在坚持带领同学们实地调研并编制村庄规划方案的基础上，2012~2014 年间教学团队连续 3 年以方案竞赛并邀请校内外专家评选和点评的方式组织乡村规划设计教学。这种方式，不仅集思广益推进了教学发展，而且激发了同学们的学习热情，扩大了社会影响，带动了相关高校对于乡村规划教学的关注。

为进一步推进乡村规划教学发展，同时也为了探索课堂教学与社会实践的紧密结合，同济大学乡村规划教学团队在前 3 年初步积累经验的基础上，借助于中国城市规划学会乡村规划与建设学术委员会这一全国性的学术平台，积极推进了跨校联合乡村规划设计方案竞赛及评图的探索。

正值全国美丽乡村创建热潮，位于美丽的崇明岛上的海永镇（2015 年撤乡设镇）积极探索海岛乡镇的美丽乡村建设工作，并邀请同济大学乡村规划团队参与该项工作。经分别与同济大学、农业部美丽乡村创建办公室、海门市人民政府汇报协商，确定由 3 家联合发起首届"长三角高校美丽乡村创建规划竞赛"，在短短的 1 个月的准备期内，就得到了南京大学、东南大学、安徽建筑大学、苏州大学、浙江工业大学、上海大学、中央美术学院的积极响应，浙江大学、苏州大学虽然因时间仓促几经努力未能成行，但也在后续活动中给予了热情支持。

8 个高校利用 1 个月的时间，在海永镇政府的热情接待下，对海永镇展开了调查，并且从各自的角度对于海永镇的美丽乡村创建提出了建议方案。在认真组织专家评审上述方案的基础上，3 家联合主办单位还继续广邀专家，共聚同济大学，举办了"美丽乡村创建学术研讨会"。研讨会上，来自海内外农业、规划、建筑、社会、管理等学科领域和企业界、NGO 的专家学者，以及个体投入乡建的社会人士，从不同视角对于当前的美丽乡村创建发表了真知灼见。

如今，盛会已经结束，然而美丽乡村创建活动仍在如火如荼地进行，由同济大学发起的，由中国城市规划学会乡村规划与建设学术委员会主办的高等学校美丽乡村创建规划竞赛活动，也在继续探索发展中。

得到了江苏省海永镇人民政府的大力支持，我们将 2015 年盛会的设计竞赛方案和研讨会报告汇集于本书，以此祝愿海永镇的美丽乡村创建活动不断取得新成绩，同时也祝愿祖国的美丽乡村创建活动取得辉煌成就，中国的广大乡村地区变得更加美丽，中国的乡村规划教育事业蒸蒸日上。

栾峰　执笔

2017 年 4 月 14 日